Wolf Schneider
Bernd Matthies
Matthias Naß
Christian Nürnberger
Martin Tschechne
Bernd Ziesemer

UNSERE TÄGLICHE DESINFORMATION

Wie die Massenmedien uns in die Irre führen

Mit Zeichnungen von
Luis Murschetz

Herausgeber: Heiner Bremer,
Michael Jürgs, Klaus Liedtke
Lektorat: Dr. Joachim Köhler
Gestaltung: Dietmar Meyer, Ekkhart Blunck
Produktion: Bernd Bartmann, G + J Druckzentrale
Druck: Clausen & Bosse, Leck
© STERN-Buch im Verlag
Gruner + Jahr AG & Co. Hamburg
5. Auflage 1992
ISBN: 3-570-03915-3

Inhalt

1. Ein paar Fetzen Wahrheit

Noch ein Jahrhundert Zeitungen –
und alle Worte stinken.
Friedrich Nietzsche (1882)

Werden wir richtig informiert? Lassen sich die Informationen, mit denen Zeitungen, Zeitschriften, Hörfunk und Fernsehen uns überschütten, in ihrer Summe als eine vernünftige Abbildung der Wirklichkeit verstehen?

Wir werden nicht richtig informiert. Wir leben mit der *Desinformation*. Ursprünglich wurde damit nur die planmäßige Irreführung bezeichnet, die eine Abteilung des sowjetischen Geheimdienstes betreibt; der Sinn des Wortes trifft jedoch *jegliche* Fehlinformation – ob vorsätzlich, fahrlässig oder frei von Schuld (so schon 1977 von Bundespräsident Walter Scheel verwendet: „Die Sensation ist letztlich Desinformation, da sie den Zusammenhang der Dinge sprengt"[1]). Alle Formen der Desinformation finden in unseren Medien statt, und von allen handelt dieses Buch.

Desinformation wird von einem Kartell aus Politikern, Funktionären, Öffentlichkeitsarbeitern und Pressesprechern betrieben: Sie tun das ihnen Mögliche, die Presse in ihren Dienst zu nehmen und sie nur insoweit mit der Wahrheit zu bedienen, als sie dem jeweiligen Mitglied des Kartells nicht schädlich ist.

Desinformation betreiben auch die Journalisten selber: eine kleine Minderheit mit Vorsatz, indem sie gefärbte oder irreführende Informationen herstellt oder indem sie dem Druck des Funktionärskartells korrupt oder liebedienerisch erliegt; eine Mehrheit betreibt die Desinformation fahrlässig, weil sie sich diesem Druck erstaunlich arglos aussetzt oder weil sie der Versuchung nachgibt, nur Skandale und Katastrophen berichtenswert zu finden.

Schuldlos schließlich betreiben *alle* Journalisten ein wenig Desinformation: Denn das Bild der Erde stimmt nicht mehr, wenn die uferlose Fülle der Weltbegebenheiten auf ein paar

---

[1] Walter Scheel, Rede vor dem Bundesverband deutscher Zeitungsverleger, 12. 10. 1977

Zeitungsseiten oder Sendeminuten zurückgeschnitten wird, eine siebenstündige Parlamentsdebatte auf dreißig Zeilen, das tägliche Tun und Leiden von fünf Milliarden Menschen auf die zwölf Nachrichten einer Tagesschau.

Was bleibt übrig nach dieser radikalen Filterung? Erstens zwar das, worauf wir gewartet haben; zweitens aber manches, worauf niemand gewartet hat; drittens vieles, was uns eine Scheinrealität vorgaukelt; und viertens das meiste von dem *nicht,* was uns an irdischer Wirklichkeit interessiert oder interessieren müßte.

Wir warten natürlich auf Wahlergebnisse und Wahlprognosen, auf Börsenkurse und eine angemessene Berichterstattung über Regierungsverordnungen, Parlamentsbeschlüsse, Unglücksfälle und Verbrechen. Zusammen sind sie ein winziger Ausschnitt aus der Wirklichkeit.

Weniger dringend warten wir auf Informationen über Festreden, Geburtstagswürdigungen und Beileidstelegramme, über Leerformeln und Kraftsprüche auf Wahlkundgebungen, in denen zum zehnten Mal dem Gegner die Maske vom Gesicht gerissen wird, über das zwanzigste Bekenntnis eines Politikers zur sozialen Ausgewogenheit und den dreißigsten Protest des Bauernverbands gegen die befürchtete Kürzung der Subventionen für die Landwirtschaft. Gemessen an all dem, was wir über die Wirklichkeit *nicht* erfahren, wird an solche Informationen zuviel Papier und Sendezeit verschwendet.

Eine *Scheinrealität* führen uns Funk und Presse vor, wann immer sie die Beschönigungen oder Irreführungen von Politikern und Pressesprechern multiplizieren; und vollends zur Fiktion wird die sogenannte Wirklichkeit, wenn das Fernsehen uns Politiker zeigt, die nur reden, und Demonstranten, die nur demonstrieren, damit sie im Fernsehen gezeigt werden können. Dem Korrespondenten des Londoner GUARDIAN kam es 1983 vor, als sei Bonn „eine Show, die eigens für die Presse veranstaltet wird"[1]. Als die NEUE ZÜRCHER ZEITUNG anno 1780 in ihrer ersten Nummer feststellte: „Es wird zwar . . . nicht möglich seyn, die Weltbegebenheiten früher anzuzeigen, als sie geschehen sind", da war das trockener Humor; heute wäre es im-

---

[1] Walter Schwarz, Where it's well worth waiting for the froth of your Pils, in: GUARDIAN, 5. 1. 1983 („Bonn sometimes feels like a show specially put on for the press")

merhin eine Halbwahrheit: Denn vieles geschieht nur für die und in den Massenmedien und ist erst dadurch geschehen, daß es verbreitet worden ist.

Das meiste von dem, was uns interessiert oder interessieren müßte, erfahren wir dagegen nie. Das liegt erstens an den Regierungen, zweitens an den Schwächen und Anfechtungen von Journalisten und drittens an den Sachzwängen des Journalismus.

Es gibt auf Erden weit mehr Staaten, die Journalisten behindern oder ihnen (wie Nordkorea, Laos und Albanien) Berichterstattung fast unmöglich machen, als solche Länder, aus denen ungestört berichtet werden kann. Auch in dieser Minderheit von Staaten, zumeist in der westlichen Welt, bleiben natürlich nicht nur Geheimakten geheim, sondern überdies die eigentlich wichtigen, also vertraulichen Gespräche, die Gedanken und Hintergedanken der Regierenden und jene Protokolle, die sie bereits beiseite schaffen, um später einen für sie vorteilhaften Ausschnitt daraus in ihren Memoiren zu verwenden.

Den Schwächen und Anfechtungen von Journalisten gilt ein Hauptteil dieses Buches. Sie sollten die klugen, fairen und dienstbereiten Mittler zwischen den Ereignissen und den Bürgern sein; daß es einigen an Klugheit, anderen an Fairneß und sehr vielen an Dienstbereitschaft mangelt – wer wollte das bestreiten? In diesem Beruf gebe es „viele eitle Gesellen, windige Burschen und selbstgerechte Paschas", sagt Hans Heigert[1]. Helmut Schelsky meint, es stünde den Journalisten wohl an, sich weniger für sich selbst und mehr für die zu interessieren, denen sie zu dienen hätten: den „Informationsverbrauchern" oder „Informationsunterworfenen"[2].

Die Sachzwänge des Journalismus schließlich sind einerseits offenkundig und andererseits nicht allen Journalisten in vollem Umfang gegenwärtig, vor allem aber bei ihren Lesern und Hörern überraschend wenig bekannt. Der unentrinnbare, manchmal erstickende Zwang ist der zur Auswahl des wenigsten, zur *Selektion*. Nach der alten Faustregel: Das meiste, was auf der Welt passiert, berichten die Agenturen nicht. Das mei-

---

[1] Hans Heigert, Herrschaft durch Information, in: SÜDDEUTSCHE ZEITUNG, 7. 2. 1979
[2] Helmut Schelsky, Die Arbeit tun die anderen. Klassenkampf und Priesterherrschaft der Intellektuellen. München 1977, S. 311

ste, was die Agenturen berichten, wird nicht gedruckt und nicht gesendet. Das meiste, was gedruckt oder gesendet wird, wird nicht gehört und nicht gelesen. Und das meiste, was gehört oder gelesen wird, wird nicht verstanden[1]. Dabei ist dies noch eine euphemistische Darstellung des Sachverhalts, ja eine gefährliche Halbwahrheit: Was heißt denn „... auf der Welt *passiert*"? Der häufigste Zustand an einem beliebigen Ort der Erde ist erfreulicherweise der, daß überhaupt nichts „passiert", sondern daß Mensch und Tier einigermaßen friedlich vor sich hin leben; der zweithäufigste Zustand ist, daß Menschen und Verhältnisse sich *langsam* verändern, gänzlich ohne Putsch, Skandal und Erdbeben – also ohne die Knalleffekte, bei denen es Journalisten in den Fingern juckt. Nur die plötzliche Veränderung aber, „die ruckhaften Augenblickseffekte"[2], zumal alles Unerwartete, Regelwidrige und Dramatische, haben die Chance, den Weg in die Öffentlichkeit zu finden.

So erfahren wir über die Normalzustände, den Alltag, in den meisten Ländern wenig – mit der Folge, daß wir entweder meinen, Copacabana und Karneval wären typisch für Rio de Janeiro oder daß wir umgekehrt die Erde für einen Ort der Katastrophen halten, der sie nicht ist. Müssen wir um unsere Freunde und Verwandten bangen, wenn wir lesen, daß die Landschaft X, in der sie leben, sich „in eine Wasserwüste verwandelt" habe? Wahrscheinlich nicht: Demnächst werden sie uns schreiben, daß sie drei Stunden Auto fuhren, bis sie endlich Wasser sahen. Kann ich in die Hauptstadt des vom Bürgerkrieg verheerten Landes X gefahrlos reisen? Wahrscheinlich ja. Sollte man in Nordirland Urlaub machen? Warum nicht! Da dort „entgegen landläufiger Ansicht nicht fortwährend Bomben detonieren oder Schüsse knallen: Das Risiko, gewaltsam ums Leben zu kommen, ist auch für Nordirland-Touristen wesentlich geringer als in New York oder Mexiko City"[3].

Das Wort *Nachricht* hat also einen neuerlichen, noch zu wenig beachteten Wandel durchgemacht. Ursprünglich bedeutete

---

[1] Vgl. Bernward Wember, Wie informiert das Fernsehen? München 1983. Manfred Steffens, Das Geschäft mit der Nachricht, München 1971. Erich Küchenhoff, Die Darstellung der Frau und die Behandlung von Frauenfragen im Fernsehen, Stuttgart 1975, S. 222f.

[2] Peter Glotz, Journalisten heute (Vortrag auf den Hamburger Medientagen 1981)

[3] DER SPIEGEL, 6. 12. 1982, S. 249

es: „Das, wonach man sich zu richten hat", die Anweisung. Langsam überwog der Sinn: „Das, wonach man sich richten *kann*", die Auskunft, die Information. Nun müssen wir immer häufiger erleben, daß erschreckend viele „Nachrichten" nichts sind, wonach man sich richten könnte – und das nicht nur, weil sie uns eigentlich nichts angehen (wie die Grußadressen des Bundespräsidenten), sondern weil es oft kaum eine Brücke gibt zwischen der Medienrealität und der erlebten Wirklichkeit.

Wenn wir von Flugzeugen lesen, so fast nur dann, wenn sie abgestürzt oder entführt worden sind; richteten wir uns danach, so würden nur noch Selbstmörder und Medienmuffel ein Flugzeug besteigen. Aber wir richten uns eben nicht danach. Hier ist ein Fall, wo wir wissen, daß Presse und Funk uns die Wirklichkeit im Zerrspiegel zeigen; der Widerspruch spielt sich in unserer eigenen Lebenssphäre ab und läßt sich in ihr lösen. Wer aber klärt uns auf über Art und Umfang der Verzerrung bei „Nachrichten" aus Nicaragua?[1]

Nun klingen die meisten dieser Feststellungen nach Kollegenschelte und sind dabei nicht einmal neu – woraus zwei Fragen folgen: Welche Funktion kann dieses Buch noch haben? Und woher beziehen die Autoren ihre Legitimation?

Jenen vielen Journalistenkollegen, deren kritischem Denkansatz wir uns verbunden fühlen, haben wir nichts voraus, als den Versuch gewagt zu haben; und jeder Versuch scheint uns so lange legitim, bis einer kommt, der es besser macht. Dabei nehmen wir in Kauf, daß wir als Journalisten der Versuchung erliegen, mit den Journalisten besonders hart ins Gericht zu gehen – während die Journalisten am besten bei jenen Autoren wegkommen, „die niemals selbst im Journalismus gearbeitet haben"[2]. Überdies würde es uns nicht wundern, wenn wir zu jenen schlechten Kritikern gehörten, über die der ältere Samuel Butler schrieb: „Wenn sie keine Fehler finden, so machen sie welche."

Was indessen die Funktion des Buches anlangt, so könnte es, der riesigen Literatur zum Trotz, ein paar Verdienste haben:

---

[1] Vgl. Lutz Krusche, Statt Sozialismus Deportationen und Konzentrationslager, in: FRANKFURTER RUNDSCHAU, 25. 5. 1984

[2] Cecilia von Studnitz, Kritik des Journalisten. Ein Berufsbild in Fiktion und Realität. München 1983, S. 35.

1. Die kritische Fachliteratur hat an weit verstreuten Plätzen Dutzende von Einzelaspekten dargestellt. Eine Zusammenschau, eine systematische Einkreisung der Thematik lag bisher nicht vor. Wir haben versucht, rundum die Mächte, Zwänge, Mechanismen und Versuchungen transparent zu machen, die eine faire Abbildung der Wirklichkeit durch die Massenmedien ver- oder behindern.

Bei diesem globalen Ansatz mußten wir in Kauf nehmen, daß gewisse Reibungen zwischen den Facetten, Verflechtungen, Verästelungen der Thematik und dem Bemühen um eine strikte Gliederung nicht zu vermeiden waren. So taucht Lady Di gleich dreimal unter drei Aspekten auf:

● in Kap. 3 als Gegenstand häufiger Falschmeldungen (weil es Journalisten gibt, die auch dann schreiben, wenn sie nichts wissen können)

● in Kap. 13 als Beispiel für eine eurozentrische Weltbetrachtung (weil über Lady Di allein mehr westliche Journalisten schreiben als über eine Milliarde Chinesen)

● in Kap. 14 als Liebling der Klatschpresse.

2. Mancher Einzelaspekt ist in der publizistischen Literatur zu kurz gekommen – so einer, den auch überraschend viele Journalisten unterschätzen: die vorsätzliche Desinformation (Manipulation, Irreführung, Lüge) als Grundpfeiler der politischen Selbstdarstellung und folglich als Grundstoff der Berichterstattung (Kap. 10).

3. In bewußtem Gegensatz zu vielen Werken der theoretischen Publizistik haben wir uns um Anschaulichkeit und Allgemeinverständlichkeit bemüht.

4. Anders als die Masse der vorliegenden Literatur versuchen wir, von der Diagnose zur Therapie vorzustoßen, d. h. Vorschläge zu machen, wie der derzeitige Zustand verbessert werden könnte.

Wir empfehlen dabei *nicht,* das herrschende Mischsystem aus privaten und öffentlich-rechtlichen Informationsverbreitern durch ein anderes System zu ersetzen; wir halten es für das kleinste Übel, das auf dem Feld der Kommunikation bisher bekannt geworden ist. Unsere Kritik richtet sich gegen Fehler und Mißstände innerhalb des Systems – soweit wir uns nicht überhaupt darauf beschränken müssen, Sachzwänge bewußt zu machen und manchem Nachrichtenverkünder anstelle des Heiligenscheins die Zipfelmütze aufzusetzen, die ihm gebührt.

Mitsamt diesen Mißständen kann das Informationswesen in der Bundesrepublik sich sehen lassen: Mit der Auswahl zwischen fünf Nachrichtenagenturen (die vielen Spezialagenturen nicht gerechnet), mit seriösen überregionalen Publikationen und mit einem alles in allem passablen Niveau der Regionalpresse gehören wir zu den bestinformierten Ländern der Erde. Selbst innerhalb der westlichen Welt belegt die Bundesrepublik einen guten Platz; verglichen etwa mit Frankreich, wo das Fernsehen und die dominierende Nachrichtenagentur den Willen der jeweiligen Regierung nur schlecht verhohlen widerspiegeln.

Wir schweigen von Chile, von Uganda, vom Iran. Wir schweigen von der DDR, wo ein Journalistisches Handbuch dekretiert: „Nachrichtengebung ist Agitation durch Tatsachen". Das bedeutet: Tatsachen sind zwar oft erwünscht, innerhalb der Tatsachen jedoch wird eine radikal politisch orientierte Selektion betrieben, die die Zwänge des Journalismus und die Versuchungen westlicher Journalisten weit und mit voller Absicht übertrifft.

Wir schweigen von der Sowjetunion, in der Lenin der Presse die Rolle des „kollektiven Propagandisten, Agitators und Organisators" zuwies[1]. Erst recht schweigen wir von der PYONG-YANG TIMES in Nordkorea, in der sämtliche Überschriften der Seite 1 die identische Schlagzeile tragen „Der geachtete und geliebte Führer Genosse KIM IL SUNG", während erst die jeweilige Unterzeile Anlauf zu einer Nachricht nimmt: „...empfängt eine Parlamentsdelegation aus Uruguay", „...gibt ein Essen für...", „...sieht die Oper ,Unter dem Sonnenschein des Genius'", d. h. eine Oper über sich selbst[2].

Wir beschränken uns also auf das Nachrichtenangebot in der Bundesrepublik und verwandten Ländern, in denen Presse und Funk mit leidlichem Anstand als „frei" bezeichnet werden können – mit jenen Abstrichen, auf die in Kap. 7 bis 9 die Sprache kommen wird.

Dabei befassen wir uns in erster Linie mit solchen journali-

[1] Was tun? St. Petersburg 1903
[2] So in der Ausgabe vom 4. 11. 1972

stischen Texten, die mit dem Anspruch auftreten, Information zu sein, oder durch ihren Rahmen eine entsprechende Erwartung schaffen. Nur in zweiter Linie gehen wir auf die Frage ein, inwieweit *Bilder* die Wirklichkeit verfälschen (nämlich ähnlich schlimm) und inwieweit auch die Unterhaltungsmedien (Kino, Yellowpress) eine Scheinrealität erzeugen.

Nicht unser Thema sind Texte, die als Meinungsäußerungen kenntlich sind oder allgemein als solche betrachtet werden: Kommentare und Glossen, Leitartikel und Essays, Theater- und Fernsehkritiken – da sie nur den Anspruch erheben, die Realität zu deuten oder zu bewerten; nicht also das viel Weitergehende und ungleich Heiklere tun, die Realität *darzustellen* oder überhaupt erst *herzustellen,* wie dies durch Nachrichten geschieht.

> Jeder Bericht über ein bestimmtes Ereignis ist schon eine Meinungsäußerung. Allein, daß diese eine Nachricht erscheint, macht klar, daß der einfache Abdruck einer dpa-Meldung die Stellungnahme der Redaktion über die Wichtigkeit dieser Nachricht mitenthält.[1]

Die amerikanische Publizistik hat dafür den Begriff des *agenda-setting* geprägt: Der Journalist „sets the agenda" – er ist es, der die Themen, die er für wichtig hält, auf die Tagesordnung rückt und damit über die Rangordnung der politischen Probleme entscheidet.[2] Er reduziert zum Beispiel eine zweistündige Wahlrede auf ihre einzige Entgleisung in einem einzigen Satz, macht daraus die Schlagzeile – und hat damit jenes Thema in die Welt gesetzt, über das die Kommentatoren nun mit ihren Meinungen herziehen. Er destilliert aus zwanzig Einzelmeldungen das Thema „Kältewelle"; er stülpt über ein Sammelsurium von Unruhen und Schießereien den Begriffstopf „Bürgerkrieg" – oder eben nicht.

Die Meinung ist frei, doch worüber die Bürger überhaupt Meinungen haben können, das haben zuvor zu einem erheblichen Teil die Journalisten per *agenda-setting* entschieden. Noch dazu auffallend wenige Journalisten: überwiegend nämlich die von den Nachrichtenagenturen, weil die meisten Funk-

---

[1] Walter Scheel, Rede vor dem BDZV, 12. 10. 1977
[2] Ausführliche Darstellung mit Literaturhinweisen in Kap. 17

und Presseredaktionen ihre Vorstellung vom Rang der Weltereignisse an der Papierflut oder dem „Eil"-Klingeln der Agenturen orientieren. So werden die Journalisten zu Mitschöpfern der Ereignisse.

Während die Nachrichtenagenturen dies im allgemeinen ohne politische Absicht tun, nutzen etliche Blätter bewußt ihre Chance, einem Thema zur Karriere zu verhelfen – ganz deutlich der SPIEGEL und der STERN, die TAZ, die FRANKFURTER RUNDSCHAU und die WELT. Wenn aber ein neues Thema groß im SPIEGEL, in der TAGESSCHAU und über dpa gelaufen ist, haben deutsche Nachrichtenredakteure kaum noch die Freiheit, es als unwichtig oder überzogen einzustufen. Da diese drei Redaktionen allesamt in Hamburg residieren – und STERN und ZEIT noch obendrein –, wird man sagen müssen: Es sind ein paar Hundert in Hamburg ansässige Journalisten, die zu einem erheblichen Grad darüber entscheiden, worüber in Deutschland geredet wird und worüber nicht.

Journalisten haben Macht – und sie haben sie nicht durch ihre Kommentierung, sondern durch die Selektion, den Scheinwerfer-Effekt, das Setzen von Prioritäten. 1957, als Adenauers Wahltriumph sich abzeichnete, kursierte in der Branche der Witz, Adenauer könnte der Sieg jetzt nur noch auf eine Weise entwunden werden – wenn BILD die Schlagzeile brächte: „Adenauer schlachtet junge Hunde". Der zynische Spruch enthielt den wahren Kern, daß es die Nachrichten sind, die die Meinungen steuern. „Nicht was, vielmehr *worüber* nachzudenken und zu befinden sei, stellt offenbar den viel elementareren Beitrag von Publizistik an das öffentliche Geschehen dar."[1] „Der Kampf um den Platz im Bewußtsein der Menschen wird mit Nachrichten geführt."[2]

Wenn nun Journalisten, wie dies oft geschieht, ihre Macht *bestreiten,* so kann das drei Gründe haben: Sie kennen sie nicht; oder sie ahnen zwar, wieviel sie besitzen, aber sie legen keinen Wert darauf; oder sie wissen es, doch sie ziehen es vor, sich gegenüber der Öffentlichkeit kleiner zu machen, als sie

---

[1] Ulrich Saxer, Publizistik und Politik als interdependente Systeme, in: MEDIA PERSPEKTIVEN, 7/1981

[2] Manfred Buchwald (Chefredakteur Fernsehen des HESSISCHEN RUNDFUNKS, 1980–83 Chefredakteur TAGESTHEMEN, 1978–81 Vorsitzender des djv): Die Nachrichtenexplosion, in: Lutz Franke (Hrsg.), Die Medienzukunft, Frankfurt 1983

sind – sei es, weil dies die Ausübung der Macht erleichtert, sei es, weil sie der Verantwortung für die Wirkungen enthoben sein möchten.[1]

Schon 1930, als es noch kein Fernsehen gab, schrieb Ortega y Gasset: „Die Presse ist eine elementare und furchtbare geschichtliche Kraft, über die wir alle nachdenken müssen, Sie und ich und die Journalisten und die Bürger sämtlicher Nationen."[2]

Dazu will dieses Buch einen Beitrag leisten. Von welcher Gesinnung werden Reporter, Korrespondenten, Nachrichtenredakteure bei ihrer Arbeit geleitet? Wie wählen sie aus? Was richten sie an? Was könnten diese oder jene von ihnen besser machen? Und sollten die Bürger, die die Massenmedien nutzen, nicht planmäßig auf die Schwächen und Fallstricke des Informationssystems hingewiesen werden, damit ihre gutgläubige Abhängigkeit von Berghoff & Köpcke sich vermindert? 70 Prozent der Bundesbürger trauen dem, was sie im Rundfunk hören![3] Das sollten wir ihnen abgewöhnen. Mißtrauen zu hegen und auszubreiten, ist für Journalisten eine noble Aufgabe.

Die Massenmedien bewerfen uns mit Bruchstücken der Wirklichkeit und umhüllen uns mit einer Scheinrealität, in der wir die Welt, wie sie ist, oft nur mühsam und häufig gar nicht erkennen können. Die meisten Nachrichten sind bloß die Schaumkronen auf dem träge dahinfließenden Strom der Ereignisse, und oft bläst der Wind den Schaum stromaufwärts oder im Kreis herum. Dieses Buch wird zu beweisen suchen, daß Funk und Presse höchstens zur Hälfte die Wahrheit und von der Wahrheit viel weniger als die Hälfte berichten.

---

[1] Vgl. Kurt Reumann, Nachrichtenbonus, in: FRANKFURTER ALLGEMEINE, 10. 9. 1982
[2] Über die Macht der Presse, in: Politische Schriften, deutsch, Stuttgart 1971, S. 257
[3] EMNID-Umfrage, zit. nach DIE ZEIT, 19. 8. 1983

Zwischenspiel:
Die Wirklichkeit
des Hamburger Presseballs

War der Hamburger Presseball in der Nacht zum 30. Januar 1983 überschattet von Trauer dieser Art oder Trauer jener Art oder überhaupt keiner Trauer? Die vier Hamburger Tageszeitungen vom 31. Januar stimmten darin weder untereinander überein noch mit der Wirklichkeit.

DIE WELT schrieb, das festliche Ereignis sei vom 50. Jahrestag der Machtergreifung „beschattet" gewesen: „Fatalismus jedenfalls war im Congress Centrum zum Greifen nah." Die drei anderen Zeitungen meldeten nichts davon. Auch ich, Wolf Schneider, Ballteilnehmer von 20.30 Uhr bis 4.30 Uhr, habe im Geplauder mit etwa dreißig Grüppchen niemanden das unselige Datum erwähnen hören und keinen Fatalismus greifen können, der den landesüblichen Weltschmerz überschritten hätte.

Nichts gegen die WELT, wenn sie *gefordert* hätte, auch beim Ball den Tag nicht zu vergessen. Sie erweckte aber den Anschein, als hätte dem Publikum das Datum zu schaffen gemacht. Und dies war falsch. Der Reporter hat sich also entweder mit einem erdachten Thema interessant machen wollen (Kap. 5) oder dem journalistischen Hang zum Dramatisieren nachgegeben (Kap. 14).

„Ein Hauch von Trauer herrschte" auch nach Darstellung der HAMBURGER MORGENPOST, jedoch aus anderem Grund: Der HSV hatte „nach 36 ungeschlagenen Spielen ausgerechnet gegen die Bremer eine Niederlage eingefangen". Von solcher Trauer haben die drei anderen Hamburger Zeitungen nichts bemerkt; ich auch nicht.

BILD dagegen sah nur „vergnügte Paare – doch etwas war anders als sonst. Ein wichtiger Mann fehlte". (Nur ihr – den drei anderen nicht, mir auch nicht.) „Wo war Wirtschaftssenator Volker Lange? Er stand nackt im Treppenhaus seiner Behörde und zitterte." (Warum? Das Handtuch, das er holen wollte, weil er geduscht hatte, hing, aus Gründen, die BILD nicht mitteilte, im Treppenhaus, doch die Tür schnappte zu. Vgl. Kap. 14: Der Mumpitz als journalistische Darstellungsform.)

So groß diese Widersprüche – in einem anderen Punkt waren sich die vier Zeitungen einig: Worüber zu berichten lohnte, das war die Prominenz, und zwar die nichtjournalistische. Zwar wies das HAMBURGER ABENDBLATT korrekt darauf hin, daß „Prominenz vom Rhein" in Hamburg fast nie vertreten sei (was die Stimmung eher fördere); in der Tat: Es gab keine Bundesminister, auch keine Weltstars zu bewundern. Alle vier Redaktionen hielten sich jedoch unerschrocken an das Rezept „Jede Prominenz ist besser als keine" (Kap. 14) und zeigten auf zusammen 39 Fotos die Hamburger Lokalgrößen aus Politik, Geschäftswelt, Theater und Mode (Anbiederung, Kap. 6). Die Lokalgrößen wiederum wußten, wie sie sich zu verhalten hatten, um das Pseudo-Ereignis ihres Auftritts herzustellen (Kap. 18): möglichst gespreizt.

Journalisten erschienen in den vier Zeitungen nur auf insgesamt zwei Bildern: in der HAMBURGER MORGENPOST der Gründer der MORGENPOST und in BILD der Chefredakteur von BILD (Kap. 8: Interner Selektionsdruck); nicht gerechnet die Journalisten mit dem mildernden Umstand der nichtjournalistischen Prominenz: Fernsehansagerinnen und der Chef des Bundespresseamts.

Nichts war zu lesen über all das, was, wie ich behaupte, für die Masse der Teilnehmer die Realität dieses Presseballs ausmachte: Viel zu große und ungemütlich arrangierte Räume; ein bißchen Tanz, oft in Ausübung pflichtgemäßer Höflichkeit; ein bißchen Flirt und Vergnügen; ein kleiner Jahrmarkt der Eitelkeit; eine Chance, mit Leuten zu plaudern, die man gern einmal wieder-, aber keineswegs zu lange sehen wollte.

Fazit: Die Berichterstattung der Hamburger Presse über den Hamburger Presseball hätte schwerlich mehr in die Irre führen können. Auf den Einwand, daß ein solcher Ball so viel Wind nicht wert sei, muß erwidert werden: Bei wichtigeren Themen ist die Abweichung der Presse von der Wirklichkeit oft ebenso erstaunlich, nur nicht immer so leicht nachweisbar.

Freilich, was ist „die Wirklichkeit"?

2. Was ist das – Wirklichkeit?

> Bald wird es hoffentlich vier- oder fünfhun-
> dert Theater geben, wo die gewöhnlichen Er-
> eignisse des Lebens erheblich besser gespielt
> werden als in der Wirklichkeit, und so wird
> kein Mensch sich mehr die Mühe geben,
> selbst erleben zu wollen.
>
> *Villiers de l'Isle-Adam (1883)*

Die Wirklichkeit zu beschreiben, wenn es sie gäbe, wäre
schwer genug; aber *die* Wirklichkeit gibt es nicht. Werner
Heisenberg, der Koran, ADAC-Statistiken und rote Knie-
strümpfe werden unsere Zeugen sein. Hermann Hesse erzählt
von dem Kind, dem die Wirklichkeit „wie eine alberne Verein-
barung der Erwachsenen erschien"[1]; Paul Watzlawick meint,
die „wirkliche" Wirklichkeit sei ein mörderischer, despotischer
Wahn – wenn nämlich, wie üblich, damit allein die eigene Sicht
der Wirklichkeit gemeint sei.[2]

Was es – Wahn inklusive – gibt, sind mindestens sieben
„Wirklichkeiten", besser: sieben Versuche, ein Problem zu beschreiben, für das keiner eine Lösung weiß.

A) *Die objektive Realität,* genauer, der Versuch, eine solche
zu erforschen und zu definieren; eine harte Nuß, die von den
Physikern, Mathematikern und Philosophen bis heute nicht
geknackt worden ist.

B) *Die Realität der jeweiligen biologischen Art.* Die Ge-
ruchssensationen eines Hundes, das Weltbild eines Mistkäfers,
der sich in den Exkrementen pflanzenfressender Säugetiere
tummelt – sie sind von der Weltsicht, der „Wirklichkeit" eines
Menschen unüberbrückbar verschieden; und natürlich erleben
Fliegen Pressebälle anders als Journalisten. Man kennt auch
den Witz von der Ratte im Labor, die ihren Artgenossen das
Verhalten des Versuchsleiters mit den Worten erklärt: „Ich
habe diesen Mann so trainiert, daß er mir jedesmal Futter gibt,
wenn ich diesen Hebel drücke."[3]

---

[1] Hermann Hesse, Kindheit des Zauberers
[2] Wie wirklich ist die Wirklichkeit? München 1976, S. 218 f.
[3] Vgl. Watzlawick, S. 72

Unter allen „Wirklichkeiten" ist die biologische Realität diejenige, die sich noch am ehesten definieren und rechtfertigen läßt. Wenn ein Journalist nicht in Krähwinkelei verharren, sondern gelegentlich die Menschheit als biologische Einheit über allen „Rassen" ins Auge fassen will, sollte er seinen Informationswillen, mehr als bisher üblich, an dieser Realität ausrichten. Was in den Medien statt dessen dominiert, ist:

C) *Die subjektive Realität eines Kulturkreises.* Sie kann ein vom Interesse geleiteter Ausschnitt aus der Realität der biologischen Art sein: Die Rolle des Autos im abendländischen Seelenleben ist einem Hindu ebenso schwer nahezubringen wie unsereinem die Rolle der Kuh im Hinduismus.

Sie kann ferner das sein, was in den Hirnen vorgeht, und zwar unabhängig davon, ob der Vorstellung eine außergehirnliche Realität entspricht. Hirngespinste können handfest in die Außenwelt übergreifen: Wer von einer Religion, einer Ideologie oder einer Zwangsvorstellung besessen ist, leitet daraus häufig Handlungen ab, die schmerzhaft (also überaus „real") auf andere einwirken.

Dem arabischen Selbstmordfahrer im Sprengstofflastwagen zum Beispiel winkt ein Paradies, das der Koran höchst anschaulich beschreibt: Ströme von Honig, Milch und Wein an plätschernden Brunnen werden ihn laben, gazellenäugige Jungfrauen ihn verwöhnen.[1] Der Koran ist dem Gläubigen Beweis genug, also fährt er lachend in den Tod.

Wie leicht aus dem Mißverstehen oder der Vernachlässigung anderer Kulturen in den Medien eine verfälschende Darstellung der „Wirklichkeit" entsteht, wird Kap. 13 darlegen.

D) *Die subjektive Realität einer sozialen Gruppe:* der Kinder, der geschiedenen Frauen, der „Arbeiterklasse". Nach marxistischer Lehre kann Wirklichkeit nie „klassenübergreifend" sein; das proletarische Interesse wird dabei nicht als subjektiv eingestuft, sondern als deckungsgleich mit dem objektiven Gang der Geschichte.

E) *Die subjektive Realität des Individuums.* Auch sie ist, wie die Realität eines Kulturkreises, entweder ein Hirngespinst oder ein vom Interesse geleiteter Ausschnitt aus der Realität der biologischen Art: Der Dreijährige am Meeresstrand hat

---

[1] Koran, Sure 55 f., auch Sure 25, 36, 47

überhaupt keinen Blick für die Weite des Ozeans, sondern nur für die nächste Welle oder für die Chance, im Sand Kanäle zu graben. Der Kellner erlebt natürlich eine andere Wirklichkeit des Presseballs als der Gast, wieder eine andere erlebt die Toilettenfrau, noch eine andere die Putzkolonne am nächsten Vormittag, aber jeder hat auf seine Weise „Wirklichkeit" mitgestaltet und empfunden.

F) *Die vorgetäuschte Realität.* Sie wird produziert von Politikern, Pressechefs, Memoirenschreibern, Werbeagenturen, Märchenerzählern und Prospektherstellern (von diesen handeln die Kapitel 10 und 18), leider auch von etlichen Reisejournalisten (Kap. 6) und, fahrlässig oder mit bedingtem Vorsatz, von vielen Journalisten aller Sparten (Kap. 5 und 17).

Sie setzt an die Stelle der Wahrheit die Schönfärberei, die Irreführung oder die Lüge und an die Stelle des Abbilds das *Image.*

G) *Die Medienrealität.* Nur sie ist von nun an der Gegenstand dieses Kapitels.

Daß mit Schrift, Buch und Zeitung, mit Fotografie, Film und Fernsehen eine eigenständige Realität ins Leben tritt, ist zwar offenkundig, aber in seinen ungeheuren Folgen den wenigsten bewußt. Für Millionen Menschen sind Bücher nicht nur gedruckte Träume oder Informanten über ferne Länder und Zeiten – für viele sind sie zur wichtigsten Quelle der Erfahrung geworden, sogar für solche Lebensbereiche, die vor der Haustür liegen. Was unter Liebe, Stolz und Eifersucht wirklich zu verstehen sei, dafür haben bei Millionen Menschen die Kitschromane der Hedwig Courths-Mahler die Maßstäbe gesetzt. Selbst die konkreten Dinge gewinnen bei Bücherwürmern ihr Leben erst aus dem Papier; Jean-Paul Sartre schreibt:

> Ich habe niemals Höhlen gegraben und Vogelnester gesucht . . . Die Bücher waren meine Vögel und Nester, dort hob ich richtige Vögel aus, dort jagte ich nach richtigen Schmetterlingen . . . Außerhalb der Zimmerwände traf man auf matte Entwürfe, die sich den Urbildern mehr oder weniger annäherten, ohne deren Vollkommenheit zu erreichen. Die Affen im Zoo waren weniger Affen, die Menschen im Jardin du Luxembourg waren weniger Menschen.[1]

---

[1] Les Mots, Paris 1964; deutsch: Die Wörter, Hamburg 1965, S. 45–47

Der amerikanische Schriftsteller Gore Vidal behauptet über seine jüngeren Kollegen, wenn sie über ihre Jugend schrieben, dann nicht über die Jugend, wie sie war, sondern wie sie sich in den Filmen, Romanen und Fernsehserien ihrer Jugend spiegelte. Ziemlich jedes Kind vermutet (auf seine Art zu Recht), daß Postkutschen nur deshalb durch den Wilden Westen rollen, um von Indianern überfallen zu werden. Millionen Bürger der DDR wandern allabendlich in den Westen aus, indem sie die Wirklichkeit ihres grauen Tages mit der bunten Medienwirklichkeit von ARD und ZDF vertauschen.

Wie entsteht die Realität der Medien? Dadurch, daß Journalisten aus dem Rohstoff der biologischen, der subjektiven und der vorgetäuschten Wirklichkeit eine mediengerechte Auswahl treffen. Das Buch wird zeigen, welchen Zwängen sie dabei unterworfen, welchen Versuchungen sie ausgesetzt und mit welchen unlösbaren Problemen sie konfrontiert sind.

Eine Versuchung kann so unscheinbar sein wie diese: Die Redaktion präsentiert in einer Literaturbeilage eine Auswahl aus der Frühjahrsproduktion der deutschen Verlage, die notgedrungen winzig ist. Sie könnte drüberschreiben: „Neue Bücher" oder „Frühjahrs-Neuerscheinungen", auch „Die wichtigsten neuen Bücher", weil sie dann ein Werturteil hinzufügte, das nicht widerlegt werden kann. Statt dessen schreibt sie: „Die neuen Bücher dieses Frühlings"[1] – eine Irreführung, die, irgendwo zwischen Hochmut und Unschuld, den Eindruck erweckt, als ob jedes dort *nicht* besprochene Buch eigentlich nicht existiere: nicht in unserem Medium, also nicht real.

Von den schlimmeren Versuchungen handeln die folgenden vier Kapitel. Ihrem Wesen nach unlösbar aber sind die folgenden Probleme:
1. Der Journalist ist auf Zeugen angewiesen – also auf notorisch schlechte Beobachter.
2. Jeden Menschen, den er selbst beobachtet, verändert er dadurch.
3. Der Journalist ist Mitschöpfer einer neuen, der *Medien-Realität*, in der sich die Wirklichkeit nach ihrer journalistischen Aufbereitung richtet oder mit dieser verwechselt werden kann.

---

[1] So in der ZEIT vom 13. 4. 1984

Wir sind schlechte Beobachter

„Zeit meines Lebens habe ich immer nur gesehen, was ich mir einbildete, und nie die Wirklichkeit", schrieb Stendhal[1] – und offenbar braucht man keine literarische Bildung, um ihm nachzueifern.

Da sehen also fünfzehn Leute, wie auf einer zweispurigen Autobahn ein Opel einen querstehenden Renault rammt. Befragt, wo der Renault im Augenblick des Aufpralls gestanden habe, antworteten sie: „Auf dem linken Fahrstreifen", „Auf der rechten Spur", „Dazwischen", ja sogar „Auf der Mittelspur" (was eine dreispurige Autobahn voraussetzen würde) – und das, obwohl die fünfzehn nicht zufällig Zeuge des Verkehrsunfalls wurden, sondern Testpersonen waren, die wußten, daß sie aufpassen müssen, weil sie hinterher gefragt werden. Auf die Frage, ob der Opel gebremst habe, reichten die Antworten von „Vollbremsung" über „starke" und „mäßige Bremsung" bis zu „überhaupt keine Bremsung".

Zweiter Versuch mit einer anderen Gruppe: Der Fahrer eines Autos tritt voll auf die Bremse. Der Fahrer hinter ihm muß daher noch stärker bremsen, um nicht aufzufahren, schafft dies auch und kommt knapp vor der Stoßstange des Vordermanns zum Stehen. Es passiert also nichts. Befragt, ob „der Schaden" am vorderen Auto groß, mittel oder klein gewesen sei, antworteten nur 29 Prozent, daß es keinen Schaden gegeben hat, wogegen 71 Prozent sich durch die suggestive Fragestellung dazu hinreißen ließen, einen „großen", „mittleren" oder „kleinen Schaden" zu bezeugen, den sie nicht gesehen haben konnten.[2]

Walter Lippmann hat dieses Phänomen schon 1922 beschrieben: Augenzeugen berichten nicht, sie interpretieren, sie wandeln um – auch wenn sie sich noch so sehr um eine Abschilderung der Realität bemühen; auf ihrem Weg zum Bewußtsein werden die Informationen „durch die geläufigen Denkschemata unterbrochen".[3]

---

[1] La vie de Henry Brulard (1836), Kap. 43
[2] „Und dann ist er voll reingefahren", in: ADAC-MOTORWELT, 2/1983
[3] Walter Lippmann, Public Opinion, New York 1922; deutsch: Die öffentliche Meinung, München 1964, S. 61-65

Jeder beobachtete Mensch verändert sich

Mißt man den elektrischen Widerstand eines Stromkreises, so erhöht das Meßgerät den Widerstand, weil es seinerseits Strom verbraucht. Da der Physiker die Daten des Meßgeräts kennt, kann er den falschen Wert, den es anzeigt, in den richtigen Wert zurückrechnen.

Nicht so allerdings in der Mikrophysik: Nach der von Werner Heisenberg 1927 aufgestellten „Unschärferelation" können Ort und Impuls eines Teilchens nie zugleich genau gemessen werden, ja es läßt sich nicht einmal die Frage beantworten, ob die kleinsten Bausteine der Materie *Dinge* sind oder bloße „Bestandteile von Beobachtungssituationen"[1].

In einer Beobachtungssituation fühlt sich jeder, der ein öffentliches Interesse auf sich gerichtet sieht – jeder Politiker, jeder Mann auf der Straße, der dem Fernsehen seine Meinung sagen darf; sogar Soldaten im Gefecht:

> Im Zeitalter der Massenmedien zeigen Kriegsbilder oft keine Menschen im Krieg, wie sie in Wirklichkeit sind, sondern Menschen im Krieg, die wissen, daß sie fotografiert werden. Vor der Kamera spielen die Soldaten die Rolle von Soldaten und die Kriegsopfer die Rolle von Kriegsopfern...
> Die Gegenwart der Kamera hat ihr Gehabe verändert: Es ist Krieg! Ihr Auftritt! Der Amerikaner, der nach Vietnam kam, hatte Hunderte von Kriegsfilmen und Western im Kopf, die Bewegungen von John Wayne und Ernest Borgnine kannte er auswendig, mit ihnen war er aufgewachsen, sie gehörten zu seiner visuellen Erziehung, und in Vietnam wandte er seine Erziehung eben an.
> „Du weißt nicht, was ein Medienfreak ist, bis du gesehen hast, wie Soldaten in einem Gefecht herumrennen, wenn sie wissen, daß ein Fernsehteam in der Nähe ist", schrieb Michael Herr, „in ihren Köpfen kurbeln sie richtige Kriegsfilme ab, lassen sich die Rübe für den Sender runterschießen."[2]

Doch warum in die Ferne schweifen! Jede Sitzung des Bundestags, von der wir in der TAGESSCHAU Ausschnitte sehen, ist dieser Ausschnitte wegen anders verlaufen; welche Reden die

---

[1] Werner Heisenberg, Der Teil und das Ganze, München 1973, S. 148
[2] Rainer Fabian, Bilder vom Krieg, STERN-Buch, Hamburg 1983, S. 38 f.

Abgeordneten gehalten hätten, wenn sie nicht beobachtet worden wären, das kann niemand sagen.

> Daß Plenarsitzungen anders sein können, die Gegensätze im Parlament streitbar und anständig ausgetragen werden können, wurde in der vergangenen Woche auch ein paarmal sichtbar. Gelegentlich, wenn die Kameras ausgeschaltet waren, der Rundfunk nur noch über den Mittelwellensender Bonn übertrug und die Pressetribüne leer von schreibenden Beobachtern war, wurde so miteinander gesprochen, wie es wohl in Ausschußsitzungen zugehen mag ... So scheinen zwei Parlamente unter dem Dach des einen Bundestags zu sein, scheint auch mancher Politiker ein Janus-Gesicht zu tragen: einmal fleißig und kollegial in den Ausschüssen und im Plenum ohne Direktübertragung, das andere mal zynisch und ausfällig, wie die Parteiräson es befiehlt.[1]

Wirklichkeit wäre das, was stattfände, wenn es nicht reproduziert würde. Das gilt auch für den umgekehrten Fall, daß der Journalist statt der Realität plus X nur die *Realität minus Y* abbilden kann: Jeder Fernsehmoderator und Interviewer weiß, daß der Politiker vor der Fernsehkamera das meiste von dem nicht sagt, was er weiß – und wovon er durchaus weiß, daß die Zuschauer es wissen möchten. Staatsmännisch und ausgewogen ist seine Rede vor der Linse. Vorher und nachher gibt er „off the record" schon mal zu, daß er sich geirrt habe oder daß sein Parteifreund ein Trottel sei.

Der Journalist, der die Verfälschung der Wirklichkeit dadurch zu kompensieren suchte, daß er dem Fernsehzuschauer erzählte, wie sich der Politiker vor und nach der Aufnahme verhalten hat, täte dies nur einmal: Entweder würde er gefeuert oder er bekäme nie mehr einen Politiker vor die Kamera.

Die Wirklichkeit richtet sich nach ihrer Aufbereitung

Zum Rebbe kommt ein Geschäftsmann und klagt: „Rebbe, alle Leute behaupten, ich bin pleite. Dabei habe ich 100 000 Kronen bar!" Der Rebbe denkt nach und entscheidet: „Wenn alle Leute sagen, du bist pleite, dann bist du pleite über kurz

---

[1] Helmut Herles, Das große Feldgeschrei, in: FRANKFURTER ALLGEMEINE, 11. 2. 1978

oder lang."[1] In seinem Schauspiel „Andorra" beschreibt Max
Frisch, wie der Knabe Andri fälschlich als „Judenjunge" abge-
stempelt wird - und diejenigen „typisch jüdischen" Eigenschaften, die seine Umwelt ihm zuschreibt, nun tatsächlich her-
anbildet. Nach Friedrich Dürrenmatt war die Russische Revolution von 1917 „eine Tat von Intellektuellen, die ein politisches Gebilde so lange umkneteten, bis es angeblich ihren Begriffen entsprach"[2]. (Mehr über diesen Effekt - die *self-fulfilling prophecy* - in Kap. 17.)

Als in den fünfziger Jahren die Farbfotografie aufkam,
wurde dafür vorzugsweise mit Farbbildern aus den Alpen ge-
worben, und zwar nach dem Motto: Man ergänze den farbigen
Hintergrund aus Bergen, Tälern und Seen mit einem kräftigen
Vordergrund, und der sei rot. Da Rot in der Natur selten vorkommt, stelle man Menschen in sie hinein, und die tragen zu
ihren Kniebundhosen rote Strümpfe (die es zu jener Zeit auf
dem Markt kaum gab). Die Textilindustrie erkannte rasch ihre
Chance und stellte rote Strümpfe in großer Zahl her. Seitdem
sind die Alpen von Menschen mit roten Strümpfen bevölkert.

Die Wirklichkeit der Berge hat sich nach ihrer Darstellung in
der Werbung gerichtet - ähnlich wie das sexuelle Verhalten
amerikanischer Männer nach dem Kinsey-Report. Kaum hatten Millionen Ehemänner 1948 bei Alfred Kinsey gelesen, wie
verbreitet der Ehebruch sei, als etliche von ihnen beschlossen
haben müssen, einem derart „normalen" Verhalten nicht länger auszuweichen; ein Jahr nach Veröffentlichung der Statistik
über eine sexuelle Realität hatte sich die Realität durch die Lektüre ihrer statistischen Erfassung geändert.

> Jedermanns Handeln wird heute beeinflußt durch das Wissen
> über jedermanns Handeln, das jedermann laufend durch die
> Sozialforschung geliefert und durch entsprechende Medien
> verbreitet wird... Der Kinsey-Report erhob „Tatsachen",
> deren Veröffentlichung eben diese „Tatsachen" veränderte
> und ja auch verändern wollte... Zunehmend erfaßt die So-
> zialforschung nurmehr die Wirkungen ihres eigenen Tuns.[3]

---

[1] Salcia Landmann, Der jüdische Witz, München 1963, S. 93
[2] Friedrich Dürrenmatt, Zusammenhänge, Zürich 1976, S. 142
[3] Friedrich H. Tenbruck, Der Mensch als Merkmalsträger, in: FRANKFURTER ALLGEMEINE,
   31. 3. 1984

Fürs Fernsehen gilt das erst recht: Je häufiger die Verletzung von Regeln oder Gesetzen durch Demonstranten über den Bildschirm geflimmert ist, als desto „normaler" wird sie betrachtet. „Die *Publizität* des Normenbruchs führt letztlich zur Auflösung der Norm, mit der Konsequenz, daß noch weniger Menschen bereit sind, der Norm zu folgen."[1]
Offensichtlich ist eine andere Wechselwirkung: Seit es das *Guinness-Buch der Rekorde* gibt, muß es zunehmend solche Rekorde registrieren, die nur aufgestellt worden sind, damit sie von Guinness registriert werden können. Da werden die dicksten Würste der Welt gestopft oder ein 174 Meter langer Apfelkuchen gebacken zu dem ausdrücklichen und alleinigen Zweck, von Guinness registriert zu werden – was den Verkaufserfolg der nächsten Auflage fördern wird, wodurch neue Wurststopfer animiert, wodurch neue Auflagen verkauft werden können: Wirklichkeit plus Medien als Spirale. Wenn auch die physikalische Realität gelegentlich mit einem Knall dazwischenfährt: Am 12. Mai 1984 riß bei einem Sportfest in Lenzburg (Schweiz) ein 320 Meter langes Nylonseil, woran auf jeder Seite 440 Menschen zogen, Guinness zuliebe; 24 Zieher wurden verletzt, ein 66jähriger Teilnehmer starb, auf der Wiese lagen mehrere abgerissene Finger.[2]
Da versteht man langsam jene amerikanischen Kinder, über die, irgendwo zwischen Witz und Wahrheit, immer wieder berichtet wird, in unangenehmen Situationen verlangten sie von ihren Eltern, den Ärger durch das Einschalten eines anderen Programms zu beenden – das Leben als Fernsehspiel, die Verwechslung der Wirklichkeit mit der Medien-Realität. Wer zieht noch Grenzen? Hat die Medien-Realität am Ende schon das größere Gewicht?

Es muß uns klar sein, daß die alte Unterscheidung zwischen Fiktion und Wirklichkeit, Theater und Leben, in unserem Medium nicht funktioniert. Wir verbreiten auf vertrackte Weise Fiktion und Wirklichkeit als Fiktion. Denken Sie nur an eines der krassesten Beispiele, an die Kriegsberichterstattung. Was war wirklicher in der Wirkung? Das, was aus Vietnam über den Fernsehschirm kam, oder das, was heute aus

---

[1] Hans Mathias Kepplinger, Interview in: MEDIEN-KRITIK, 26/1982
[2] Vgl. NEUE ZÜRCHER ZEITUNG, 15. 5. 1984, 26. 5. 1984

dem Libanon über den Fernsehschirm kommt - oder das, was sich im Libanon abgespielt hat? Das Verteufelte ist doch, daß das, was die Welt vom Libanon sieht, vermutlich stärker nachwirkt als das, was sich eigentlich ereignet hat.[1]

Da sind noch Steigerungen denkbar, ein Nachhinken der Außenwelt hinter der Medienwelt:

> So abwegig ist die Vorstellung nicht mehr, daß es irgendwann einmal einen Putsch geben wird, dessen Erfolg mit fingierten Bildern zuerst einmal im Fernsehen behauptet, dann geglaubt worden und schließlich Wirklichkeit geworden ist.[2]

So ist das Fazit notgedrungen trübe: Wie kritisch auch immer der Journalist seinem Metier gegenüberstünde, wie redlich er sich um eine faire Abbildung „wirklicher" Vorgänge bemühte: Der Wechselwirkung zwischen Beobachter und dem Beobachteten entrinnt er so wenig wie seine Leser und Hörer der Verwechslung des Bildes mit dem abgebildeten Gegenstand. Nachrichten *sind* eine Realität; inwieweit sie eine andere Realität abbilden als diejenige, die ihnen innewohnt, kann, wenn überhaupt, nur von Fall zu Fall entschieden werden.

> „Beeinträchtigen" die Medien den Nachrichtenfluß, „verzerren" oder „verfälschen" sie gar das „wahre" Bild der Realität? Solche Fragestellungen lassen sich mit den Mitteln der Wissenschaft nicht beantworten.. Denn was „wirklich" geschah, welches das „richtige" Bild von Realität ist, das ist eine letztlich metaphysische Frage. Niemand ist in der Lage, darüber eine intersubjektiv verbindliche Auskunft zu geben ... Man kann also sagen, daß Nachrichten „Realität" eigentlich konstituieren.[3]

Nach all dem ist wenig Raum für die Hoffnung, die Journalisten könnten das zuwege bringen, was Leopold Ranke im jugendlichen Überschwang seiner 28 Jahre für seinen historischen Erstling in Anspruch nahm: Er wolle „bloß zeigen, wie

---

[1] Dieter Meichsner, Diskussion in den Dritten Programmen der ARD, 16. 5. 1983; zit. nach: MEDIEN-KRITIK, 21/1983

[2] Michael Schwarze, Der Mensch in der Welt der Geräte, in: FRANKFURTER ALLGEMEINE, 10. 5. 1978

[3] Winfried Schulz, Die Konstruktion von Realität in den Nachrichtenmedien, Freiburg 1976, S. 27 f.

es eigentlich gewesen"[1]. Nehmen wir Kleist die Definition ab: „Die Journalistik überhaupt ist die treuherzige und unverfängliche Kunst, das Volk von dem zu unterrichten, was in der Welt vorfällt"?[2] Treuherzig, unverfänglich, „eigentlich" gewesen! Da sind wir skeptischer.

Ohne Hoffnung sind wir nicht. Die lachhaft verschiedenen Beobachtungen eines Verkehrsunfalls sind kein Beweis gegen die Realität des Verkehrsunfalls, sondern ein Beweis für die Vermutung, daß Beobachtung eine Kunst ist, auf die sich offenbar nur wenige verstehen. Folglich ginge es zu weit, deshalb „die Wirklichkeit" in Frage gestellt zu sehen. „Wie es eigentlich gewesen", ließe sich durch bessere Beobachtungen klären – sonst hätte man nach dem Experiment gar nicht sagen können, daß die Leute schlecht beobachtet haben.

Der Mechanismus, der bewirkt, daß die Wirklichkeit sich nach ihrer Beschreibung richtet, läßt sich nicht außer Kraft setzen. Er kann aber bewußtgemacht und dadurch in seiner Wirkung beschränkt werden. Auch mit jener Wirklichkeit, die nur stattfindet, wenn sie nicht reproduziert wird, haben wir uns abzufinden. Aber dieser Sachverhalt wird ebenfalls erträglicher durch Bewußtmachung: Es muß sich einfach ein Reporter in ein Fernsehstudio schleichen und beobachten, wie sich ein Politiker vor und nach einer Sendung verhält, und dies dann berichten.

Alles in allem haben Journalisten eine Chance, die der große Physiker Niels Bohr verblüfft zur Kenntnis nahm, als er auf einer Almhütte Geschirr spülte: Er wunderte sich, daß man schmutziges Geschirr in schmutzigem Spülwasser mit schmutzigen Küchentüchern sauber kriegen kann. So sei es auch mit der Sprache, kommentierte er.[3]

Umgangssprache kann durch Umgangssprache präzisiert, die präzisierte Sprache mit präzisierter Sprache weiter präzisiert werden, und so fort. Schiefe Abbilder einer nicht exakt definierten Wirklichkeit lassen sich durch andere Abbilder korrigieren, auch wenn diese wiederum den Anforderungen einer

---

[1] Ranke, Geschichten der romanischen und germanischen Völker von 1494 bis 1514; Vorrede (1824)

[2] Kleist, Lehrbuch der französischen Journalistik, § 1 (1809)

[3] Vgl. Heisenberg, Der Teil und das Ganze, München 1973, S. 163 f.

strengen Wissenschaft notgedrungen nicht genügen. Ein Geisterfahrer, der mir auf der Autobahn entgegenkommt, ist eine Realität, die kein Philosoph hinwegdiskutieren kann, und sogar die Nachricht „Geisterfahrer auf der Autobahn" wird stimmen.

Ja: Wirklichkeit ist nicht das, was Köpcke vorliest. Das meiste, was wirklich ist, liest er nicht vor. Das meiste, was er vorliest, gewinnt eben dadurch eine Realität *neben* derjenigen, die abzubilden das Fernsehen vorgibt. Manches, was Köpcke vorliest, ist überdies das Abbild einer listig vorgetäuschten Wirklichkeit. Doch vieles, was er vorliest, ist „wirklich" so – wenn wir uns nicht an der Philosophie, sondern an unseren praktischen Bedürfnissen orientieren.

Den Anteil des „Wirklichen" in Presse und Funk zu steigern und gegen den großen Rest die gebührende Skepsis zu wecken – das sollten alle Journalisten versuchen. Damit es nicht eines Tages heißt: Die Welt findet im Fernsehen statt; der Rest kommt aus der Tube.

A. Manche Journalisten manipulieren

3. Sie sagen die Unwahrheit

> Die gefährlichsten Unwahrheiten sind Wahrheiten, mäßig entstellt.
> *Georg Christoph Lichtenberg*

Bauern verwässern die Milch, Winzer panschen den Wein, Apotheker türken Rezepte, Großhändler verkaufen Känguruhs als Rindersteaks; vor Gericht lügt mehr als die Hälfte aller Zeugen.[1] Dies alles wissen wir von den Zeugen des Zeitgeschehens, den Journalisten, die darüber berichtet haben, und von denen frisieren, fälschen und lügen einige auch.

Sie lügen, weil sie unter Erfolgszwang stehen und von ihren Chefs oder Auftraggebern unter Druck gesetzt werden, interessanter zu schreiben als die Konkurrenz. Sie lügen, weil sie nur Informationen verkaufen können, die andere nicht haben. Sie lügen, weil sie in der Redaktionshierarchie aufsteigen wollen, weil sie mit ihrer Geschichte auf der ersten Seite stehen oder weil sie den Pulitzerpreis bekommen wollen. Und sie schlittern in die Lüge hinein, weil sie mit Übertreibungen begonnen haben und das Übertriebene immer noch weiter gesteigert werden muß, damit es interessant bleibt.

Kein Reporter wird je untertreiben. Doch die Versuchung, zu übertreiben, liegt immer in der Luft. Wenn die Wellen vier Meter hoch waren, wird er von fünf Metern schreiben, wenn der Sturm so brauste, daß man Mühe hatte, seinen Nachbarn zu verstehen, wird er sein „eigenes Wort nicht verstanden" haben. Wenn die Sturmflut ein Siebentel von Hamburg überschwemmt hat, wird die Überschrift lauten „Hamburg ist eine Wasserwüste". Die Verfälschung der Realität beginnt bei fünf Prozent, ehe sie hundert Prozent in der klaren Lüge erreicht. Vorsatz ist beides.

Die hundertprozentige, die dreiste Lüge ist freilich selten, aber es gibt sie, jede ist zuviel, und sie kommt in den besten Blättern vor, wie wir noch zeigen werden. Häufiger liest man sie natürlich in den weniger guten Blättern, und häufiger als die

---

[1] Rolf Bender, Vorsitzender Richter am Oberlandesgericht Stuttgart, zit. nach: Die Welt, 12. 1. 1984

glatte Lüge findet man die Legierung aus Dichtung und Wahrheit. Manche Journalisten können gar nicht anders, als die Wirklichkeit mit ihren Erfindungen zu legieren – wenn sie über Dinge berichten, über die man nichts wissen kann. Zum Beispiel über das englische Königshaus, und das ist ein Jammer für die gesamte Regenbogenpresse.

Der Reporter, der dazu verdammt ist, seinen Lesern ausführlich das Innenleben der Lady Di zu schildern, steht unter dem Zwang, sich seiner Phantasie zu bedienen, denn:

> Die Pressepolitik des britischen Hofes ist noch abweisender als die des Kremls . . . Nie spricht ein Journalist, ob Brite oder Ausländer, professionell mit der Königin oder ihrer Schwiegertochter; es gibt grundsätzlich keine Interviews, auch keine vertraulichen, und alle Publizität geht durch den beflissen verstopften Filter des Pressebüros im Buckingham-Palast. Seine Effizienz wird nicht danach beurteilt, was das Büro über seinen Brötchengeber in der Presse unterbringt, sondern was es heraushält.[1]

Trotzdem weiß die Regenbogenpresse alles. Sie weiß, daß sich Lady Di und Prinz Charles gestritten haben, sie weiß, daß die Königin Zahnweh und Prinz Andrew Liebeskummer hat, sie weiß, daß sich Lady Di vier Kinder wünscht. Und wenn in BILD steht, daß Diana weint, dann weiß niemand, ob sie weint, denn „niemand, der darüber sprechen würde, war dabei, und wer dabei war, spricht nicht darüber".

In den bunten Blättern steht sie also nicht, die Wahrheit, und viele wissen oder ahnen es und kaufen diese Blätter doch. Vielleicht finden deren Käufer es einfach unterhaltsam, ein bißchen angelogen zu werden und nicht genau zu wissen: Was ist Fiktion, was Realität? Es gibt den Typus des eiligen Lesers, der eigentlich nicht informiert, sondern nur unterhalten werden will. Dieser Leser wird nicht alleingelassen. Er bekommt beispielsweise folgendes vorgesetzt:

> Es war eine heiße Liebesaffäre. Doch dann gab die bildhübsche Sigrid K. (29) dem Diplomatensohn Maung H. den Lauf-

---

[1] Thilo Bode, Korrespondent der SÜDDEUTSCHEN ZEITUNG, 31. 1. 1983

paß. Auf Knien bat er die attraktive Tontechnikerin, zu ihm zurückzukehren. Als er abgewiesen wurde, drehte der Burmese durch: In einem Anfall von Eifersucht erdrosselte er seine Geliebte mit einem Handtuch. ... In Kollegenkreisen war bekannt, daß Sigrid K. während der Ehe und nach der Scheidung häufig die Liebhaber wechselte.[1]

In der Kölner Ausgabe desselben Blattes war die Mordwaffe nicht ein Handtuch, sondern ein Wollschal. Nach den Ermittlungen des Landgerichts Heidelberg hatte die Ermordete *nicht* zahllose Männerbekanntschaften.[2]

Daß es sich beim EXPRESS nicht um einen Einzelfall handelte, belegte der SPIEGEL im gleichen Artikel mit vier weiteren Beispielen: Erfunden war die Geschichte von den beiden Samurais, die sich in einem rheinischen Städtchen ein dramatisches Duell lieferten, bei dem der eine dem anderen mit einem Schwert „ein Ohr abschlug, bevor er die kiloschwere Waffe abfangen konnte, die seinem Gegner sonst die Schulter zerschmettert hätte".

Erfunden war die Geschichte von einem Ehepaar weißer Hautfarbe, das ein dunkelhäutiges Baby bekommen haben soll, weil „der Ehemann sich bei einer Prostituierten das Sperma eines zuvor dagewesenen Schwarzen eingefangen und dann auf seine Frau übertragen habe". Erfunden war die Geschichte von der toten Oma, die „in einen Teppich gewickelt und auf dem Dachgepäckträger" über die Grenzen von Spanien nach Deutschland transportiert und dann auf einem Rastplatz gestohlen worden sein soll. Und erfunden war auch die Geschichte vom Auszug der Ehefrau Rudi Carrells aus dem gemeinsamen Haus in Südfrankreich.

Der EXPRESS-Chefredakteur Helmut Eickelmann erklärte dazu in einem Leserbrief an den SPIEGEL:

Daß der SPIEGEL von fünf Veröffentlichungen ohne Zeitangabe drei Fälle ausgräbt, die sieben Jahre zurückliegen, zeigt, wie schwer er sich dabei tut. Was sollen angebliche Fehlleistungen beweisen, die allein schon durch den zeitlichen Abstand kaum mehr zu verifizieren sind? Die Fakten: Seit seiner Gründung im Jahre 1964 hat „Express" überschlägig rund

---

[1] EXPRESS, 14. 8. 1981 (Ausgabe Bonn)
[2] Vgl. DER SPIEGEL, 13. 9. 1982

25000 mehrspaltige Beiträge – von den Hunderttausenden Meldungen gar nicht zu reden – veröffentlicht, so daß sich bei insgesamt fünf SPIEGEL-Behauptungen über „Fehlleistungen" eine „Ausreißerquote" von 0,02 Prozent ergibt. Ein Ergebnis, das sicherlich jedes Unternehmen – erst recht so sensible und diffizile wie Zeitungsbetriebe – eher Genugtuung verspüren läßt.[1]

Wahr ist: Der SPIEGEL hat von fünf Fehlleistungen des EXPRESS berichtet. Dies mag, bezogen auf die Gesamtzahl der bis dahin veröffentlichten Nachrichten, einem Prozentsatz von 0,02 entsprechen. Der Trugschluß besteht darin, daß Eickelmann diese Zahl gleichsetzt mit der tatsächlichen Zahl der Fehlleistungen des EXPRESS. Die aber kennt niemand. Es gibt keine Instanz, die das Blatt täglich Zeile für Zeile auf seinen Wahrheitsgehalt prüft. So wird die Behauptung erlaubt sein: Es waren mehr als fünf.

Was oft behauptet und von den Boulevardzeitungen und Soraya-Blättern immer wieder bestritten wird, hat das Oberlandesgericht Köln 1981 bestätigt: Schwindeln gehört zum Geschäft, es ist erlaubt, und die Leser stört es nicht.

Beide (Boulevardpresse und Showstars) liegen auf einer Ebene, der der Unterhaltungswelt, beide leben vom gleichen Publikum, zwischen ihnen gibt es ein natürliches Wechselspiel, eine Art Symbiose. Berücksichtigt man ... das Wesen der journalistischen Berichterstattung bei Boulevardblättern, so müssen im Show- und Unterhaltungsbereich zusätzliche Einschränkungen gelten, soweit es um das Erfordernis einer sachlichen Berichterstattung geht. Denn die Unterhaltungspresse lebt von der Zuspitzung, der Verdichtung, der Raffung der Realität. Die Öffentlichkeit hat sich an Übertreibungen gewissermaßen gewöhnt ... Dabei kann dahingestellt bleiben, ob jede unwahre Veröffentlichung über die Privatsphäre einer Person untersagt ist.[2]

Carmen Thomas, heute Redakteurin des WDR, war einmal Moderatorin des ZDF-Sportstudios. Am 17. März 1973, dem Karnevalssamstag, kam sie mit einer druckfrischen Ausgabe

[1] DER SPIEGEL, 4. 10. 1982
[2] Zit. nach: DER SPIEGEL, 13. 9. 1982

der BILD AM SONNTAG vom 18. März 1973 ins Sportstudio und las zu Beginn den verblüfften Fernsehzuschauern aus dieser Zeitung vor, wie miserabel die Moderation, die sie noch gar nicht begonnen hatte, wieder einmal gewesen sei.

Daß „BILD lügt", ist seit den sechziger Jahren zu einem geflügelten Wort geworden. „Sie haben gelogen und betrogen, daß sich die Balkenüberschriften bogen"[1], behauptete Günter Wallraff, nachdem es ihm gelungen war, sich in die Hannoveraner Redaktion von BILD einzuschleichen und dort von März bis Juli 1977 als Hans Esser die Redaktion von innen zu betrachten. Der Deutsche Presserat resümierte jedoch: „Eine Reihe dieser Vorwürfe ist nach gerichtlicher Feststellung falsch oder nicht bewiesen."[2] Der verwirrte Leser wird sich damit abfinden müssen, daß er in einer Welt lebt, in der Lügner Lügner Lügner nennen.

Und die seriösen Medien – lügen sie auch? Viermal wurde der STERN vom Deutschen Presserat gerüffelt, weil er Zitate „grob verfälscht oder frei erfunden" oder weil er unvollständig, falsch und aus dem Zusammenhang gerissen zitiert habe.[3] Bei den angeblichen Hitler-Tagebüchern ist der STERN auf eine Lüge hereingefallen (was nicht dasselbe wie eine Lüge ist); darüber mehr in Kap. 11. GEO ging einem Pressefotografen auf den Leim, der behauptete, er habe im Westen Chinas einige der letzten freilebenden Pandabären fotografiert; in Wahrheit stammten sie aus einem Freigehege[4].

Die ZEIT warf der WELT vor, ihre Redakteure seien „Friseure der Wahrheit": Eine Rede des Literatur-Nobelpreisträgers Saul Bellow hätten sie „sinnentstellend gekürzt, immer dort, wo Bellow Meinungen äußert, die der WELT nicht ins Konzept passen"[5].

Der SPIEGEL wirft der WELT AM SONNTAG vor, sie drucke gern längst überholte Beiträge ohne Angabe der Quelle so ab, als ob sie neu wären. Als „Exklusiv-Interview mit Ronald Reagan" habe sie einen Text ausgegeben, der aus einem alten Interview und Zitaten aus Wahlreden zusammengestückelt worden

---

[1] Günter Wallraff, Der Aufmacher, Köln 1977, S. 205
[2] Jahrbuch 1981 des Deutschen Presserats, S. 13
[3] Jahrbücher des Presserats: 1980, S. 22, 24; 1981, S. 27
[4] Fotos: GEO 7/1981; Berichtigung: GEO 9/1981
[5] Rolf Michaelis, Friseure der Wahrheit, in: DIE ZEIT, 25. 2. 1977

sei; unter dem Motto „Der Papst schreibt in WELT AM SONN-
TAG" habe sie am 20. 12. 1981 ein Zitat aus der päpstlichen
Weihnachtsbotschaft von 1980 abgedruckt[1].

Eine der schlimmsten und peinlichsten Journalisten-Lügen
erschien am 28. 9. 1980 in der hochangesehenen, durch die
Aufdeckung der Watergate-Affäre weltberühmt gewordenen
WASHINGTON POST: die Geschichte eines Achtjährigen, der
rauschgiftsüchtig war – so glänzend geschrieben, daß die Autorin, die 26jährige Janet Cooke, dafür den Pulitzer-Preis bekam
und daß Nancy Reagan dem Kind persönlich helfen wollte. Ein
halbes Jahr nach dem Erscheinen des Artikels mußte die Autorin beichten, daß dem Kind nicht geholfen werden könne, weil
sie es nie gesehen habe.[2]

Ein Leser der WASHINGTON POST zog das Fazit: „Glaube
nichts, was du liest und nur die Hälfte dessen, was du siehst."[3]
Barbara von Ihering resümierte in der ZEIT: „Konkurrenzdruck, übermäßiger Ehrgeiz und die Jagd nach Preisen sind
Gründe, warum die alte Journalisten-Ethik plötzlich anfällig
erscheint"; auch „der in den sechziger Jahren aufgekommene
New Journalism – eine Art zu schreiben, die sehr persönlich
ist, sehr impressionistisch, die weniger auf Fakten beruht als
auf Intuition, die mehr aus dem Bauch als aus dem Kopf zu
kommen scheint"[4].

Ein prominenter Vertreter des *New Journalism,* Alastair
Reid vom NEW YORKER, erwähnte 1983 in einer Vorlesung an
der Yale-Universität fünf Fälle, in denen er Szenen konstruiert
und mehrere Personen zu einer Kunstfigur zusammengesetzt
habe; eine Studentin berichtete dies 1984 dem WALL STREET
JOURNAL, auf dessen Veröffentlichung ein Aufruhr in der
amerikanischen Presse folgte.

Der Chefredakteur des NEW YORKER bezeichnete das Verhalten seines Reporters als einen „journalistischen Fehler", der
jedoch aus literarischen Gründen begangen worden sei und nie-
mandem geschadet habe. Der Reporter selbst versicherte der
NEW YORK TIMES, er habe nur „die umfassende Wahrheit"

---

[1] DER SPIEGEL, 7/1982, S. 66 ff.
[2] Vgl. DIE ZEIT, 1. 5. 1981
[3] Zit. nach: DER SPIEGEL, 19/1981, S. 169
[4] „Fakten und Wahrheit", in: DIE ZEIT, 22. 5. 1981

(the larger truth) gesucht. Der Verleger des DES MOINES REGI-STER, Michael Gartner, sagte dazu lapidar: „Jeder kann gut schreiben, wenn er sich nicht um die Tatsachen kümmern muß."[1]

Erhaben und fast hoffnungslos steht daneben der erste der Grundsätze des Deutschen Presserats: „Achtung vor der Wahrheit und wahrhaftige Unterrichtung der Öffentlichkeit sind oberstes Gebot der Presse." Fälschende Journalisten sind ja weder das einzige noch das größte Problem: Gegenstand einer „wahrhaftigen Unterrichtung" durch die Journalisten sind allzuoft die Lügen, die vom Kartell der Funktionäre verbreitet werden (Kap. 10); und wie „wahrhaftig" ist eine Unterrichtung, die mich im Gewand des Berichts mit der *Meinung* des Journalisten infiziert? Das ist nicht gerade selten, wie das nächste Kapitel zeigt.

---

[1] Vgl. THE NEW YORKER, 25. 6. 1984; TIME, 2. 7. 1984

4. Sie tarnen Meinungen als Nachrichten

> Was die Presse will, ist wahr. Ihre Befehls-
> haber erzeugen, verwandeln, vertauschen
> Wahrheiten. Drei Wochen Pressearbeit, und
> alle Welt hat die Wahrheit erkannt. Ihre
> Gründe sind so lange unwiderleglich, als
> Geld vorhanden ist, um sie ununterbrochen
> zu wiederholen.
>
> *Oswald Spengler,*
> *Der Untergang des Abendlandes*

Die Abwesenheit von Lüge ist ohne Zweifel die wichtigste Voraussetzung für sachgerechten Journalismus; gleichbedeutend mit der Anwesenheit von Wahrheit ist sie nicht. Der Autor einer Nachricht schwebt ständig in der Versuchung, mit nachweislich zutreffenden Fakten so zu hantieren, daß nicht in erster Linie diese Fakten, sondern eine Meinung zum Ausdruck kommt – denn es erfordert Charakterstärke, die Rede eines Politikers, die man für töricht oder gefährlich hält, gleichwohl wertfrei zu referieren, und überdies haben viele Journalisten die Erfahrung gemacht: „Meinung profiliert, Objektivität profiliert nicht."[1]

Nicht wenige Journalisten, so unsere These, geben dieser Versuchung nach. Das heißt: Sie konvertieren vom „Merker" zum „Täter", sie fallen aus der Rolle des neutralen Berichterstatters heraus und wollen die Politik aktiv mitgestalten. Diesen Drang verspüren besonders *deutsche* Journalisten, behauptet Wolfgang Donsbach, der an einer in Mainz, Allensbach und Leicester/England parallel durchgeführten Untersuchung teilgenommen hat:

> Während die englischen Journalisten es als ihre wichtigste
> Aufgabe ansehen, zu informieren, steht bei den deutschen an
> erster Stelle die Kritik, das Aufdecken von Mißständen. Erst

---

[1] Dietrich Schwarzkopf, Zehn Hindernisse für die gebotene Objektivität, in: Bentele/Ruoff (Hrsg.), Wie objektiv sind unsere Medien? Frankfurt 1982, S. 203

an zweiter Stelle folgt die Informationsfunktion. Bei den Engländern ist es umgekehrt.[1]

Besonders in Deutschland, so Donsbach weiter, ist die Neigung der Journalisten groß, sich mit dem verfassungsrechtlich bedenklichen Begriff der „Vierten Gewalt" zu identifizieren und sich damit als politisch-moralische „Über-Instanz" zu definieren. In einer Umfrage von 1976 bezeichneten sich 98 Prozent aller befragten Journalisten verschiedener Bereiche als „Kritiker von Mißständen", 80 Prozent als neutrale Berichterstatter und 79 Prozent als „Vermittler neuer Ideen". Immerhin 72 Prozent hatten „Vertretung unterprivilegierter Bevölkerungsteile" auf ihre Fahnen geschrieben, und über 10 Prozent verstanden sich als Pädagogen, Erzieher oder „Politiker mit anderen Mitteln".[2]

Die Volkserzieher hätten sich, so hört man oft, zumal in den Rundfunkanstalten eingenistet. 1977 behauptete „Telebiss" in der ZEIT, im NDR habe „das Strandgut der 68er Revolution" politisches Asyl gesucht und „mit Hilfe gutmütiger Kameramänner, Cutterinnen und Redakteure ihre Filmchen ins Programm gehievt".[3] Dem hielt Axel Eggebrecht in einem Leserbrief entgegen, der NDR befinde sich „unverkennbar auf dem Weg nach rechts. *Das* führt im Hause zu unwürdiger Selbstzensur."[4]

1980 attackierte Felix Schmidt in seiner Abschiedsrede als Fernsehdirektor des SÜDWESTFUNKS den „Offenbarungsjournalismus" vieler Fernsehjournalisten, die dazu neigten, „ein bißchen subalterne Gehässigkeit, in schlechtes Deutsch gebracht, zum Feature" zu erklären und andächtig ihrer eigenen Meinung zu lauschen.[5] Dieter Stolte, Intendant des ZDF, forderte 1984,

[1] Zit. nach: MEDIEN-KRITIK, 6/1984
[2] Wolfgang Donsbach, Aus eigenem Recht. Legitimitätsbewußtsein und Legitimitätsgründe von Journalisten. In: Hans Mathias Kepplinger, Angepaßte Außenseiter, Freiburg 1979. Vgl. Hans Heinz Fabris, Das Selbstbildnis des Kommunikators bei Tageszeitungen, in: PUBLIZISTIK 16 (1971); Gruber/Koller u. a., Berufsziel: Journalist, in: PUBLIZISTIK 19/20 (1974/75)
[3] Der NDR: Rouge et noir, in: DIE ZEIT, 1. 7. 1977
[4] Hat sich Telebiss verbissen? In: DIE ZEIT, 15. 7. 1977
[5] Referat vor dem Fernsehausschuß des SWF, 5. 12. 1980; zit. nach: TV COURIER, 25. 2. 1981

daß bei den Redakteuren die Einsicht wächst und sich verstärkt, daß das Fernsehprogramm nicht ihr Instrument, sondern vielmehr das der ganzen Gesellschaft einschließlich der
sogenannten „schweigenden Mehrheit" ist ... Treuhänder
der gesellschaftlichen Meinungen zu sein, bedeutet, daß kein
Programmverantwortlicher das Fernsehen usurpieren darf,
um seine gesellschaftlichen, politischen oder sonstigen Leit-
bilder durchzusetzen oder bestimmte Ansichten als unfehlbar
darzustellen.[1]

Für Informationssendungen gilt das gewiß. Doch wer zieht die
Grenzen? Sind *Moderatoren* Leute, von denen der Intendant
und die Zuschauer Informationen erwarten – oder eben auch
Meinungen oder ein Geplauder, das in keine Schublade paßt?
Welchem Gesetz sind die Magazinsendungen des Fernsehens
verpflichtet? Wie ordnet man Journalisten ein, die das tun,
was ein Redakteur der WASHINGTON POST gebeichtet hat:
Einst habe er „eine Rede für einen Kandidaten geschrieben,
dann die Nachricht über die Rede, dann den Kommentar, daß
dies eine dynamische und brillante Rede gewesen sei"?[2]

Grenzfälle sind auch STERN und SPIEGEL. Der SPIEGEL
nennt sich im Untertitel „Das deutsche Nachrichtenmagazin",
der STERN bezeichnet den Schwarzweißteil hinten im Blatt als
„Diese Woche – das Nachrichtenmagazin im STERN". Mindestens im innenpolitischen Teil handelt es sich in beiden Fällen
um Meinungsmagazine; der selbstgewählte Untertitel ist also
eine Irreführung. Es kommt selten vor, daß eine der Storys
über CDU oder CSU in beiden Blättern frei von hämischen Vokabeln wäre. Da „nörgelt" Franz Josef Strauß an Stoltenbergs
Plänen herum (SPIEGEL 14/1984), scharfe Kritik der CDU/
CSU heißt „das Gezeter der Unionschristen" (SPIEGEL
9/1979), und die Politik der CDU/FDP-Regierung wird kurz
und knapp mit „Wende, Wahlkampf, Wahlsieg – und dann die
Rolle rückwärts" beschrieben (STERN 22/1983).

Bleiben wir aber zunächst dort, wo man sich zumindest vor-
dergründig bemüht, die Trennung von Nachricht und Meinung
durchzuhalten. Dort, in den angesehenen Tageszeitungen und

---

[1] Referat auf dem Medienpolitischen Kongreß der SPD; zit. nach: MEDIEN-KRITIK, 19/1984
[2] Richard Harwood, „George Will and the Rest of US Who Cross That Line", in: THE
WASHINGTON POST, 17. 7. 1983

den Nachrichtensendungen von Fernsehen und Hörfunk, bestimmen zumeist anonyme Nachrichtenredakteure den Kurs. Diese Redakteure, die als „Schleusenwärter" *(gate-keeper)*[1] durch die Publizistik-Wissenschaft geistern, entscheiden darüber, welcher winzige Bruchteil der täglichen Nachrichtenflut tatsächlich Karriere macht; überwiegend nach Zunftregeln oder unter Sachzwängen, von denen die Kapitel 14 und 15 handeln. Denn ein Thema kann nur dann Gegenstand der öffentlichen Meinung sein, wenn es durch eine der publizistischen „Schleusen" hineingelassen wird in die Kommunikationsstränge, das heißt, wenn es auf die Tagesordnung („agenda") der diskussionswürdigen Probleme gerät. (In Kap. 17 mehr darüber.)

Diese Tagesordnung wird von Journalisten bestimmt – was sie, die „Schleusenwärter", dazu verleitet, das Tor besonders für eigene Positionen und Orientierungen zu öffnen. Im Extremfall hat der Leser oder Zuschauer kaum noch die Chance, eigenständig zu entscheiden, womit er sich beschäftigen will – er wird manipuliert: verwirrt durch eine Fülle unüberschaubarer Einzelinformationen, hinters Licht geführt durch selektive Darstellung und einseitige Bewertung. Welcher Medienkonsument wittert hinter den „gut informierten Kreisen" einen geltungssüchtigen Regierungsrat oder den Taxifahrer des Korrespondenten, hinter „politischen Beobachtern" den Barmann eines Hongkonger Hotels?

Häufig wird schon die banale Erkenntnis, daß es eine absolute Wahrheit nicht geben kann, als Vorwand genommen, auch auf die Annäherung an sie zu verzichten. In letzter Zeit wird gerade eher linken Journalisten der Vorwurf gemacht, sie seien von Berichterstattern zu Missionaren geworden. Dafür gibt es in der Tat einige Anzeichen: Auf dem „Medien-Tribunal", das die Initiative „Journalisten gegen den Atomkrieg" im Oktober 1983 in Berlin veranstaltete, erntete der Norweger Johan Galtung Zustimmung, als er kritisierte, die deutschen Massen-

---

[1] Vgl. Wilbur Schramm, Mass Communication, Urbana/Illinois 1949; David Manning White, The „Gate Keeper": A Case Study in the Selection of News, in: JOURNALISM QUARTERLY, 27 (1956); Donahue/Tichenor u. a., Gate Keeping: Mass Media Systems and Information Control, in: Current Perspectives in Mass Communication, 1/1972; Gertrude Joch Robinson: 25 Jahre „Gatekeeper"-Forschung, in: Aufermann/Bohrmann u. a., Gesellschaftliche Kommunikation und Information, Frankfurt 1973

medien hätten dem Frieden und der bundesdeutschen Friedensbewegung „keinen guten Dienst erwiesen"[1].

Diejenigen Journalisten, die vermutlich darauf bestanden hätten, daß es ihre Aufgabe sei, den zahlenden Lesern und Zuschauern Dienste zu erweisen, waren nicht anwesend. Sie hatten es aus verständlichen Gründen abgelehnt, diesem „Tribunal" als Angeklagte zur Verfügung zu stehen.

Nun kommt es keineswegs häufig vor, daß elementare journalistische Arbeitsprinzipien so vollständig über Bord gekippt werden, und natürlich nicht nur auf der linken Seite des politischen Spektrums. Die tägliche Desinformation, von der hier die Rede ist, findet sich vor allem in der unverfänglich wirkenden politischen Berichterstattung. Die Manipulation beginnt mit der Entscheidung über die *Plazierung* einer Nachricht, die weggeworfen oder zum Aufmacher erhoben werden kann, setzt sich fort in der Zuspitzung in der *Schlagzeile* und führt zur *Unterdrückung* gegenteiliger Stellungnahmen und zur *Überbewertung* geschätzter Standpunkte.

Beginnen wir die Analyse am Beispiel der Berichterstattung über ein unstrittig wesentliches Ereignis. Am 14. Dezember 1982 fand in Bonn die Haushaltsdebatte des Bundestags statt, die sechs Wochen nach dem Scheitern der SPD/FDP-Koalition gleichzeitig einer der Höhepunkte des Wahlkampfs war. Die Redaktionen der vier überregionalen Zeitungen widmeten dieser Debatte den Hauptaufmacher. Damit enden die Gemeinsamkeiten.

Während die FRANKFURTER RUNDSCHAU das Kernproblem durch die neutrale Schlagzeile „Etatdebatte mit Wahlkampftönen" präzis traf und die SÜDDEUTSCHE ZEITUNG in ihrer bemühten Unparteilichkeit den Kontrahenten je eine Schlagzeile spendierte: „Koalition: Unsere Erfolge sind beachtlich – SPD: Außer Gesten nichts Konkretes geboten", nahmen WELT und FRANKFURTER ALLGEMEINE Partei für die Koalition. „Kohl: Wir haben innerhalb von acht Wochen die Weichen gestellt", hieß es in der WELT, und in der Unterzeile kam Alfred Dregger zu Wort.

Die Schlagzeile der FAZ lautete: „Kohl: Wir müssen die Folgen einer gescheiterten Politik bewältigen". Dabei gelang es

---

[1] Vgl. DIE FEDER, 1/1984, S. 21 ff.

der FAZ durch einen verwirrenden Kunstgriff gleich noch, der CDU auch die Schlagzeile des zweiten Aufmachers zukommen zu lassen. Der Berichterstatter operierte alles, was er für Wahlkampf hielt, aus der Haushaltsdebatte heraus und machte es zum Thema eines weiteren Dreispalters: „Dregger: In Bonn wird wieder regiert und zielstrebig gearbeitet". Der Leser mußte glauben, Wichtiges hätten nur Dregger und Kohl zu sagen gehabt.

Der Raum, den die vier Zeitungen den gegnerischen Fraktionen zuteilten, bestätigte die in den Überschriften anklingende Tendenz: Nur FRANKFURTER RUNDSCHAU und SÜDDEUTSCHE ZEITUNG betrieben eine im öffentlich-rechtlichen Sinne eher ausgewogene Berichterstattung. In Zeilen[1]:

	CDU/FDP	SPD
FRANKFURTER RUNDSCHAU	191	129
SÜDDEUTSCHE ZEITUNG	186	82
FRANKFURTER ALLGEMEINE	269 + 135	135 + 14
DIE WELT	115	22

Hochgezogen werden Nachrichten, wenn sie ein Gegengewicht zu einer öffentlich verbreiteten, von der Redaktion nicht geschätzten Meinung bilden. Die FRANKFURTER RUNDSCHAU beherrscht diese Übung mit Verve:

> Bonn fürchtet um die weitere Fahndungsarbeit
> „Panne" gerät immer mehr in den Wahlkampf

hieß es in einer Schlagzeile auf Seite 1, als zwei steckbrieflich gesuchte mutmaßliche Terroristen dem Verfassungsschutz entkommen waren. Der FR-Vorspann: „Die von Teilen der Opposition und der Springer-Presse hochgespielte angebliche Fahndungspanne..."[2] Zweifellos ein krasser Fall von Parteinahme gleich im ersten Satz, der durch die Nachrichtenlage keinesfalls gedeckt war, wie man zwei Seiten weiter in derselben Zeitung nachlesen konnte. Dort, in einem Kommentar, war die Rede

---

[1] Alle Berichte in den Ausgaben vom 15. 12. 1982
[2] FRANKFURTER RUNDSCHAU, 5. 9. 1980

von „Einzelheiten über eine tatsächliche oder nur unterstellte Panne". Drei Zeilen weiter wurde nichts mehr unterstellt, sondern in schöner Deutlichkeit mitgeteilt, es sei „klar, daß Verfassungsschützer Christian Klar und Adelheid Schulz hautnah auf den Fersen waren und sie dann aus den Augen verloren haben". Und dies wird man doch auch bei Springer eine Panne nennen dürfen, ohne Gänsefüßchen?

Überschriften mit deutlicher Wertung sind die Spezialität der FRANKFURTER RUNDSCHAU. „CDU verstärkt Druck auf Journalisten" hieß es dort, als CDU-Generalsekretär Geißler den Rundfunkanstalten unausgewogene Berichterstattung vorwarf. Die Entscheidung der hessischen FDP im Juni 1982, eine Koalition mit der CDU anzustreben, fand bei der FR erwartungsgemäß keine Gnade: „FDP entscheidet sich für Dregger", hieß es, als hätte die FDP nicht das eigene Überleben, sondern eine Liebesheirat mit Alfred Dregger im Sinn gehabt. Neun Tage vorher hatte eine Aufmacher-Schlagzeile gelautet: „Hessens FDP auf dem Weg zu Dregger", und Dregger geisterte dann noch eine Weile durch die Unterzeilen: „Nach Dregger-Votum der FDP Sorge über Friedenspolitik".[1] Eine Personalisierung, die weniger die Absichten der FDP als die der FRANKFURTER RUNDSCHAU verdeutlichte: Alles spricht dafür, daß die FDP die CDU wollte und Dregger in Kauf nahm - nicht umgekehrt.

Der WELT ist zu verdanken, daß ein Manipulationsversuch der NEW YORK TIMES in Deutschland bekannt wurde. Der Kolumnist Seymor Hersh hatte dort behauptet, daß der Irak mit deutscher Hilfe Giftgas zum Einsatz gegen den Iran produziere. Die Überprüfung durch die Bundesregierung ergab, daß eine Versuchsanlage zur Herstellung kleiner Mengen von Pflanzenschutzmitteln zur Zeit des Berichts im Bau war; produziert aber wurde dort noch nichts. Der Bericht von Hersh sei ein Angriff auf die Waffengeschäfte der Bundesregierung mit Saudi-Arabien, vermutete Thomas Kielinger in der WELT wohl zutreffend - es habe sich um eine „vergiftete Ente" gehandelt.[2]. Man darf die Geschichte der WELT glauben, denn ihre

---

[1] FRANKFURTER RUNDSCHAU, 18. 6. 1982, 9. 6. 1982, 19. 6. 1982
[2] DIE WELT, 31. 3. 1984

sonstige Zuneigung zu pro-israelischen Kreisen in Amerika muß nicht weiter belegt werden.

Es liegt auf der Hand, daß die Beispiele für manipulativen Umgang mit Nachrichten keine bloßen Ausrutscher sind. Sie liegen vielmehr überwiegend auf der politischen Linie des jeweiligen Blattes – jener Linie, die in den täglichen Kommentaren legitim zum Ausdruck gebracht wird. Der typische Leser der FRANKFURTER RUNDSCHAU dürfte von den Redakteuren seines Blattes jenen Standpunkt geradezu erwarten, der in den von uns vorgeführten Beispielen – illegitim – zum Ausdruck kommt.

In Zusammenhang mit den „Dregger"-Sticheleien der FR war oben schon das Stichwort *Kampagne* gefallen. Kampagne, das heißt: gehäufter Einsatz manipulativer Methoden, die „bewußte Verknüpfung eines publizistischen Mediums mit ganz bestimmten politischen, häufig sogar parteipolitischen Zielen"[1], wie es Peter Glotz definiert. Glotz läßt keinen Zweifel daran, daß ihm vor allem „Beispiele auffallen, die gegen die Linke in Deutschland gerichtet" sind.

„Im Kampagnen-Journalismus haben STERN und SPIEGEL eine Leitfunktion", behauptet dagegen Peter Sweerts-Sporck. Er wirft dem STERN vor, er habe innerhalb eines Vierteljahres gleich vier Kampagnen geführt: gegen Genscher/Strauß/Kohl, gegen Lambsdorff/Flick, gegen Reagan und die Nachrüstung und schließlich gegen die geplante Volkszählung. Wahrscheinlich haben beide jeweils zur Hälfte recht; wahrscheinlich ist, egal, wann man STERN und SPIEGEL, WELT und BILD aufschlägt, eine Kampagne immer im Gange. Kampagnen-Journalismus heißt:

1. Ein Thema Ausgabe um Ausgabe am Leben halten.
2. Formulierungen wählen, die dem Leser bestimmte Auffassungen schmackhaft, andere unmöglich machen sollen.
3. Einzelne Argumente bewußt günstig plazieren.
4. Bestimmte Aussagen häufen, andere total verschweigen, also: bewußte Selektion in der Darbietung des Stoffes.[2]

---

[1] Peter Glotz, Journalisten heute, Vortrag auf den Hamburger Medientagen 1981
[2] Vgl. Peter Sweerts-Sporck, MEDIEN-KRITIK, 1/1984

Hinzu kommen Kunstgriffe wie die verfälschende Vereinfachung komplexer Zusammenhänge oder unangemessene Dramatisierung und Personalisierung, die wir in Kap. 14 behandeln.

Es ist fast selbstverständlich, daß die großen Pressekampagnen in Wahlkampfzeiten bisweilen zu Schlammschlachten eskalieren. Der Bundestagswahlkampf 1982/83 bot dafür zahlreiche instruktive Beispiele. Zur Erinnerung: Die FDP unter Genscher hatte die sozialliberale Koalition platzen lassen – andere sagen, Helmut Schmidt habe Genscher gefeuert. Wie auch immer: Plötzlich standen sich die Befürworter der „gebotenen Wende" und die Ankläger von Genschers „Verrat" unversöhnlich gegenüber. Die Springer-Blätter auf der einen Seite und SPIEGEL/STERN mit Gefolge auf der anderen hatten sechs Monate Zeit, die Wahl zugunsten ihrer Fraktion entscheiden zu helfen.

Gleich im ersten Heft nach dem Scheitern der sozialliberalen Koalition holte der STERN einen publizistischen Vorschlaghammer heraus. Auf dem Titel von Heft 39/1982 prangte Genscher, vom Zeichner mit einem schlabbrigen schwarzen Ding im Mund versehen. Die Mehrheit der Betrachter war nach längerem Nachdenken der Ansicht, es müsse sich dabei wohl um die sogenannte gespaltene Zunge handeln. Text: „Genscher schleicht sich wieder an die Macht".

In Heft 5/1983 des STERN hieß es im Vorspann einer weiteren Genscher-Geschichte: „Die Leute rufen ,Judas' und ,Verräter', wenn Hans-Dietrich Genscher auftaucht". Im Heft 6 wurde mit schlichten Sprachtricks operiert, um die Berater des Kanzlers gegenüber denen des Kanzlerkandidaten Vogel zu disqualifizieren. Reizworte wie „Mainzer Mafia", „Widerstand des Personalrats", „Rangeleien mit dem Fachminister" benutzte der Bildtexter, um die CDU-Vertreter zu kennzeichnen. Die Berater Vogels wurden dagegen mit Vokabeln wie „Fachkenntnis, Integrität und Besonnenheit", „neuer Schiller", „Mann des Friedens" geschmückt. Schließlich wurde im weiteren Verlauf der Kampagne die Regierungsübernahme durch Kohl unterschwellig mit der Strategie Hitlers verknüpft: „Die stille Machtergreifung des Helmut Kohl", auf dem Titel des Hefts 8/1983.

Die Blätter des Hauses Springer verlegten sich zunächst darauf, Helmut Kohl in den höchsten Tönen zu loben, da der Gegenkandidat noch nicht bestimmt war. „Gewählt! Raus aus der Krise – packen wir's an!" rief ein lächelnder Kanzler dem BILD-Leser unmittelbar nach der Wahl am 1. Oktober zu. „Kohl: So schaffen wir's – Deutsche, helft mit", hieß es am 14. Oktober. BILD AM SONNTAG tönte mit: „Endlich! Unsere D-Mark rollt wieder!" (9. Januar 1983), „Deutsche hoffen wieder – Preise endlich gebremst!" (30. Januar).[1]

Peinlich für die parteiischen Gesundbeter war allerdings die stetige Zunahme der Arbeitslosenzahlen. Anfang Februar gab es in der von BILD gesundgeschriebenen Republik fast 2,5 Millionen Arbeitslose – man meldete es in einer knappen, versteckt untergebrachten Fünf-Zeilen-Meldung. Zehn Zeilen gab es für eine Allensbach-Umfrage: „Die meisten Deutschen: Tief ist überwunden". Andere Springer-Zeitungen überdeckten den neuen Arbeitslosen-Rekord mit der von Kohl eigens zu diesem Zweck erfundenen Lehrstellen-Initiative. Der Kanzler hatte den Arbeitgebern das Versprechen abgerungen, jedem Interessenten eine Lehrstelle anzubieten. Distanziert berichtete die FAZ in einem Einspalter über das wohl kaum einklagbare Versprechen: „Die Wirtschaft will 30000 zusätzliche Lehrstellen schaffen". Und widmete den Aufmacher natürlich der Arbeitslosenzahl. Der Aufmacher der WELT dagegen lautete: „Kohl-Initiative: Für jeden Schulabgänger eine Lehrstelle".[2]

Einen Monat später – drei Tage vor der Bundestagswahl vom 6. März 1983 – war die 2,5-Millionen-Grenze überschritten. Die Presse von links bis rechts war sich einig:

FRANKFURTER ALLGEMEINE:
  Wieder mehr Arbeitslose
  Kaum Hoffnung auf eine rasche Besserung
SÜDDEUTSCHE ZEITUNG:
  Mehr als 2,5 Millionen Arbeitslose
FRANKFURTER RUNDSCHAU:
  Arbeitslosenzahl auf Rekordhöhe
NEUE RUHR-ZEITUNG:
  Jetzt 2,5 Millionen ohne Arbeitsplatz

---

[1] Vgl. DER SPIEGEL 8/1983, S. 15; METALL, März 1983
[2] DIE WELT, 4. 2. 1983

KÖLNER STADT-ANZEIGER:
> Auch im Februar mehr Arbeitslose

RHEINISCHE POST:
> Über 2,5 Millionen sind ohne Arbeit

Und so weiter. Nun aber, und das muß man auf der Zunge zergehen lassen, der Aufmacher der WELT:

> Im Februar weniger Arbeitslose als erwartet[1]

Nach dieser Methode läßt sich nahezu jeder Katastrophe ein positiver Zug abgewinnen. Die WELT tat dies am selben Tag, an dem eine andere Springer-Zeitung, das HAMBURGER ABENDBLATT, die ebenso lapidare wie schamlose Schlagzeile „Das Wirtschaftswunder" gebar. Tags darauf, am 4. März, zwei Tage vor der Wahl, legte die WELT noch einmal nach:

> Stingl sieht positive Zeichen am Bau

– so daß ihr am 5. 3. 1983, dem letzten Tag vor der Wahl, nur noch aufzumachen blieb:

> Aufträge an die Industrie stiegen
> im Januar um 6,5 Prozent

Diese Technik der Anpassung der Nachricht an die schon bestehende Meinung hat Folgen:

> Für den Rezipienten ... muß also der Eindruck entstehen, als ob der tatsächliche Verlauf der Ereignisse die Hoffungen und Befürchtungen der Kommentatoren eintreten läßt ... Damit entsteht eine neue Stimmigkeit des politischen Lebens: Die Geschehnisse ereignen sich in der Medien-Wirklichkeit (die für den Rezipienten *die* Wirklichkeit ist) tatsächlich so, wie sie das Medium in der Kommentierung erwartet.[2]

Als schließlich der SPD-Kanzlerkandidat Vogel am 24. Januar 1983 seine Regierungsmannschaft vorstellte, berichtete die WELT darüber auf Seite 8, alle vergleichbaren Blätter brachten die Nachricht auf der ersten Seite. Dafür mag es vertretbare Gründe geben, doch die fallen in sich zusammen, wenn man sieht, was am selben Tag von der WELT für wichtiger gehalten wurde: „Stoiber sieht Konsens zerstört", der Bericht über eine

---

[1] DIE WELT vom 3. 3. 1983, andere Überschriften vom 3. und 4. 3. 1983
[2] Klaus Schönbach, Die Trennung von Nachricht und Meinung, Freiburg 1977

Attacke des damaligen CSU-Generalsekretärs gegen die SPD, auf Seite 1.
Am 27. Februar schließlich, eine Woche vor dem Wahlsonntag, setzte eine Schmutzkampagne gegen Hans-Jochen Vogel ein, die offenbar nach dem Prinzip, daß irgend etwas schon hängenbleibe, Vogels Gegnern die entscheidenden Stimmen bringen sollte. BILD AM SONNTAG, im Haus Springer fürs Grobe zuständig, „enthüllte"; die SÜDDEUTSCHE ZEITUNG kommentierte:

> Wie zufällig war BILD AM SONNTAG anwesend, als ein CSU-Funktionär aus Rimsting in plötzlicher Erschütterung während einer Wahlkundgebung über die „NS-Vergangenheit" des „NS-Kulturbeauftragten" Vogel berichtete, der schon so etwas „wie der verlängerte Arm von Goebbels" gewesen sei. Diese Geschichte von abgefeimter Scheinheiligkeit galt aber nicht etwa einem wirklichen Großnazi, sondern dem damaligen Hitlerjungen Vogel, der in dieser Hinsicht über nichts weiter als eine deutsche Normalbiographie gebietet.[1]

Tröstlich ist immerhin, daß diese gewalttätige Diffamierung einhellige Empörung erntete – schließlich waren auch CDU-Politiker Hitlerjungen. 151 Springer-Redakteure, vor allem Mitglieder der Außenredaktionen von BILD und BILD AM SONNTAG, distanzierten sich in einem offenen Brief an Vogel von der Arbeit der Kollegen (vgl. Kap. 8).

Was die „Enthüllung" den Kandidaten am Ende doch an Stimmen gekostet hat, vermag niemand zu sagen. Sicher schnitt Vogel besser ab als sein Parteifreund Hans-Ulrich Klose, der 1981 auf die Abschußliste der Hamburger Zeitungen geriet, als er nach einem spektakulären Gesinnungswandel gegen den Bau des Atomkraftwerks in Brokdorf votierte. Er wurde von BILD zu einer Art Sittenstrolch stilisiert, nachdem er einigen Oberschülern, die nackt im Rathaus demonstrierten, mit Gelassenheit begegnet war. „Herr Bürgermeister, wie soll ich das meinen Kindern erklären?" ließ das Blatt „Vater Schulz aus Neugraben" scheinheilig fragen. „Viele fragen: Warum sah Klose tatenlos zu?" hieß es weiter über die „Sexspiele im Rathaus"[2].

[1] SÜDDEUTSCHE ZEITUNG, 2. 3. 1983
[2] BILD-Hamburg, 26. 2. 1981

Aus dem Dienst am Leser und Hörer, zu dem Presse und Funk nach vielen Gesetzen und Statuten verpflichtet sind, wird im Kampagnen-Journalismus der Dienst an einem politischen Ziel, das Journalisten sich gesteckt haben. Man mag streiten über die Legitimation einer solchen Handlungsweise oder über die Qualität der mit ihr verfolgten Ziele; unstreitig aber sollte sein:

Wer Meinungen verbreiten möchte, sollte sie als solche kenntlich machen. Wer Nachrichten anzubieten behauptet, sollte denen, die ihm vertrauen oder auf seine Informationen angewiesen sind, nicht statt dessen Meinungen unterjubeln.

„Journalisten haben in ihrer Gesamtheit die Aufgabe, durch ein umfassendes Informationsangebot in allen Medien die Voraussetzung dafür zu schaffen, daß jeder Staatsbürger die in der Gesellschaft wirkenden Kräfte erkennen und selbst am Prozeß der politischen Meinungs- und Willensbildung teilnehmen kann."[1]

---

[1] Deutscher Journalistenverband, Beschluß des Gewerkschaftstages 1978

5. Sie inszenieren Wirklichkeit

Heute haben wir mit großem Interesse in einer frisch aus der Heimat eingetroffenen Boulevardzeitung gelesen, die Nachricht vom Tode Juri Andropows habe bei den Teilnehmern der Olympischen Winterspiele „wie eine Bombe eingeschlagen". Hier in Sarajevo hat man von diesem Einschlag überhaupt nichts bemerkt.

SÜDDEUTSCHE ZEITUNG, 13. 2. 1984

Komplizierter und schwerer durchschaubar als die Meinungsmache im Gewand der Nachricht ist ein anderer ziemlich regelmäßiger Beitrag von Journalisten zur Manipulation – teils harmloser in der Wirkung, oft tückischer in der Wahl der Mittel: das Eingreifen in die Ereignisse, über die eigentlich nur berichtet werden sollte, das Arrangieren und Inszenieren von „Realität" zum Zweck der Berichterstattung, das Schaffen von *Pseudo-Ereignissen* oder *Medien-Ereignissen*.

Zwar inszenieren auch Politiker und PR-Manager, Demonstranten und Terroristen bisweilen Ereignisse ausschließlich oder vorrangig mit dem Ziel, in die Medien zu gelangen und so die Öffentlichkeit zu erreichen; davon wird in den Kapiteln 18 und 19 die Rede sein. Hier geht es um diejenigen Medien-Ereignisse, die *von den Journalisten* geschaffen werden. Dabei lassen sich fünf Formen journalistischen Eingriffs unterscheiden:

1. Als *Partner* greift der Journalist in jenes politische oder gesellschaftliche Geschehen ein, über das er anschließend berichtet.

2. Als *Akteur* schlüpft er in eine Rolle: Im „Aktionsjournalismus" schafft er selbst die Ereignisse, über die er berichten will.

3. Als *Anstifter* provoziert er Personen zu Handlungen, die diese ohne ihn entweder gar nicht oder nicht so begangen haben würden.

4. Als *Arrangeur* verzögert oder beschleunigt er Ereignisse, reißt Abläufe auseinander, spiegelt dem Publikum sorgsam einstudierte Szenen als Spontaneität vor.

5. Als *Themenschöpfer* bauscht er Themen auf, die irrelevant oder inaktuell sind; ja er erfindet Trends und Ereignisse.

1. Der Journalist als Partner

Untersuchungen zum Selbstverständnis der Journalisten haben ergeben, daß diese sich häufig in der Rolle der aktiv politisch Handelnden sehen.[1] Der Journalist, heißt es in einem in den USA weit verbreiteten Journalistik-Lehrbuch, ist von einer bestimmten Position an „ein Analytiker, ein Interpret und häufig ein aktiver Teilnehmer unserer Zeitgeschichte. Daher kann das, was er denkt, sagt oder tut, einen gewaltigen Einfluß auf ein Massenpublikum über die Grenzen seines eigenen Landes hinaus haben"[2].

Die Journalisten wissen dies wohl. In einem Rundbrief der Nachrichtenzentrale der ASSOCIATED PRESS, in dem Redakteure zur Mitarbeit im „Associated Press Redaktions Komitee" eingeladen werden, heißt es: „Wir lassen Ereignisse Nachrichten werden." Nachrichten entstünden auch durch Rückkopplung: „Die Nachricht über ein Ereignis löst Freude oder Betroffenheit, Erstaunen oder Entrüstung aus, sie zeitigt Reaktionen oder Kommentare – AP steht da mittendrin. Bilder, die betroffen machen, Nachrichten, die Börsenhaussen auslösen, Interviews, die Regierungen stürzen – an diesen Auslösern und ihren Rückkopplungen sind wir alle ein Teil." Und noch deutlicher: „Rückkopplungen, die Kommunikation schaffen, müssen wir oft selbst in Gang setzen."

1977 vertraute der ägyptische Präsident Sadat dem Korrespondenten der amerikanischen Fernsehstation ABC in Kairo seinen Wunsch an, nach Israel zu reisen. Der Fernsehreporter teilte dies umgehend seinem Kollegen in Israel mit, der den israelischen Premier Begin auf dem Weg zu einem Essen abfing und ihn vom Interesse Sadats an einer Israel-Reise informierte. Begin schickte seiner Tischrede daraufhin die Ankündigung voraus, er werde Sadat zu einem Besuch einladen.

---

[1] Literaturhinweise auf S. 44
[2] John Hohenberg, The Professional Journalist, New York 1969; zit. nach: Kepplinger, Angepaßte Außenseiter, Freiburg 1979

„Hat der Fernsehjournalismus unbotmäßig in die Geschichte eingegriffen?" fragte damals die FAZ. Das Blatt verneinte die selbstgestellte Frage, denn: „Die Journalisten sind in diesem Falle ganz einfach in ein Vakuum gesprungen; sie haben sich als Vermittler und Zwischenträger angeboten, wo keine diplomatischen Kontakte bestehen. Sie haben nichts Unbotmäßiges getan, obwohl die prominente Rolle gewiß den Eitelkeiten ihrer Stars geschmeichelt hat."[1]

Der ehemalige FDP-Generalsekretär Günter Verheugen beschrieb in einem SPIEGEL-Bericht über den Bruch der sozialliberalen Koalition im Herbst 1982 das „publizistische Trommelfeuer", mit dem die FDP gedrängt worden sei, das Bündnis mit den Sozialdemokraten aufzukündigen:

> Seit zwei Jahren schon boten die Springer-Blätter jedem FDP-Mann, der etwas gegen die Koalition sagen wollte, ihre Spalten an. Im Bonner Büro von BILD war nach meinem Eindruck ein Mitarbeiter damit beschäftigt, schimpfwillige FDP-Interviewpartner zu finden. Leute aus dem zweiten Glied wie Cronenberg, Möllemann und Gattermann machten von diesem Angebot reichlich Gebrauch. Das war ein merkwürdiges Geschäft: Gegen die gewünschte Aussage wurde Publizität in hoher Auflage geboten.[2]

Schon zehn Jahre zuvor, nach dem gescheiterten Mißtrauensvotum gegen den damaligen Bundeskanzler Willy Brandt, hatten Journalisten von BILD aktiv in das innenpolitische Geschehen eingegriffen. Vor einem Untersuchungsausschuß des Bundestags gab der frühere SPD-Abgeordnete Hans-Joachim Baeuchle zu, eine belastende Zeugenaussage gegen den SPD-Fraktionsgeschäftsführer Karl Wienand mit Hilfe von BILD-Redakteuren sowie einer Justitiarin des Springer-Verlags formuliert zu haben. Wienand wurde damals verdächtigt, dem CDU-Bundestagsabgeordneten Julius Steiner 50 000 Mark Bestechungsgeld gezahlt zu haben. Die bei BILD hinterlegte eidesstattliche Erklärung Baeuchles war von diesem, so Baeuchle vor dem Untersuchungsausschuß, „praktisch nur abgezeichnet" worden.[3]

---

[1] FRANKFURTER ALLGEMEINE, 16. 12. 1977
[2] DER SPIEGEL, 28. 2. 1983
[3] Vgl. FRANKFURTER RUNDSCHAU, 8. 9. 1973; KÖLNER STADT-ANZEIGER, 8. 9. 1973

2. Der Journalist als Akteur

Richard Lowell Stratton, ein 37jähriger amerikanischer Autor, schlich sich nach eigenen Angaben zwecks Recherche für seinen Roman „Drug War" in die internationale Drogen-Szene ein. Die ersten 300 Seiten seines Werks vollendete Stratton im Gefängnis: Die Polizei hatte ihn im Frühjahr 1982 im US-Bundesstaat Maine zusammen mit vierzehn Drogenhändlern verhaftet, nachdem bei ihnen Haschisch und Marihuana im Wert von 1,5 Millionen Dollar gefunden worden waren. Gegen den Vorwurf, ein gewöhnlicher Dealer zu sein, wehrte sich Stratton vergeblich. Professor Laurence Tribe, Jurist in Harvard, kommentierte den Fall so: „Nachrichten zu sammeln, ist ein fundamentales Recht, aber niemand sollte über dem Gesetz stehen."[1]

Der Aktionsjournalismus ist auch in der Bundesrepublik umstritten. Dies bekam der STERN-Reporter Gerhard Kromschröder zu spüren, nachdem er vor der Bundestagswahl 1980 in zwölf Beichtstühlen erfahren hatte, daß katholische Priester bei ihren Mitgliedern eifrig Wahlwerbung für den Kanzlerkandidaten Franz Josef Strauß betrieben. Die katholische Bischofskonferenz warf Kromschröder daraufhin vor, das Beichtgeheimnis mißbraucht zu haben. Mit Sicherheit verletzte die Kromschröder-Reportage das religiöse Empfinden vieler Christen. ZEIT-Verleger Gerd Bucerius sah in dem Bericht ein Beispiel für den Verfall journalistischer Sitten beim STERN.[2]

Betroffenheit löste Kromschröders Reportage „Als ich ein Türke war" aus. Als Türke verkleidet arbeitete Kromschröder bei der Frankfurter Straßenreinigung und erfuhr dabei die alltäglichen Diskriminierungen, denen Ausländer in der Bundesrepublik ausgesetzt sind, zumal Türken[3]. Kromschröder gab sich bei anderen Reportagen als Nazi, Rocker und Ladendieb aus. Er spielte Rollen, um über seine Erfahrungen authentisch berichten zu können. Wie ergeht es zum Beispiel einem Ladendieb? „Angesichts der widersprüchlichen Berichte wollte ich wissen, was wirklich passiert, wenn ein Kunde beim Stehlen er-

---

[1] Zit. nach: TIME, 28. 3. 1983
[2] DIE ZEIT, 27. 5. 1983
[3] Gerhard Kromschröder, Als ich ein Türke war, Frankfurt 1983

wischt wird. Ich wollte es hautnah erleben und beschloß deshalb, selbst die Rolle des Ladendiebs zu spielen."[1] Genau wissen wollten es auch Redakteure des WESTDEUTSCHEN RUNDFUNKS: Wie steht es, nach der Affäre um das verschwundene Seveso-Gift, mit den Kontrollen auf deutschen Müllkippen? Unbehelligt konnten sie auf der Kölner Deponie „Vereinigte Ville" vier Behälter abladen, deren Inhalt sie an der Eingangskontrolle als „Hausmüll" deklarierten; sie waren mit Leitungswasser gefüllt. Ein Kameramann filmte die Aktion. Bei der anschließenden Suche nach dem WDR-Müll entdeckten Deponie-Arbeiter allerdings wirklichen Giftmüll: unerlaubt gelagerten Apotheken- und Krankenhausabfall.

Der für die Giftmüll-Recherche verantwortliche WDR-Redakteur Gerd Berger fand die Geschichte „journalistisch vertretbar". Empört zeigten sich hingegen die Lokalpolitiker. Bürgermeister Heribert Blens (CDU) warf dem WDR vor, in der Bevölkerung „Befürchtungen und Ängste" zu schüren. Journalisten hätten nicht die Aufgabe, „Ereignisse und Fakten selbst zu fabrizieren"[2].

3. Der Journalist als Anstifter

Im November 1982 inszenierte ein Fernsehteam des WDR für einen Beitrag über das Wiederaufleben des Nazismus in der Bundesrepublik (Titel: „Die verdrängte Gefahr") eine Schauveranstaltung mit Rechtsradikalen. In Absprache mit den WDR-Journalisten verteilten rund zwanzig Neonazis an der Frankfurter Hauptwache Flugblätter gegen die Wiederholung der Fernsehserie „Holocaust".

Der Frankfurter Polizeipräsident Karlheinz Gemmer warf dem WDR-Team daraufhin vor, rechtsextremistische Gruppen „publizistisch aufgewertet" zu haben[3]. Der verantwortliche Redakteur wies zunächst alle Vorwürfe einer Verabredung empört zurück. Später stellte sich jedoch heraus, daß der WDR den Frankfurter Neonazis 750 Mark Honorar gezahlt hatte,

---

[1] Gerhard Kromschröder, Ansichten von innen, Frankfurt 1982, S. 28
[2] Zit. nach: KÖLNER STADT-ANZEIGER, 29. 4. 1983
[3] Vgl. SÜDDEUTSCHE ZEITUNG, 2. 12. 1982; FRANKFURTER RUNDSCHAU, 3. 12. 1982

damit diese sich beim Verteilen der Flugblätter filmen ließen und sich anschließend für Interviews zur Verfügung stellten[1].

Die FAZ nahm das Zusammenspiel von Neonazis und WDR-Journalisten zum Anlaß für die Kritik, „daß gerade im Fernsehen die Gefahr wächst, bei starkem gesellschaftlichen Engagement unerlaubte Methoden anzuwenden"[2].

40000 Dollar ließen die beiden Hollywood-Schauspieler Clint Eastwood und William Shatner dem ehemaligen „Green-Berets"-Kämpfer James G. Gritz zukommen, damit dieser sieben Jahre nach dem Ende des Vietnamkrieges in den südostasiatischen Dschungel zurückkehrte. Gritz sollte sich mit einer Söldnertruppe auf die Suche nach in Laos vermuteten amerikanischen Kriegsgefangenen machen. Eastwood und Shatner planten, das Befreiungsabenteuer in einem Film („Operation Lazarus") zu vermarkten. Der Stoßtrupp endete allerdings nach drei Tagen in einem Feuergefecht mit laotischen Truppen.[3]

4. Der Journalist als Arrangeur

Im Zeitalter der elektronischen Medien wird vor allem den Fernsehzuschauern oft eine Scheinwelt vorgegaukelt, die mit der Realität wenig gemein hat. Szenen werden gestellt, „spontanes" Verhalten vor der Kamera gründlich einstudiert. Rudolf Walter Leonhardt hat denn auch das Fernsehen ein „wahrheitsfeindliches Medium" genannt:

> Da kommt es dann gar nicht mehr so sehr darauf an, was eigentlich gesagt wird. Viel wichtiger ist jedenfalls, daß es auf der richtig ausgeleuchteten Szene mit dem richtigen Gesichtsausdruck zur richtigen Zeit nach der richtigen Kamera hin ins richtige Mikrophon gesagt wird, und zwar so oft, bis die „Technik" zufrieden ist. Und der Regisseur. Und der Sendeleiter. Und der Chefredakteur. Und der Intendant. Und der Rundfunkrat. Da bleibt wohl manche Wahrheit auf einer so langen Strecke.[4]

---

[1] Vgl. DIE WELT, 21. 1. 1983; FRANKFURTER ALLGEMEINE, 22. 1. 1983
[2] FRANKFURTER ALLGEMEINE, 3. 12. 1982
[3] Vgl. FRANKFURTER ALLGEMEINE, 16. 2. 1983; DER SPIEGEL, 7. 3. 1983
[4] Rudolf Walter Leonhardt, Journalismus und Wahrheit, München 1976, S. 156

Beim Bau des St.-Bernhard-Tunnels 1962 wurde der längst fällige Durchstich vom schweizerischen zum italienischen Stollen einen Monat hinausgeschoben, weil der Tunnelaufnahme-Spezialwagen des Schweizer Fernsehens nicht rechtzeitig fertiggestellt werden konnte.[1] Das französische Staatsfernsehen verzögerte 1966 die Bergung zweier deutscher Bergsteiger aus dem Montblanc-Massiv um Stunden. Ursprünglich war der Abtransport von Rettern und Geretteten per Hubschrauber aus der Westwand der Aiguille du Dru für fünf Uhr morgens geplant. Die Fernsehtechniker erhoben jedoch „Einspruch, ‚weil das Licht um diese Zeit nicht ausreiche'. Aus diesem Grunde sei der Abtransport auf acht Uhr verschoben worden. Als die Hubschrauber schließlich in den Kamerawinkel hereingeflogen kamen, war strahlender Sonnenschein und richtiges Filmwetter"[2]. In Nigeria wurde 1968 eine Hinrichtung so lange aufgeschoben, bis das britische Fernsehteam eine neue Batterie eingelegt hatte[3], in Bangladesch wurden 1971 vier Gefangene mit Bajonetten erstochen, möglicherweise nur der Fotografen wegen[4].

Als im Mai 1983 der Lavastrom des Ätna durch eine Sprengung in ein künstliches Bett umgeleitet wurde, erlebten dreihundert Journalisten, Fotografen und Kameraleute die Explosionen in einem eigens für sie konstruierten Bunker mit. Die italienischen Fernsehstationen machten aus der Sprengaktion ein Medienspektakel: „Die Kameraleute und Telereporter scheuen sich nicht, mit Fragen und der Aufforderung, doch bitte in die Kamera zu gucken, Bewohner zu drangsalieren, die tränenüberströmt zusehen, wie ihr Haus von glühenden Lavabrocken verschüttet wird."[5]

5. Der Journalist als Themenschöpfer

In dem Bemühen um Unterhaltung und Erbauung des Medienpublikums fällt den Journalisten oft Erstaunliches ein. Die schiere Verlegenheit bei der Suche nach „neuen" Themen wird

[1] Vgl. SÜDDEUTSCHE ZEITUNG, 6. 4. 1962
[2] SÜDDEUTSCHE ZEITUNG, 25. 8. 1966
[3] DER SPIEGEL, 37/1968
[4] vgl. Rainer Fabian, Bilder vom Krieg, STERN-Buch, Hamburg 1983, S. 39f.
[5] FRANKFURTER ALLGEMEINE, 16. 5. 1983

zum Nährboden klassischer Pseudo-Ereignisse. Die BUNTE ließ 1983 nach zwanzig Jahren die Sexwelle sterben: „Liebe. Ein Wunder wird wieder entdeckt".[1] Kaum ein Jahr später aber zog die Liebe die Eifersucht nach sich, jedenfalls in Offenburg: „Eifersucht – es knistert wieder", mit dem Bildtext: „Die Zeit ist reif für starke Gefühle".[2]

Im STERN fand Hans Conrad Zander heraus: „Die Männer werden keusch!" Im Vorspann zur STERN-Reportage wurde der Leser mit deftigen Parolen auf die Zander-Story eingestimmt: „Der deutsche Mann streckt die Waffe. Die sexuelle Revolution hat ihn geschwächt. Die Frauenbewegung gab ihm den Rest. Kommt nun ein neues Mönchstum? Gar eine männliche Jungfräulichkeit? . . . Katzenjammer wird jetzt der Frauen Los."[3]

Das Prinzip läßt sich jederzeit auf politische Nachrichten ausdehnen: „Machtkampf im Kreml" hieß der Aufmacher des HAMBURGER ABENDBLATTS vom 11. 2. 1984 (nach Andropows Tod); doch der Leitartikel der WELT vom selben Tag wies der Schlagzeile des Schwesterblatts ihren Rang an: „Ein kommunistisches Regime steht immer im Machtkampf."

Das dauernd Gültige zur *news* aufblasen; obskure Tendenzen entdecken, die außer ihnen niemand wahrgenommen hat – diesen Techniken tritt die Fähigkeit etlicher Journalisten zur Seite, Nachrichten durch künstliche Zäsuren und dramatische Benennung in die Welt zu setzen.

Da ist plötzlich an einem beliebigen Sonntag „der Wahlkampf in seine heiße Phase getreten" (als gäbe es physikalische oder juristische Gesetze über kühle, warme und heiße Phasen und die säuberliche Trennung zwischen ihnen); da wird im Sportteil einer „Herbstmeisterschaft" entgegengefiebert, die in den Statuten des Deutschen Fußballbunds durchaus nicht vorgesehen ist.

Ja, da werden dem Wetter Vorhaltungen gemacht, wenn es sich nicht nach Klein Ernas Erwartungen richtet: Selbst renommierte Zeitungen geben ihren Redakteuren Gelegenheit, Erstaunen darüber zu bekunden, daß *der Winter* dem Kalender

---

[1] BUNTE, 30. 3. 1983
[2] BUNTE, 7/1984
[3] STERN, 16. 12. 1982

„trotzt"[1] oder *der Frühling* „eine Woche nach seinem offiziellen Beginn ... außer Sicht geraten" sei[2] – Nachrichten, die so viel wert sind wie die Werbebotschaft der Kaffeefirma Tchibo von 1984: „Ihr Pfund ist wieder da!", nachdem eben Tchibo versucht hatte, das Pfundmaß außer Kraft zu setzen.

Neu entdeckt werden mit unerbittlicher Regelmäßigkeit die großen Dichter und Philosophen, Wissenschaftler und Staatslenker – immer wenn, aber auch nur wenn sich deren Geburts- und Todestage runden. Schiller lebte von 1759 bis 1805. Also mußte 1955 der 150. Todestag gefeiert werden, schon vier Jahre später, 1959, der 200. Geburtstag – aber nun 46 Jahre lang nichts mehr, sondern erst 2005 der 200. Todestag; es sei denn, man würde dem Publikum einen 175. Todestag schmackhaft machen. Die Feuilleton-Chefs zwingen uns also, binnen vier Jahren zweimal Schillers zu gedenken, und vernachlässigen ihn dann 46 Jahre lang. Mindestens müßte eine neue Biographie über ihn erscheinen oder eine kritische Gesamtausgabe auf den Markt kommen, damit man sich mit ihm befassen darf.

> So ähnlich muß es gewesen sein: Irgendwann trafen sich die Mogule der westlichen Massenmedien zur Strategie-Tagung in einer ärmlichen Nobelherberge. Was soll werden, jammerten sie, was soll werden! Jahr der Frau, Goethe-Jahr, Luther-Jahr plus Kafka, Wagner und fünfzig Jahre Hitler, echt oder gefälscht – gut, sehr gut. Aber dann, danach? Was für ein Loch, welche Leere! Doch schon nach drei Tagen stieg wohlgefälliger goldener Rauch aus dem Kamin und kräuselte sich zu den berühmten vier Zahlen: 1-9-8-4 ... Orwells verhalten masochistische Satire donnert durch den puren Zufall des Entstehungsjahres mit unendlichem Getöse auf uns hernieder – zur Strafe wohl, weil uns inzwischen nichts Besseres eingefallen ist.[3]

Was wir als „Nachricht" serviert bekommen, ist also ziemlich oft nur das plötzliche Anleuchten eines Dauerzustands, das verspätet eingetretene, aber aufgeregt mitgeteilte Aha-Erlebnis eines Redakteurs, ein mutwilliges Arrangement, das Echo auf eine journalistische Provokation, eine Seifenblase.

---

[1] DIE WELT, 23. 3. 1983
[2] FRANKFURTER ALLGEMEINE, 28. 3. 1983
[3] SÜDDEUTSCHE ZEITUNG, 2. 1. 1984 (Das Streiflicht)

Zwischenspiel:

Die volle Wahrheit
über Nancy Reagan

Nancy Reagan, die reizende Gattin des damaligen Gouverneurs von Kalifornien, stand im Eßzimmer ihres Hauses in der 45. Straße in Sacramento, in dem sie zur Miete wohnten, und hörte einem Fernsehjournalisten zu, der ihr erklärte, was er vorhatte. Sie hörte aufmerksam zu. Nancy Reagan ist eine sehr aufmerksame Zuhörerin. Das Fernsehteam wollte sie dabei beobachten, sagte der Journalist, während sie genau das tue, was sie auch sonst an einem Dienstagmorgen daheim zu tun pflege.

Da ich auch gekommen war, um ihr dabei zuzusehen, was sie normalerweise an einem Dienstagmorgen daheim zu tun pflegte, schienen wir gerade kurz vor der Erforschung gewisser neuer medialer Grenzbereiche: Der Fernsehjournalist und die zwei Kameramänner konnten Nancy Reagan beobachten und dabei von mir beobachtet werden, oder ich konnte Nancy Reagan beobachten, während die drei mich beobachteten, oder einer der Kameramänner konnte ein paar Schritte zurücktreten und eine *cinéma vérité*-Studie von uns allen machen, wie wir jeweils die andern beobachteten und von allen andern selbst beobachtet wurden.

Ich hatte das eindeutige Gefühl, daß wir irgendeiner Offenbarung auf der Spur waren, der Wahrheit über Nancy Reagan in 24 Bildern pro Sekunde, aber der Fernsehjournalist hatte beschlossen, die Besonderheit des Augenblicks zu übersehen. Er schlug vor, daß wir Nancy Reagan dabei zusehen sollten, wie sie im Garten Blumen pflückte. „Das wäre doch was, was Sie normalerweise tun könnten, nicht?" fragte er.

„Ja, gewiß", sagte Nancy Reagan mit Elan. Nancy Reagan sagt fast alles mit Elan, vielleicht weil sie früher Schauspielerin war und die Gewohnheit von Anfängern in diesem Metier hat, selbst den beiläufigsten Sätzen einen kräftigen Schuß Dramatik beizugeben, mehr als normalerweise an einem Dienstagmorgen in der 45. Straße in Sacramento angebracht ist. „Tatsächlich", fügte sie dann noch hinzu, als gelte es, uns mit einer erfreulichen Nachricht zu überraschen, „tatsächlich brauche ich wirklich ein paar Blumen."

Sie lächelte jeden von uns an, und jeder von uns lächelte zurück. Wir lächelten eine Menge an diesem Morgen. „Und dann", sagte der Fernsehjournalist nachdenklich und warf einen Blick zum Eßzimmer, „auch wenn da schon ein herrlicher Strauß steht, könnten wir doch so tun, als würden Sie einen arrangieren, Sie wissen schon, mit den Blumen."

Wieder lächelten wir uns gegenseitig an, und dann schritt Nancy Reagan, ausgerüstet mit einem dekorativen Korb von ungefähr fünfzehn Zentimetern Durchmesser, resolut in den Garten hinaus. „Eh, Mrs. Reagan", rief der Fernsehmann hinter ihr her. „Darf ich fragen, was für welche Sie nehmen wollen?"

„Also, ich weiß nicht", sagte sie und blieb mit ihrem Korb auf einer Steinstufe stehen. Die Szene entwickelte choreographisches Eigenleben.

„Glauben Sie, daß Sie Rhododendron brauchen könnten?"

Nancy Reagan sah mit prüfendem Blick zum Rhododendronstrauch. Dann drehte sie sich zu dem Journalisten um und lächelte. „Wußten Sie, daß es jetzt eine Nancy-Reagan-Rose gibt?"

„Hm, nein", sagte er. „Das wußte ich nicht."

„Sie ist unheimlich hübsch, sie ist irgendwie, irgendwie so korallenrot."

„Wäre die ... die Nancy-Reagan-Rose etwas, was sie jetzt möglicherweise pflücken würden?"

Ein Lachen voll Silberglocken. „Natürlich könnte ich sie *pflücken*. Aber ich würde sie nicht *brauchen*." Eine Pause. „Aber die Rhododendren *kann* ich brauchen."

„Schön", sagte der Journalist. „Sehr schön. Und jetzt werde ich eine Frage stellen, und wenn Sie gerade eine Knospe abzwicken könnten, während Sie antworten..."

„Eine Knospe abzwicken", wiederholte Nancy Reagan und nahm ihren Platz vor dem Rhododendronstrauch ein.

„Wir fahren erst mal ohne", sagte der Kameramann.

Der Journalist sah ihn an. „Mit anderen Worten, mit *ohne* meinst du doch, daß sie nur so tun soll, als ob sie die Knospe abzwickt.“„Nur so tun als ob, ja“, sagte der Kameramann. „Nur so tun als ob.“

Joan Didion, The White Album, London 1979; deutsch: Das weiße Album. Kalifornische Geisterbeschwörung. Köln 1983 (Kiepenheuer & Witsch)

6. Sie biedern sich an – sie trumpfen auf

> Im Anfang war die Presse, und dann erschien die Welt.
>
> *Karl Kraus*

Journalisten heben sich durch kaum eine wesentliche Eigenschaft vom Heer der Millionen anderer Angestellten und Freiberufler ab. Ob gebunden an Weisungen von Vorgesetzten, ob abhängig vom Wohlwollen der Kollegen – sie stehen unter Druck und trachten danach, diesen Druck weiterzugeben. Anders als andere Berufsgruppen sind sie allerdings in der Lage, sich in gewissem Umfang direkt an die Öffentlichkeit zu wenden. Die Folge dieser Ausnahmesituation, konstatierte Kurt Tucholsky, sei ein „linder Größenwahn... auf allen Gebieten, wo es ungefährlich ist"[1]. Gefährlich, meinte er, sei dagegen die Allmacht des Verlegers (von der das nächste Kapitel handelt).

Einiges hat sich da sicher geändert. Als Autorität, als Qualitätsmaßstab lassen die meisten Journalisten aber nach wie vor nicht das Urteil ihrer primären Adressaten, der Leser, gelten, sondern das Urteil ihrer Vorgesetzten, ihrer Kollegen und manchmal ihrer Informanten; dies besonders dann, wenn es sich um Vorstandsmitglieder und andere Honoratioren handelt, deren Leutseligkeit zu gewinnen offensichtlich ein weitverbreitetes Berufsziel ist.

Anbiederung also ist leider allzu häufig das berufstypische Verhalten gegenüber echten und vermeintlichen Autoritäten – und schrankenloser *Hochmut* die übliche Pose im Kontakt mit all denen, die sich in der unterlegenen Position befinden. Beide Phänomene sind gleichermaßen ärgerlich, weil sie die Berichterstattung vom Ideal des adäquaten Abbilds der Wirklichkeit entfernen. Im Grenzfall, wenn sich die Anbiederung der Korruption nähert und der Hochmut der schlichten Ignorierung des Lesers, könnte die Anbiederung das größere Übel sein: Sie ist schwerer zu durchschauen und verstößt krasser gegen den journalistischen Auftrag.

---

[1] Kurt Tucholsky: Redakteure, in: DIE WELTBÜHNE 22/23, 1932

Bleiben wir zunächst beim Hochmut. Der Umgang mit unseren Zeitungen, Zeitschriften, Rundfunk- und Fernsehsendungen legt den Eindruck nahe, daß fast immer die Leser und Zuschauer Opfer dieser Geisteshaltung sind. Einfach für das zahlende Publikum zu arbeiten, das schätzt man in Journalistenkreisen nicht besonders. Nach vier Jahren als Programmdirektor beim SÜDWESTFUNK berichtete Felix Schmidt: „Was mich am nachhaltigsten schockiert hat: Es ist die stille Verachtung, die dem Programm allenthalben entgegengebracht wird – auch von den Redakteuren."[1]

Wir kennen Zeitungsredaktionen, in denen wird der neue Volontär mit dem Credo vertraut gemacht: „Der Leser ist nicht dumm, er ist dümmer." Zum Beweis legt man den unvermeidlichen Stapel mit den querulatorischen Leserbriefen vor. Und dann wird es den auf diese Art enttarnten Dummköpfen besorgt: „Caroline: Ein Kuß, vier Babys" knallt man ihnen bei BILD um die Ohren[2]. Das ist immerhin kurz und dümmlich. In anderen, feineren Zeitungen braucht man für die Mißachtung des Lesers viel mehr Platz:

> Heinrich Manns Stil hatte bis in geringe Details die Grammatik von Staudtes Ikonographie bestimmt: Expressionismus nicht als Exaltation, sondern als Präzision der gesellschaftlichen Physiognomie.[3]

Muffiger Akademismus bestimmt bis in geringe Details die Grammatik Wolfram Schüttes und die zahlloser Kollegen, für die er hier stellvertretend und zufällig steht: Was schert sie der Ärger vieler Leser, wenn nur fünf Literaturprofessoren zustimmen?

Eine andere Variante des Auftrumpfens mit sprachlichen Mitteln wird seit Jahrzehnten in der SPIEGEL-Redaktion liebevoll gepflegt, nämlich das Spiel mit der Sprache als Selbstzweck. Selten gelingen bei diesem Spiel aufklärerische Formulierungen, meist bleibt es bei Gags auf Biertischniveau. Dient es der Information des Lesers, wenn er erfährt, daß „JP 2"

---

[1] Vor dem Fernsehausschuß des Rundfunkrates des SWF, 5. 12. 1980; zit. nach: TV COURIER, 25. 2. 1981

[2] Schlagzeile auf Seite 1 der BILD-Zeitung, 24. 12. 1983

[3] Wolfram Schütte zum Tod Wolfgang Staudtes, in: FRANKFURTER RUNDSCHAU, 21. 1. 1984

(Johannes Paul II.) eine geplante Reise „cancelt" (absagt)? Warum geißelt der SPIEGEL zwar ständig und zu Recht Wucherungen der Bürokratie, brüstet sich dann aber damit, das Wort „lebensgefährlich" durch die bürokratische Wucherung „vitalkritisch" ersetzt zu haben?[1] Walther von La Roche führt auch das meist schlechte Rundfunk-Deutsch kühl auf solches Imponiergehabe zurück:

> Kollegen hören zwar selten Radio, aber sie lassen sich das Manuskript kommen. Weil wirklich konsequentes Radio-Deutsch sich nicht so brillant liest, wie der Autor auf seine Kollegen wirken möchte, ist die Versuchung groß, im Zweifel lieber fürs Gelesenwerden zu schreiben.[2]

Eine andere Qualität nimmt der Hochmut an, wenn er Journalisten dazu verführt, sich nicht mehr als Chronisten zu verstehen, sondern als Mit-Täter – in Anlehnung an die im vorigen Kapitel dargestellte Neigung, Wirklichkeit zu arrangieren oder zu inszenieren. Den Ehrgeiz mancher Journalisten, selbst in der Weltgeschichte herumzufingern, bezeichnete Tucholsky als größten Fehler der meisten Auslandskorrespondenten: „Verhinderte Attachés", die den „Diplomaten, die sie bewundernd verachten, ins Handwerk pfuschen" wollen.[3]

Folgerichtig entdeckt auch Peter Glotz heute im Selbstverständnis deutscher Journalisten „pseudodemokratische und elitäre Elemente", besonders bei den „sogenannten Doyens des Journalismus, die in der Leitglosse der FAZ in verschlüsselten Sätzen den Bundeskanzler beraten".[4] In Bonn sitzen die „publizistischen Platzhirsche der Republik, die alten und uralten Bonner Journalisten", die die Parole ausgeben, „welcher Mann in welcher Weise etwas gilt oder nicht und welche Ministerin wieder einmal glücklos regiert hat".[5] Oft sind dies zugleich jene Korrespondenten, die ihre besten Informationen als Herrschaftswissen für sich behalten, falls sie es nicht gerade noch mit ihrem Chefredakteur zu teilen wünschen.

---

[1] DER SPIEGEL, Hausmitteilung, 9/84
[2] La Roche/Buchholz (Hrsg), Radiojournalismus, München 1980, S. 162
[3] Kurt Tucholsky, Redakteure, ebenda
[4] Peter Glotz, Journalisten heute, Vortrag auf den Hamburger Medientagen 1981
[5] SÜDDEUTSCHE ZEITUNG, 22. 4. 1982 (Das Streiflicht)

Ein gegen unbefugte Leser nahezu hermetisch abgeriegelter Bereich des Journalismus ist die Wirtschaftsberichterstattung der meisten „seriösen" Tageszeitungen. Dort finden sich fast ausschließlich „verschlüsselte Informationen für die schmale Schicht der Wissenden"[1]; Normalbürger sind von der Kommunikation ausgeschlossen. Wie es eigentlich sein müßte, schrieb Jürgen Tern, vormals Mitherausgeber der FAZ:

> Der Schutz der Schwachen ist die Bestimmung: wie der ganzen Zeitung, so auch des Börsen- und Wirtschaftsjournalismus. Die Mächtigen wissen sich selbst zu helfen; sie brauchen keine Begleitmusik. Soweit der Beistand für die Unterlegenen, die underdogs, im rechten Standort der Wirtschaftsteile impliziert ist, braucht gegen ihn nichts eingewandt zu werden. Soweit er aber auf eine Begünstigung des Großkapitals und der Hochfinanz, der Großinserenten, der wirtschaftlich Mächtigen, der Reichen und ihrer Erfüllungsgehilfen hinausläuft, ist kritische Wachsamkeit geboten.[2]

Ganz im Gegensatz zu den demokratisch gewählten Politikern, die sich ihrer Legitimation sicher sein können, ziehen sich Journalisten bei der Frage nach den Voraussetzungen für *ihre* Legitimation meist auf unverbindliche Postulate zurück. Nach einer freilich nur mäßig repräsentativen Umfrage[3] berufen sich 90 Prozent der Befragten auf ihr persönliches Verantwortungsbewußtsein. Nur 53 Prozent halten in der Ausbildung erworbene Kenntnisse und Fähigkeiten für eine Voraussetzung, und nur 45 Prozent der Befragten sehen ihren Einfluß durch die ständige Kontrolle des Publikums legitimiert.

Vor diesem Hintergrund ist es nicht verwunderlich, daß Journalisten selten bereit sind, Fehler einzugestehen. Sie kämpfen mit allen Mitteln gegen Berichtigungen und Gegendarstellungen, berichtet der Ombudsmann einer amerikanischen Zeitung: „Was die Leser nicht verstehen, das sind die intellektuellen Turnübungen, die ein Journalist macht, bis er einmal zugibt, er habe sich geirrt."[4]

---

[1] Glotz/Langenbucher, Der mißachtete Leser, Köln 1970, S. 68
[2] Jürgen Tern, Der kritische Zeitungsleser, München 1973, S. 58
[3] Wolfgang Donsbach, Aus eigenem Recht. Legitimitätsbewußtsein und Legitimationsgründe von Journalisten, in: Kepplinger, Angepaßte Außenseiter, S. 43
[4] Zit. nach: Franz C. Widmer, Journalismus zwischen Selbstzensur und Anmaßung, in: Journalismus zwischen Sein und Sollen, Rüschlikon 1983, S. 9

Immerhin: Ombudsmann, „Leser-Vertreter" – das ist eine Einrichtung, die an die dreißig amerikanische Zeitungen besitzen.[1] Das LOUISVILLE COURIER JOURNAL hat auf der ersten Lokalseite die Rubrik „Beg Your Pardon" (Wir bitten um Verzeihung) eingeführt. Der MIAMI HERALD schickt Bürgern, über die er berichtet hat, einen Fragebogen zu, auf dem sie mitteilen sollen, ob sie sich fair behandelt fühlen.

Die NEW YORK TIMES bringt in lockerer Folge den Kasten „Editors' Note" und schreibt: „Unter dieser Überschrift erläutern wir Artikel oder berichtigen Verstöße gegen Fairneß, Ausgewogenheit oder Augenmaß, die die Redaktion für bedeutsam hält"[2] – zum Beispiel so: „Unser Artikel hätte Mr. Reagan wörtlich zitieren und die Äußerung eines anderen Sprechers des Weißen Hauses deutlich dagegen abgrenzen müssen" oder „Fairerweise hätten wir diesen Vorwurf nicht zitieren sollen, ohne die Quelle klarzulegen und dem Betroffenen Gelegenheit zur Stellungnahme zu geben."[3]

Bei uns steht dem in vielen Redaktionen die Sitte gegenüber, auf Gegendarstellungs-Begehren zu warten, sie nach Möglichkeit zu verweigern und sie andernfalls wenigstens schlecht zu plazieren. Öffentliche Kritik durch Kollegen ist selten; mit einer gewissen Regelmäßigkeit sehen sich ihr nur das Fernsehen, BILD, STERN und SPIEGEL ausgesetzt.[4]

Politiker, die es wagen, sich mit Journalisten anzulegen, haben sofort eine schlechte Presse. Journalisten seien meist „von dem Willen beseelt, darzutun, wie gefährlich es sein kann, ihre Eitelkeiten zu verletzen", sagt Walter Henkels.[5] „In unserer demokratischen Ordnung ist die Arbeitsteilung zwischen Politik und Presse so geregelt, daß die Presse die Politik kritisiert und die Politiker diese Kritik als Ausdruck der Pressefreiheit zu loben haben", sagt Günther Verheugen.[6] Alles kritisieren dürfen und für nichts kritisiert werden – das ist eine Traumvorstellung, der viele Journalisten ziemlich nahe kommen.

[1] Vgl. William A. Henry, Journalism Under Fire, in: TIME, 12. 12. 1983
[2] „...what the editors consider significant lapses of fairness, balance or perspective"
[3] THE NEW YORK TIMES, 29. 12. 1983, 21. 3. 1984
[4] Vgl. Michael Meissner, Pressekritik – Näherungsversuche an eine Fehlstelle, in: MEDIUM, Febr./März 1983
[5] Zit. nach: DIE ZEIT, 13. 5. 1983
[6] Zit. nach: Peter Glotz, Journalisten heute, Hamburger Medientage 1981

An der Weigerung von fünf Journalisten des STERN und des SPIEGEL, irgendwelche Auskünfte zu geben über die Art und Weise, wie sie an die in ihren Blättern veröffentlichten Einzelheiten über den Flick-Spenden-Skandal gekommen waren, scheiterte ein Untersuchungsausschuß des Nordrhein-Westfälischen Landtags mit dem Versuch, von sich aus Licht in das Dunkel der Spendenaffäre zu bringen. Die Journalisten beschränkten sich darauf, Angaben zur Person und ihren Funktionen in den jeweiligen Blättern zu machen. Besonderen Unwillen erregte bei der Vernehmung Dirk Koch, Leiter des Bonner SPIEGEL-Büros, der außer seinem Namen überhaupt nichts sagen wollte. Als Koch den Abgeordneten auf die Frage, wieviel SPIEGEL-Redakteure denn im Bonner Büro arbeiten, riet, doch im Impressum des Blattes nachzulesen, unterbrach der Ausschußvorsitzende Rainer Maegde die Sitzung.[1]

Robert Haiman, Präsident der „Associated Press Managing Editors Association" (APME) sagt dazu: „Ich bin beunruhigt über die Selbstgerechtigkeit, den Hochmut und die Arroganz, die manche Reporter und Redakteure an den Tag legen, wenn sie sich auf das Grundrecht der Informationsfreiheit berufen, ohne einen einzigen Gedanken darauf zu verwenden, daß damit auch ein gewisses Maß an Verantwortung verbunden sein muß."[2]

Eine für den Leser nur wenig auffällige Untergruppe des ärgerlichen Hochmuts ist der Hochmut gegenüber Kollegen: Lokalredakteure haben den Geruch des Unseriösen, Sportredakteure dürfen froh sein, wenn sie von den Kollegen überhaupt zur Kenntnis genommen werden. Natürlich werden die BILD-Redakteure von den meisten anderen Journalisten geschnitten, sogar von den Kollegen der zum selben Konzern gehörenden WELT. Schon vor der STERN-Hitler-Katastrophe waren Redakteure der ZEIT häufig der Ansicht, der STERN sei ein Krawallblatt.

In der STERN-Krise schließlich fiel auch jener Satz, der als Höhepunkt des Hochmuts gegenüber Wissenschaftlern gelten kann: Die Geschichte des Dritten Reichs müsse aufgrund der vorzüglichen Recherchen seines Blattes umgeschrieben werden, verkündete der damalige Chefredakteur Peter Koch. Zugege-

---

[1] FRANKFURTER RUNDSCHAU, 25. 2. 1983
[2] APME News, Januar 1983

ben: Der Umgang mit Experten aller Art ist für Journalisten nicht einfach; zu jeder Lehrmeinung, die existiert, verkündet irgendein Fachmann das genaue Gegenteil. Die über viele Jahre unzureichende publizistische Behandlung ökologischer Themen ist vermutlich auch auf dieses Phänomen zurückzuführen.

Ein Quantum Selbstgewißheit also, ein Stückchen Hochmut kann für Journalisten nützlich sein; es ist wahrscheinlich sogar nötig, damit ein Beruf ausgeübt werden kann, der ohne die Bereitschaft zu raschen Urteilen nicht denkbar wäre. Auch haben Journalisten es oft mit Primadonnen zu tun, denen es durchaus nicht schadet, wenn sich ihrer Arroganz eine andere entgegenstellt.

Ja, es bleibt zu fragen, ob es nicht ein Beitrag zur Wahrung unserer staatsbürgerlichen Freiheit und Gleichheit ist, daß jeder, der sich über die Masse erhebt, ob Politiker, Künstler oder Wirtschaftsgröße, sich gefallen lassen muß, kritisiert, auch attackiert oder veralbert zu werden – notfalls sogar zu Unrecht: damit keine Götzenbilder entstehen, keine Macht sich unangreifbar fühlen kann.

Die Respektierung kritikfreier Räume, die permanente Nichtkritik an Mächtigen und Honoratioren schlägt ja rasch um in Anbiederung und Unterwürfigkeit – und die ist unter Journalisten eine Berufskrankheit wie die Arroganz. Scheinbar harmlos tritt sie auf, wo die Sprechblasen der Politiker willfährig oder phantasielos in Nachrichten umgesetzt werden:

> Der SPD-Sozialpolitiker Glombig erklärte, alle Anstrengungen müßten auf die Bekämpfung der Arbeitslosigkeit konzentriert werden. Diese Mahnung gelte auch für die FDP sowie für die von CDU und CSU regierten Länder.[1]

> Bundesarbeitsminister Blüm hat an die Gewerkschaften appelliert, die Sozial- und Wirtschaftspolitik der neuen Bundesregierung zu unterstützen. Ohne ein Umdenken und ohne eine Zusammenarbeit zwischen Regierung, Arbeitnehmern und Gewerkschaften sei eine Bewältigung der wirtschaftlichen Krise nicht denkbar.[2]

---

[1] BAYERISCHER RUNDFUNK, 3. 9. 1982, 13 Uhr
[2] HESSISCHER RUNDFUNK, 21. 11. 1982, 13 Uhr

Zwei Beispiele, die Peter Sweerts-Sporck in der WELT aus-
breitete[1], jener Zeitung, die ihrerseits beim Umgang mit Gesinnungsgenossen die Kunst des Interviews zu einem traurigen
Höhepunkt der Anbiederung geführt hat. Aus einem Interview
mit CDU-Ministerpräsident Albrecht:

> Herr Ministerpräsident, sind Sie davon überzeugt, daß die
> Regierung Kohl/Stoltenberg/Genscher/Lambsdorff die ge-
> botene Wende mit hinlänglichem Mut und ausreichendem
> Tempo vollführt?[2]

Die gebotene Wende! Der Volontär lernt in den ersten Tagen
seiner Ausbildung, daß ein Interviewer zumindest rhetorisch
zum Befragten eine Gegenposition einzunehmen hat, unabhängig von seiner eigenen Meinung. Aber nicht umsonst steht die
WELT seit längerer Zeit in dem Ruf, Handwerk durch Gesinnung zu ersetzen. Auch ihr Schwesterblatt WELT AM SONNTAG
sorgt bisweilen für kabarettreife Darbietungen wie hier bei einer Breitseite gegen Lohnforderungen der IG Metall:

> WELT AM SONNTAG fragte Dieter Kirchner, Hauptgeschäfts-
> führer des Arbeitgeberverbandes Gesamtmetall: In der
> schwersten Wirtschaftskrise der Nachkriegszeit solche Forde-
> rungen aufzutischen, ist doch wohl ein Scherz?
> KIRCHNER: Da haben Sie ein mildes Wort gewählt.[3]

Auch in dieser weit schlimmeren Form, dem Sich-Andienen,
der kaum getarnten Besorgung der Geschäfte für Leute von
Geld und Einfluß, ist die Anbiederung nicht so selten, wie man
hoffen sollte. „Kleinmütiges Kuschen vor Lokal-Matadoren
und Provinz-Gockeln" lautet ein Vorwurf, den der SPIEGEL an
die Chefetage des WESTDEUTSCHEN RUNDFUNKS richtete.[4]
Soll man es da Lokaljournalisten an kleinen Zeitungen ver-
übeln, wenn sie sich im Lächeln der Honoratioren sonnen?
Darf man sich über jene Wirtschaftsjournalisten wundern, die
ihr Lebensgefühl aus einem leutseligen Schulterklopfen in der

---

[1] DIE WELT, 6. 12. 1982
[2] DIE WELT, 14. 6. 1983
[3] WELT AM SONNTAG, 19. 12. 1982
[4] „Rotfunk, Todfunk, Jammerfunk", in: DER SPIEGEL, 10/1984, S. 81 ff.

Vorstandsetage beziehen? Reise- und Motorjournalisten erliegen dieser Berufskrankheit am häufigsten.[1]
Daß sie dies dementieren, muß uns nicht in jedem Fall beeindrucken. So sagte Armin Ganser, Vorstandssprecher der Vereinigung Deutscher Reisejournalisten, 1973:

> Der Journalist hat sein Handwerk als Journalist und nicht vordergründig als Service-Mann gelernt ... Auch als „Service-Bediensteter" in den Bereichen Urlaub und Freizeit bleibt er immer Journalist, der kritisches Bewußtsein pflegen sollte, vor allem durch seine Fähigkeit des Wählens und Wertens einen Damm dagegen aufrichtet, daß der Service zur ungefilterten Werbebotschaft an die Konsumgesellschaft wird.[2]

Seltsam: Welchen Reiseteil man, elf Jahre nach diesem Appell, auch aufschlägt, fast überall findet man nur eben solche ungefilterten Werbebotschaften. Im STERN gibt es Ausnahmen, die BUNTE hat 1983 einen „Reisetest" mit kritischen Untertönen eingeführt – sonst wird die Erde in den Reiseteilen fast durchweg genauso wie in den Prospekten vorgestellt: als ein Planet des blauen Himmels, der lieblichen Landschaften und der perfekten Hotels.

Bei den Motorjournalisten sind die Verhältnisse nicht weniger beklagenswert: Zu viele von ihnen sind zu großen Versuchungen ausgesetzt. Preisnachlässe für alle Journalisten; für Motorjournalisten die schicksten Testwagen in so rascher Folge, daß manche von ihnen kein Auto besitzen; Vorstellung eines leicht überarbeiteten Modells auf den Bahamas, obwohl es in Darmstadt dieselben Fahreigenschaften demonstrieren würde – das führt dann dazu, daß manche Motorjournalisten nichts zu kritisieren finden als die Anbringung der Aschenbecher.

> Zur Präsentation der K 100 flog die Firma BMW mit einer eigens gecharterten DC 9 rund fünfzig Journalisten nach Nizza, transportierte sie in zwei Sonderbussen nach La Napoule in eines der besten und teuersten Hotels der Côte d'Azur, gab einen Eröffnungsempfang mit feinsten Drinks und Snacks, veranstaltete eine meisterhaft organisierte Pressekonferenz, spendierte zum Abend Champagner und Hummer, stellte am

[1] Vgl. „Zwischen Betreuung und Bestechung", in: MANAGER-MAGAZIN, 10/1973
[2] Armin Ganser, Zwischen Konsumenten und Kommerz, in: JOURNALIST, 3/1983

nächsten Tag dreißig neue Maschinen bereit, mit denen man auf einer eigens präparierten Gebirgsroute Testfahrten machen konnte, servierte am Mittag auf einer in der Bucht liegenden Motoryacht ein köstliches Buffet, schenkte jedem noch ein T-Shirt und flog anschließend alle wieder nach Frankfurt zurück. Die Tour kostete die Eingeladenen keinen Pfennig, sogar die Anreise nach Frankfurt wurde bezahlt. Vermutlich keiner der Journalisten hätte sich solchen Luxus leisten können oder wollen. Derlei ist offenbar üblich.[1]

Selbst dort, wo auch deutliche Minuspunkte zugeteilt werden wie in der FRANKFURTER ALLGEMEINEN, geschieht dies auf der Basis ungebremster Autofreundlichkeit. Die Freiheit, die eine Redaktion gegenüber einem Politiker besitzt – zu fordern: „Weg mit ihm!" –, hat sie gegenüber einem Automodell offensichtlich nicht; und wo sie sich diese Freiheit dennoch zu nehmen versucht wie 1979 im Zürcher TAGES-ANZEIGER, zahlt sie einen hohen Preis dafür.

Diesen Fall schildert das folgende, das ebenfalls traurige Kapitel, das von dem Druck handelt, den Verleger oder Inserenten auf Redakteure ausüben. Hier sprechen wir von der Versuchung vieler Journalisten, den Einflüsterungen der Geschäftswelt zu erliegen, ohne daß ein Verleger sie dazu drängen müßte; von der Desinformation aus freien Stücken.

So bedarf es ja im allgemeinen auch keiner Pression, um Redakteure für die Herstellung jenes freundlichen „redaktionellen Umfelds" zu gewinnen, das die Inserierfreudigkeit erhöht und den Gehalt an Information vermindert. Das kann formlos geschehen – etwa, wenn die HAMBURGER MORGENPOST den dürftigen Anzeigen von drei Videotheken gleich eine halbe, nicht als Anzeigentext gekennzeichnete Seite gegenüberstellt. Bildtext: „Als musikalisches Osterhäschen präsentiert die hübsche Marion einen neuen Hit aus Sonys erfolgreicher Walkman-Familie..."[2]

Die sogenannten „seriösen" Zeitungen trennen das sauberer, tun aber gleichzeitig das äußerste, es den Leser nicht merken zu lassen. Preisfrage: Welcher Laie erkennt an den verschämt angebrachten Vermerken „Anzeigenkollektiv", „Aus der Ge-

---

[1] Ulrich Greiner, Oh Freude, oh Freiheit!, in: DIE ZEIT, 7. 10. 1983
[2] HAMBURGER MORGENPOST, 5. 4. 1983

schäftswelt" oder „Verlagsbeilage", daß hier auch die Texte Anzeigencharakter haben, also das Blaue vom Himmel herablügen dürfen? Die SÜDDEUTSCHE ZEITUNG behelligt ihre Leserschaft mit solchem PR-Schrott mindestens einmal wöchentlich. Beispielsweise in einer zehnseitigen „Beilage Luxemburg", die dem unbedarften Leser als Ausbund redaktioneller Seriosität erscheinen muß. Auf den ersten Blick zumindest, denn drinnen wird neben riesigen Anzeigen luxemburgischer Banken im Stil einer Pressestelle drauflosschwadroniert.[1]

Immerhin findet sich in der SZ auch eines der seltenen positiven Beispiele: Die regelmäßig erscheinenden Anzeigenkomplexe mit Inseraten von Radio- und HiFi-Händlern werden seit ungefähr 200 Folgen mit informativen und kenntnisreichen Texten zur HiFi-Technik begleitet. Es drängt sich also der Verdacht auf, daß kein Journalist gezwungen ist, Blödsinn zu schreiben, nur weil er außerhalb der redaktionellen Verantwortung schreibt. Die meisten tun es trotzdem: Schere im Kopf?

Manche werden geködert. Der SPIEGEL berichtete über Kontakte zwischen dem VW-Vorstand und der Schreibfabrik des Josef von Ferenczy mit dem Ziel, die Ferenczy-Autoren sollten „die Standorte aufwerten, an denen VW produziert".[2] Es gibt Firmen, die Wirtschaftsredakteuren das Angebot gemacht haben, gegen ein fünfstelliges Honorar ihren Geschäftsbericht zu redigieren. Auch wird von Insidern behauptet, in manchen Redaktionen seien „Maulwürfe" am Werk: Journalisten, die einem Unternehmen bezahlte Gefälligkeiten erweisen, schreibend oder durch Stimmungsmache in der Redaktion.

Wie sagte Felix von Eckardt, Pressechef von Bundeskanzler Adenauer? „Im Grunde ist der Journalist nur bestechlich durch Informationen."[3] Es darf gezweifelt werden.

---

[1] SÜDDEUTSCHE ZEITUNG, 8. 3. 1984
[2] Schöner leben in Wolfsburg?, in: DER SPIEGEL, 14/1984, S. 149
[3] Zit. nach: Claus Heinrich Meyer, Auf unordentlichen Wegen zum Zentrum der Macht, in: SÜDDEUTSCHE ZEITUNG, 14. 5. 1979

B. Viele Journalisten werden gegängelt

7. ...von Verlegern und Inserenten

> Pressefreiheit ist nichts anderes als die Freiheit von zweihundert reichen Männern, ihre Meinung zu sagen.
> *Paul Sethe*

> Wozu Verleger? Weil Funktionäre keine Zeitung machen können.
> *Gerd Bucerius*

Freiheit und Unabhängigkeit der Presse sind in der Bundesrepublik zum Verfassungsgrundsatz erhoben. Johannes Gross meint, die Moral des journalistischen Berufs sei seine Freiheit.[1] Und der Leiter des ZEIT-Feuilletons, Fritz J. Raddatz, betonte, ein Journalist müsse „vor allem ein materiell unabhängiger" Mensch sein.[2] Neunzig Prozent der Journalisten aber sind abhängig Beschäftigte, gebunden an die Weisungen von Vorgesetzten und Verlegern. Und diejenigen, die mit dem Euphemismus „*freie* Mitarbeiter" bedacht werden, sind in der Regel „der Willkür ihrer Brötchengeber völlig ausgeliefert".[3]

Wir wissen seit Sokrates, spätestens aber seit Marx, daß sich die Menschen „stets falsche Vorstellungen über sich selbst" gemacht haben und daß ihnen die „Ausgeburten ihres Kopfes" schließlich über den Kopf wuchsen.[4] Die Ideologie der *freien Presse* ist einigen Journalisten offensichtlich über den Kopf gewachsen. Sie läßt die meisten nur allzu leicht vergessen, wie rechtlos sie sind – Mitglieder eines Berufsstandes, für den noch nicht einmal die Kündigungsschutzbestimmungen des Bürgerlichen Gesetzbuchs gelten.[5]

Der Sozialist Ferdinand Lassalle – selbst Journalist – schrieb vor über hundert Jahren, die Eigentümer der Zeitungen hielten sich nichts als ein „geistiges Proletariat, ein stehendes Heer von Zeitungsschreibern"[6]. Und Paul Sethe, der meinte, Pressefreiheit sei die Freiheit zweihundert reicher Männer, ihre Meinung zu verbreiten, war ein Konservativer.

---

[1] Rede zum 250jährigen Bestehen des HANAUER ANZEIGERS, in: FAZ, 8. 11. 1975
[2] Raddatz, Thesen wider die Selbstzensur, in: Journalist sein, Rüschlikon 1983
[3] Egon Schleinitz (freier Journalist), MEDIUM 5/1983
[4] Marx, Deutsche Ideologie, MEW Bd. 3
[5] Vgl. § 118 des Betriebsverfassungsgesetzes zum Thema Tendenzbetriebe
[6] Zit. nach: Karl Pawek, MEDIUM, 2. 3. 1983

Nach einer Allensbach-Umfrage äußern sich die meisten Redakteure von Tageszeitungen jedoch überaus zufrieden mit ihrem Beruf: „Voll und ganz zufrieden" sind 80 Prozent der Redakteure und sogar 96 Prozent der Chefredakteure.[1] Im Licht der Öffentlichkeit erscheint der Journalist ohnehin als der große Zampano, auf du und du mit den Mächtigen der Welt. Ein paar Dutzend „Edelfedern" werden von Außenstehenden gern als typische Vertreter eines Berufs begriffen. Quer durch die Spalten von Zeitungen und Magazinen, in FAZ und TAZ gleichermaßen zitiert, auf mehreren Fernsehkanälen gleichzeitig präsent, entgehen sie tatsächlich manchen Zwängen, denen der Lokalreporter, der freie Mitarbeiter in Passau und der Pauschalist in Bonn ausgeliefert sind.

> Der Journalist in der Provinz, der ist eben doch ein Mensch zum Anfassen, mit einem Namen, den man kennt. Den man anrufen kann, dem man drohen kann, auch mit dem Verleger, den jeder Beschwerdeführer ja irgendwo und irgendwie schon einmal gesehen hat. Da kuscht der Journalist in der Provinz.[2]

In der Hälfte aller Kreise und kreisfreien Städte gibt es nur noch eine einzige Tageszeitung. Zwischen 1954 und 1976 sank die Zahl der selbständigen Zeitungsredaktionen von 225 auf 121 – eine Situation, die den Verleger Gerd Bucerius zu der Bemerkung veranlaßte, das „kapitalistische System" habe seine Vorteile, auf dem Sektor der Lokalzeitungen aber sei es „ohne Gnade".[3]

Auch die Publikumszeitschriften werden von wenigen großen Verlagen gemacht – zwei Drittel der Auflage dieser Blätter gehen auf das Konto der vier Großverlage Bauer, Gruner + Jahr, Burda und Jahreszeiten-Verlag. „Da jeder Journalist nur wenige Ersatzarbeitsstellen, aber viele mögliche Nachfolger hat, muß er unter größtem Konkurrenzdruck im Sinne seines Verlegers funktionieren und möglichst noch doller sein als sein Kollege."[4]

---

[1] Zit. nach: Gerd Bucerius, Der angeklagte Verleger, München 1974, S. 135
[2] Hanni Chill, Mein Gott, bin ich wichtig!, in: DIE ZEIT, 24. 6. 1983
[3] Bucerius, S. 41
[4] Karl Pawek, Vom Elend des Journalismus, in: MEDIUM, 2. 3. 1983

Inwieweit Verlagsinteressen den Inhalt einer Zeitung oder Zeitschrift bestimmen oder beeinflussen, hängt von vielen Faktoren ab. Viele Verleger liberaler Zeitungen beschränken sich darauf, die allgemeine Linie ihres Blattes festzulegen und die Chefredaktion zu ernennen. ZEIT-Verleger Bucerius schilderte verschiedentlich beredt, daß seine eigenen Artikel nur weit hinten im Blatt und oft erst nach Wochen erschienen. Und auch sein Argument, daß man Verleger brauche, weil Funktionäre keine Zeitungen machen könnten, ist bis heute nicht widerlegt.

Dies ändert jedoch nichts an der Tatsache, daß nicht nur missionarische Verleger wie Axel Springer, sondern viele Zeitungsbesitzer direkt oder indirekt dafür sorgen, daß berichtet wird, was *ihnen* als Wirklichkeit erscheint. Wohl dem Chefredakteur, der wie Josef Müller-Marein beim Abschied sagen kann: „Wir, die Redaktion, redigierten die ZEIT so, wie wir wollten. Es ist das Prinzip des Verlegers selbst."[1] In der Praxis vieler Zeitungen aber ist der Eingriff des Verlegers in die tagtägliche Redaktionsarbeit offenbar normal – wobei sich im Grenzfall nicht entscheiden läßt, ob Verlagsdirektor und Verlegerin eine Anordnung getroffen, einen Wunsch geäußert oder eine Anbiederung wie diese unverlangt auf sich gezogen haben:

Durch Originalität frappiert jedes Jahr neu Direktor Klaus Volk, wenn es um den Dank an die Stifter des Wettbewerbs geht. In diesem Jahr griff er zur Vinikultur und überraschte Ellinor Holland (die Verlegerin) mit je einer Flasche edlen französischen Spitzenweins pro Wettbewerbs-Jahrgang. Die deliziöse, vielumjubelte Gabe überreichten bei der trefflich inszenierten Dankesgeste kleine Pagen aus der Ballettschule Otevrel.[2]

In einer Allensbacher Erhebung bekannten immerhin 22 Prozent der Befragten, der Verleger lege in ihrer Zeitung fest, „welche Themen ausführlicher oder weniger ausführlich behandelt" werden sollten. 33 Prozent erklärten, der Zeitungseigentümer lege auch die Haltung des Blattes zu *bestimmten* Ereignissen fest.[3]

---

[1] Zit. nach: Bucerius, S. 143
[2] AUGSBURGER ALLGEMEINE, 30. 3. 1981
[3] Rüdiger Schulz, Das Entscheidungsverfahren von Chefredakteuren und Verlegern, in: Kepplinger, Angepaßte Außenseiter, S. 182

Manche Herausgeber und Verleger – wie der 1984 gestorbene Franz Karl Maier vom Berliner TAGESSPIEGEL – legen Wert darauf, daß sie ihr Blatt nicht gängeln, sondern nur „geistig einstimmen" wollen. Trotzdem entließ Maier nacheinander fünf Redakteure des TAGESSPIEGELS, weil er in ihnen die Urheber gewerkschaftlicher Aktionen sah.[1]

Der Verleger des britischen OBSERVER, Ronald Rowland, drohte 1984 seinem Chefredakteur Donald Trelford mit Entlassung, hilfsweise der Redaktion mit der Stillegung des Objekts, weil der Chefredakteur über eine Reise nach Zimbabwe berichtet hatte, die Regierungstruppen hätten Massaker verübt; das schädige seine eigenen Geschäftsinteressen, tobte der Verleger, entschuldigte sich beim Regierungschef von Zimbabwe und verlangte von seinem Chefredakteur eine nochmalige Recherche (vergebens) – die Wahrheit als Magd.[2]

Bei den meisten Verlegerpressionen geht es gar nicht um die Durchsetzung der *politischen* Meinung des Zeitungsinhabers. Schon Kurt Tucholsky schrieb, der deutsche Zeitungsverleger sei eher ein „ängstlicher Mann". Er wolle Geld verdienen, was ihm niemand übelnehme. Daß er aber *nur* Geld verdienen wolle, müsse man ihm unbedingt übelnehmen.

Je kleiner eine Zeitung oder je stärker sie lokaler Konkurrenz ausgesetzt ist – um so mehr verstehen sich Herausgeber und Verleger eher als Sachwalter der Interessen ihrer Inserenten. Für einzelne Verleger definiert sich die journalistische Seite ihrer Arbeit dann nach einem Motto, das Henri Nannen scherzhaft so zusammenfaßte: „Die Redaktion ist diejenige Abteilung des Hauses, welche die von der Anzeigenabteilung freigelassenen Seiten zu den von der Herstellung bestimmten Terminen mit einem Stoff füllen muß, den der Vertrieb verkaufen kann."[3]

Auch die ersten Erfahrungen mit privatem (Kabel-)Fernsehen in der Bundesrepublik sprechen für die These des Schweizer Publizisten Jürg Frischknecht, die Medien seien künftig nur noch Informationsträger, soweit das der Funktion als

---

[1] Vgl. FRANKFURTER RUNDSCHAU, 8. 12. 1982
[2] Vgl. SÜDDEUTSCHE ZEITUNG, 24. 4. 1984; FRANKFURTER RUNDSCHAU, 26. 4. 1984; JOURNALIST, 6/1984, S. 59 f.
[3] Zit. nach: Bucerius, S. 15

Werbeträger zuträglich sei. Wie als Beleg dafür erscheint der Kopf des Nachrichtensprechers bei RTL-plus dann auch schon unter dem Emblem einer Bank, die diese Sendung finanziert. „Werbefinanzierung", so vermutet Frischknecht, führe zu einer Art „struktureller Zensur": Kritik am herrschenden Wirtschaftssystem verbiete sich von selbst.[1]

Der *Deutsche Presserat* hat die Verantwortung der Presse gegenüber der Öffentlichkeit nicht ohne Grund vor allem dahingehend definiert, daß redaktionelle Veröffentlichungen nicht durch private oder geschäftliche Interessen Dritter beeinflußt werden sollten.[2] Gefordert wird von dem Kontrollgremium vor allem eine „klare Trennung" zwischen redaktionellen Texten und Anzeigen. Inserenten selbst aber drängen aus wohlverstandenem Eigennutz auf eine Vermischung von Lauftext und Annonce, um den Anschein zu erwecken, als stünde die Zeitung oder Zeitschrift hinter dem angebotenen Produkt.

Die Anzeigenkunden haben oft Erfolg mit ihrem Drängen. Robert Rohr kommt nach einer vergleichenden Analyse hessischer Lokalzeitungen zu dem Ergebnis, es sei „üblich", bei größeren Anzeigenaufträgen einen Hinweis im redaktionellen Teil zu bringen. Auch die Neueröffnung von Geschäften werde selbstverständlich im Lauftext gemeldet.[3] Die für mittelständische Unternehmer gedachte Zeitschrift IMPULSE rief ihre Klientel auf, „mit wenig Geld den Bekanntheitsgrad zu steigern": „Kleine Firmenmeldungen in der Ortspresse wirken wie die Schleichwerbung im Fernsehen."[4]

Daß Anzeigenkunden auch Beiträge verhindern oder maßgeblich auf die Tendenz von Artikeln einwirken, läßt sich nur schwer beweisen. Der Druck von Inserenten spielt sich meist in jenem Halbdunkel wohlgemeinter Ratschläge und dringender Bitten ab, das dem Blick Außenstehender weitgehend entzogen ist. Selbst Verleger, die sich Versuchen inhaltlicher Einflußnahme nicht beugen, übergehen die Pressionen eher mit Schweigen – aus Geschäftsinteresse. Gerd Bucerius etwa schreibt zu diesem Thema:

---

[1] Jürg Frischknecht, Werbung verhindert Information, in: Journalist sein, Rüschlikon 1983
[2] Publizistische Grundsätze vom 31. 12. 1979
[3] Rohr, Auf Abruf bereit. Lokaljournalisten bei der Arbeit, in: Hans Mathias Kepplinger, Angepaßte Außenseiter. Was Journalisten denken und wie sie arbeiten. Freiburg 1978, S. 82
[4] IMPULSE, 7/1983

Es juckt einen Verleger natürlich, solche Wirtschaftswinke mit dem Zaunpfahl sofort zu veröffentlichen, um andere das Fürchten zu lehren. Aber das geht halt nicht: Der Anzeigenkunde hat den gleichen Anspruch auf Verschwiegenheit wie ein Informant der Redaktion.[1]

Mögliche Konflikte mit Anzeigenkunden werden meist schon vorab ausgeschaltet. Bei Ressortleitern einer Tageszeitung wird im Normalfall vorausgesetzt, daß sie bei der Durchsicht von Artikeln auf möglichen Zündstoff achten. Im Zweifelsfall aber wird lieber die Druckmaschine gestoppt, als das Risiko eines Streits mit Inserenten einzugehen.

Der Verleger des KÖLNER STADT-ANZEIGERS, Alfred Neven-DuMont, ließ 1973 rund 140 000 Exemplare der Wochenendbeilage einstampfen, weil in ihr ein Artikel zum Thema „Verbraucherbetrug durch Warenhauskonzerne" stand. Der Hausjurist H. J. Prinz begründete diese Maßnahme in einem Schreiben an den Betriebsrat mit dem Hinweis, bei Erscheinen der Beilage wäre mit „prompten Reaktionen verschiedener hier in Köln ansässiger Warenhäuser" zu rechnen.[2]

Daß diese Auffassung nicht aus der Luft gegriffen ist, läßt das Beispiel des Zürcher TAGES-ANZEIGERS vermuten – einer der wenigen Fälle, in dem Verlag und Redaktion wirtschaftliche Pressionen öffentlich machten. Der TAGES-ANZEIGER ist nächst dem Boulevard-Blatt BLICK die größte Tageszeitung der Schweiz. Im Frühling 1979 zogen sämtliche großen Autohändler ihre Anzeigen für die Zeitung zurück. Der Einnahmeausfall pro Monat betrug 300 000 Franken. Der Chef der größten Schweizer Autoimportfirma, Walter Frey, begründete den Anzeigenboykott mit dem „autofeindlichen Umfeld" im redaktionellen Teil des Blattes.[3]

Unmittelbarer Anlaß des Ärgers der Autohändler war ein Artikel mit dem Titel „Autolobby Schweiz", in dem unter anderem eine radikale Herabsetzung der zulässigen Abgaswerte gefordert wurde.[4] In einer Diskussion des Schweizer Fernsehens bekannte Frey: „Ich muß nun etwas abwarten, bis die

[1] Bucerius, S. 17
[2] Vgl. DIE FEDER, 7. 8. 1979
[3] Vgl. SUTTGARTER ZEITUNG, 19. 4. 1979
[4] Vgl. DIE WELT, 19. 6. 1979

Verkehrsfragen ein bißchen anders behandelt werden, damit ich im TAGES-ANZEIGER wieder Inserate machen kann." Hauptnutznießer des Boykotts war das Zürcher Anzeigenblatt ZÜRI LEU, das den Unternehmern mit Kolumnen wie „Jimmy Gibgas" ein entsprechend autofreundliches Umfeld garantierte. Der Leiter des Blattes, Jürg Ramspeck, erklärte jedenfalls lakonisch, es sei ein „Akt der Ehrlichkeit", Inserenten zu „pflegen".[1]

Verlag und Chefredaktion des TAGES-ANZEIGERS beugten sich dem Druck ihrer Kunden zunächst nicht. Solange die Redaktion „sauber und seriös" recherchiere und beide Seiten zu Wort kommen lasse, wollte sich die Leitung der Zeitung kritischen Artikeln nicht widersetzen – auch auf die Gefahr weiteren wirtschaftlichen Drucks hin. Die Zeitung LA SUISSE bemerkte dazu: „Nur eine Zeitung mit solider Finanzbasis ist in der Lage, eine derartige Prüfung durchzustehen."[2]

Im Sommer 1980 aber paßte einem weiteren großen Anzeigenkunden die Richtung des linksliberalen Blattes nicht mehr. Aus Protest gegen eine jenseits „der Toleranzgrenze liegende Krawallberichterstattung" reduzierte der Warenhauskonzern Globus seine Aufträge um die Hälfte. Er hatte bis dahin immerhin Anzeigen im Gegenwert einer sechsstelligen Frankensumme geschaltet.[3]

Die Redaktion der Geschäftsleitung des TAGES-ANZEIGERS ließ nun nicht mehr lange auf sich warten. Ein kritischer Beitrag des Zürcher Schriftstellers Räto Hänny über einen Polizeieinsatz gegen die Jugendunruhen in der Stadt wurde in letzter Minute aus der Zeitung entfernt. Die Verlagsleitung begründete diesen Schritt so: „Wir haben die Publikation des politisch brisanten Hänny-Artikels nicht nur deshalb untersagt, weil er die Geschäftsinteressen tangieren könnte, sondern vor allem deshalb, weil wir glauben, daß diese Schilderung in der ... zur Zeit emotional angeheizten Situation nicht die richtige Art wäre, das Thema aufzugreifen."[4]

Wenig später bestellte das Management des TAGES-ANZEIGERS sämtliche Redakteure zu einer großen Konferenz. In der

---

[1] Zit. nach: STERN, 29. 11. 1979
[2] Zit. nach: STUTTGARTER ZEITUNG, 19. 4. 1979
[3] Vgl. NEUE ZÜRCHER ZEITUNG, 6. 8. 1980, und FRANKFURTER ALLGEMEINE, 16. 8. 1980
[4] Zit. nach: FRANKFURTER RUNDSCHAU, 10. 10. 1980

internen Hauspost des Unternehmens war dann nachzulesen, was die Geschäftsleitung bewegte: „Wichtige Leser- und Inserentenkreise" seien dem Blatt durch eine „Überlastung des Karrens mit Kritik und Reformvorstellungen" entfremdet worden. Die Redakteure sollten von nun an bei allen Artikeln stärker Leser und Inserenten berücksichtigen. Verlag und Verkauf sollten „in Zukunft von Anfang an in die Meinungsbildung einbezogen werden"[1]. Die SÜDDEUTSCHE ZEITUNG schätzte den durch den Anzeigenboykott hervorgerufenen Einnahmeausfall des Blattes zu diesem Zeitpunkt auf zweieinhalb Millionen Franken.[2]

Die von der Verlagsleitung angerufene Schweizer Kartellkommission erklärte das Vorgehen der Inserenten im Sommer 1981 für rechtens: „Es muß eine Schwelle geben, von der an einem Unternehmen schon aus betriebswirtschaftlichen Gründen nicht mehr zugemutet werden darf, in einem bestimmten Presseorgan weiter zu inserieren."[3]

Erst im März 1982 – nach genau drei Jahren – entschlossen sich die Autohändler, dem TAGES-ANZEIGER wieder Inserate zukommen zu lassen. Der Grund: Die auf den Markt drängenden japanischen Autounternehmer nötigten die Schweizer Firmen zu erhöhtem Werbeaufwand.

Nicht „List und Festigkeit" des Verlegers – das Rezept von Gerd Bucerius gegen den Druck von Inserenten –, sondern wiederum wirtschaftliche Gründe waren es, die im Fall des TAGES-ANZEIGERS zum Einlenken der Anzeigenkunden führten. Daß beispielsweise der Versuch gescheitert ist, „den SPIEGEL und den STERN durch systematischen Entzug von Anzeigen zu domestizieren"[4], kann unwidersprochen bleiben. Entscheidend ist: Journalisten müssen offenbar mit diesen Pressionen leben.

---

[1] Zit. nach: MEDIUM, Oktober 1980
[2] SÜDDEUTSCHE ZEITUNG, 12. 11. 1980
[3] Zit. nach: FRANKFURTER RUNDSCHAU, 24. 6. 1981
[4] Bucerius, S. 19. Vgl. den Anzeigen-Boykott von Bayer Leverkusen gegen den STERN lt. FRANKFURTER RUNDSCHAU, 29. 5. 1984

8. ...von Vorgesetzten und Kollegen

> Bevor nur ein Jahr vergangen ist, gleicht
> schon der Hund seinem Herrn.
>
> *Spanisches Sprichwort*

Als hätten Journalisten nicht schon genug damit zu tun, sich Politiker und Verbandsvertreter, Verleger und Inserenten vom Leibe zu halten: Sie machen sich auch noch gegenseitig das Leben schwer. Der Redaktionsbeirat der SAARBRÜK-KER ZEITUNG warf der Chefredaktion des lokalen Monopolblattes ein „unerträgliches Klima" vor, das von einem „Zuviel an Befehlen und normierenden Anordnungen" gekennzeichnet sei.[1]

In den meisten Redaktionsstuben achten jedoch nicht nur Chefredakteure, sondern auch Ressortleiter und „ältere Kollegen" eifersüchtig auf ihre Kompetenzen. Darüber hinaus setzen Meinungsgruppen und „Keulenriegen" den einzelnen unter Druck. Zumindest problematisch sind in diesem Sinne auch politische Initiativen wie der Aufruf „Journalisten warnen vor dem Atomkrieg" (Kap.4), mit dem sich Reporter und Redakteure auf eine bestimmte Haltung gegenüber der herrschenden Verteidigungspolitik verpflichteten.[2] In manchen Rundfunkanstalten entstand eine „Keulenriege" von Meinungsführern so:

> Ende der sechziger, Anfang der siebziger Jahre begann sich
> die Binnenstruktur vieler Redaktionen – manchmal in Richtung studentischer Seminarpraktiken – zu verändern. Die
> Tendenz zu „reinrassigen Redaktionen" nahm zu. Schnell
> zeigte sich, daß diese Demokratisierung weniger Pluralität
> und mehr Einseitigkeit nach sich zog, denn autonome Redaktionen rekrutieren sich, wenn das Prinzip Zuwahl gilt, nach
> Sympathie und Gesinnung. Undenkbar, daß in solche Redaktionen ein „Andersgepolter" eingreifen oder gar Einfluß in
> die Grundlinien des Redaktionsprogramms erlangen könnte.

---

[1] Zit. nach: FRANKFURTER RUNDSCHAU, 19. 7. 1983
[2] Vgl. FRANKFURTER ALLGEMEINE, 26. 4. 1983; Stellungnahme des Deutschen Journalisten-Verbandes, in: JOURNALIST, 12/1983

Aus dieser Phase übriggeblieben ist schließlich die Tendenz zu einem Parteibuch-Journalismus.[1]

Die „spezifische Sozialisation" des Journalisten beginnt mit seinem Eintritt in die jeweilige Redaktion. Warren Breed beschrieb diesen Vorgang so:

> Der Neuling liest nach seinem Eintritt täglich seine Zeitung oder er hört die Sendungen seiner Rundfunkanstalt. Er bemerkt Gesetzmäßigkeiten, wenn seine eigenen Beiträge korrigiert werden. Er kann sich aus den Äußerungen seiner Kollegen und Vorgesetzten ein Bild darüber machen, wie normkonforme Beiträge aussehen sollen.[2]

Klaus Schönbach schreibt in einer Untersuchung über die Arbeitsmechanismen in Zeitungsredaktionen, viele Journalisten übernähmen die „generalisierten Erwartungen" ihres Arbeitsplatzes „gleichsam automatisch". Wenn nötig, stünden soziale Sanktionen bereit, die vom kollegialen Stirnrunzeln bis zur Entlassung reichten.[3]

Das Institut für Demoskopie in Allensbach hat in seiner berühmten Presse-Enquête im Jahre 1970 auch den Nachweis erbracht, daß redaktionelle Entscheidungen in der Regel „nicht weitgehend autonomes Entscheidungshandeln einzelner Redakteure" sind.[4] Der Wert dieser Studie liegt weniger in ihren einzelnen Ergebnissen – dafür ist die Zahl der Befragten (88 Redakteure, 55 Ressortleiter, 46 Chefredakteure von Tageszeitungen) zu gering. Sie bestätigt jedoch eindeutig die These, daß das „Ausmaß der positiven publizistischen Gestaltungsfreiheit" äußerst unterschiedlich ist – abhängig vor allem von der „Position in der Arbeitshierarchie", der Nähe der jeweiligen Tätigkeit zu wirtschaftlichen und politischen Interessen der Zeitung und dem „Ausmaß der publizistischen Verlegerengagements"[5].

---

[1] Emil Obermann, Fernsehdirektor des SÜDDEUTSCHEN RUNDFUNKS (1979); zit. nach: DIE POLITISCHE MEINUNG, 213 (1984)

[2] Breed, Social-Control in the News-Room, in: Aufermann/Bohrmann u. a., Gesellschaftliche Kommunikation und Information, Frankfurt 1973, S. 356–378

[3] Schönbach, Trennung von Nachricht und Meinung, Freiburg 1978, S. 136 ff.

[4] Rüdiger Schulz, Das Entscheidungsverhalten von Chefredakteuren und Verlegern, in: Kepplinger, Angepaßte Außenseiter, S. 166

[5] Schulz, S. 173

Auf die Frage „*Können Sie Ihre Ideen verwirklichen?*" antworteten mit „immer":

43 Prozent der Redakteure
74 Prozent der Ressortleiter
76 Prozent der Chefredakteure

Keinerlei Einschränkung ihrer Gestaltungsfreiheit stellten fest:

73 Prozent der Feuilletonredakteure
64 Prozent der Sportredakteure
35 Prozent der Politikredakteure.[1]

Als Hauptablehnungsgrund für ihre Themenvorschläge nannten immerhin 17 Prozent die Meinung ihrer Kollegen.

> Die Kenntnis der Kollegenmeinungen bildet, sozialpsychologischen Regelmäßigkeiten folgend, den ersten Schritt zur Entwicklung gemeinsamer Urteilsgrundlagen und gegenseitiger Anpassung der Auffassungen. Daß die Kollegenmeinungen trotzdem in den meisten Fällen als divergierend bezeichnet werden, beruht angesichts der objektiven Vergleichsdaten weniger auf ihrer tatsächlichen Distanz als auf der genauen Kenntnis subtiler Differenzierungen . . ., die den Journalisten als Individualisten ausweisen.[2]

„Anpassung und Unterordnung" gehören daher auch nach Meinung des Vorsitzenden der Deutschen Journalisten-Union (dju), Eckart Spoo, zu den wesentlichen Bestandteilen der „realen bundesdeutschen Journalisten-Ausbildung"[3]. Und Hans-Wolfgang Heßler – der Direktor des Frankfurter Gemeinschaftswerks der Evangelischen Publizistik – wies darauf hin, daß der karrierebewußte Journalist sich in die Situation des Chefredakteurs versetze und damit die Schere bereits im Kopf habe.[4]

Wo wäre selbst in der kritischen Presse öffentliche – oder auch nur redaktionsöffentliche – Kritik an Vorgesetzten zu finden? In wie vielen Zeitungen wird unter „Blattkritik" auch einmal die Auseinandersetzung mit den Leitartikeln der Redaktionsspitze verstanden? Redakteure von BILD brachten immer-

---

[1] Schulz, S. 169
[2] Kepplinger, Angepaßte Außenseiter
[3] DIE FEDER, 2/1982
[4] DIE FEDER, 2/1982

hin den Mut auf, sich im März 1983 von einer journalistischen Entgleisung in einer *anderen* Springer-Zeitung öffentlich zu distanzieren: Als der damalige SPD-Kanzler-Kandidat Hans-Jochen Vogel in BILD AM SONNTAG unter Hinweis auf seine Mitgliedschaft in der Hitler-Jugend zum „verlängerten Arm des Reichspropagandaministers Goebbels" gemacht wurde (wie in Kap. 4 dargestellt), protestierten nicht weniger als 151 Redakteure des Springer-Konzerns öffentlich gegen diese „unjournalistische und unfaire Attacke"[1].

Von den Berufsorganisationen der Journalisten ist immer wieder auf die Notwendigkeit einer institutionellen oder sogar gesetzlichen Regelung der *inneren Pressefreiheit* hingewiesen worden, und einige Redaktionsstatute gibt es in der Tat. Oftmals wurde dabei jedoch vergessen, daß Journalisten auch vor ihren eigenen Kollegen geschützt werden müssen.

Franca Magnani, Witwe eines KPI-Führers und langjährige Korrespondentin des Deutschen Fernsehens in Rom, bekam es mit ihrem Kollegen, dem CSU-Mitglied Wolf Feller, zu tun. Mittlerweile bemüht sie sich vor dem Arbeitsgericht darum, ihre Arbeit wie in den vergangenen 18 Jahren fortsetzen zu können. Im März 1983 wurde der Journalistin der neugestiftete Fritz-Sänger-Preis der SPD „für mutigen Journalismus" überreicht.

Im Januar 1977 war Feller als Studioleiter nach Rom geschickt worden. Der vom zuständigen BAYERISCHEN RUND-FUNK nach Italien entsandte CSU-Mann gab vom ersten Tag an zu erkennen, was er von der journalistischen Arbeit seiner Kollegin hielt: Von nun an, so ließ er hören, werde er die aktuelle Berichterstattung selbst in die Hand nehmen. Beiträge der Korrespondentin wurden von ihrem Vorgesetzten formal und inhaltlich verändert. Und per Dienstanweisung ließ Feller der Journalistin untersagen, selbst weiter Kontakt zu ihren Kollegen in anderen ARD-Redaktionen zu halten.

Der Intendant des Bayerischen Rundfunks, Reinhold Voeth, fand das alles ganz in Ordnung: „Der erste Mann im Studio ist Wolf Feller, der zweite Mann ist Franca Magnani. Wenn Franca Magnani der erste wäre und Wolf Feller der zweite, dann würde Franca Magnani bestimmen."

---

[1] Vgl. ddp, 3. 3. 1983

Die Meinung des Fernseh-Chefs ist praxisnah. Wie praxisnah ist demgegenüber die Haltung, die der ZEIT-Feuilletonchef Fritz J. Raddatz beschrieben hat? Man müsse mit seinen Mitarbeitern so umgehen, „wie man gern möchte, daß mit einem selbst umgegangen wird". Wenn es in einem Ressort einen Kollegen gebe, der innerhalb des gegenseitig vereinbarten Spielraums anderer Meinung sei, so sei es die Pflicht und Schuldigkeit des Vorgesetzten, diese Meinung nicht nur zu dulden, sondern „mitzutragen und sogar mitzuverantworten"[1].

Praktikabel ist diese schöne Gesinnung wohl nur dort, wo mehrere Meinungen neben- oder nacheinander gedruckt werden können, also keine Entweder-oder-Entscheidungen zu treffen sind wie bei der Frage: „Was machen wir auf?" Daß *dabei* der Vorgesetzte die abweichende Ansicht eines Untergebenen „mittrüge" und ebenfalls berücksichtigte, wäre technisch nicht möglich, und es wäre auch nicht zumutbar, daß ein Chefredakteur sich der Ansicht eines Redakteurs beugt, wenn er sie für falsch hält.

So steuert alles auf die Frage zu: Hat einer *mehr* oder hat einer *weniger* Einsicht, Weltkenntnis und redlichen Willen zur Information, wenn er eines anderen Vorgesetzter ist? Man müßte hoffen, daß er *mehr* davon hätte – daß er also deswegen befördert wurde, weil der Verleger oder der Intendant in ihm die überlegene Fähigkeit erkannte, dem Informationsverbraucher ein kluger und redlicher Diener zu sein.

Die Erfahrung stützt solche Hoffnungen nur sehr bedingt. *Beides* kommt reichlich vor: daß Vorgesetzte die besseren Journalisten im Sinn ihres Informationsauftrags oder daß sie die schlechteren sind.

Als die besseren Journalisten wird man sie betrachten dürfen, wo immer sie der Unerfahrenheit ihre Erfahrung entgegenstellen; wo sie jene nicht seltenen jüngeren Kollegen bremsen, die ihren missionarischen Impetus weit wichtiger nehmen als ihren Informationsauftrag; oder wo sie, wie Lothar Loewe in seiner Antrittsrede als Intendant des SENDERS FREIES BERLIN, eine Attacke reiten gegen „Rundfunkbeamten-Mentalität, Leerlauf, Bequemlichkeit, Mangel an Initiative".

Schlechtere Journalisten sind Vorgesetzte dann, wenn sie

---

[1] Raddatz, in: Journalist sein, Rüschlikon 1982, S. 8

ihre Position nicht kraft Intelligenz und Erfahrung erworben haben, sondern weil ihr Arbeitgeber sie als bequem empfindet oder weil sie das richtige Parteibuch besitzen (das traurige Thema des folgenden Kapitels).

Im Fall Feller/Magnani bleibt also zu fragen: Ist in der Berichterstattung Franca Magnanis eine Anlehnung an die Partei ihres inzwischen verstorbenen Mannes zu entdecken – oder in den Berichten Wolf Fellers eine Anlehnung an die CSU?

9. ...von Politikern und Lobbyisten

> Die Journalistik . . . ist eine gänzliche Privat-
> sache, und alle Zwecke der Regierung, sie
> mögen heißen, wie man wolle, sind ihr
> fremd.
>
> *Heinrich von Kleist*

In der Bundesrepublik sind die Medien direktem staatlichen Einfluß entzogen. Es gibt weder Staatsfernsehen noch Regierungspresse; die Nachrichtenagenturen sind nicht Propaganda-Instrumente der Machthaber, sondern journalistischer Arbeit verpflichtet. Der Organisation des Pressewesens liegt das Prinzip zugrunde, daß jedermann das Recht hat, Presseunternehmen ohne staatliche Genehmigung zu gründen; die Rolle des Staates ist auf die *allgemeine Rechtsaufsicht* beschränkt. Die Wirklichkeit aber sieht oft anders aus.

Artikel 5 des Grundgesetzes[1] findet seine „Schranken in den Vorschriften der allgemeinen Gesetze"[2]. Die Geschichte der Bundesrepublik kennt eine Reihe von Beispielen, in denen die Freiheit der Presse durch die extensive Auslegung strafrechtlicher Bestimmungen beschnitten wurde. Erinnert sei in diesem Zusammenhang an die Presseprozesse im Gefolge des KPD-Verbots vom 17. August 1956[3] oder an die Prozeßlawine, die der Kölner Richter Henri de Somoskeoy in Gang setzte, nachdem seine Verhandlungsführung von den Medien kritisiert worden war.[4]

Schon in den Aufbaujahren der deutschen Presse nach dem Zweiten Weltkrieg mußten sich Journalisten und Verleger gegen Versuche wehren, die Aufgaben von Presse und Staat zu verquicken. Die ersten Bundesregierungen unter Konrad Adenauer versuchten besonders, Einfluß auf die Arbeit der *Nach-*

---

[1] „Jeder hat das Recht, seine Meinung in Wort, Schrift und Bild frei zu äußern und zu verbreiten und sich aus allen zugänglichen Quellen ungehindert zu unterrichten. . ." Vgl. Koch/Oltmanns, SOS - Freiheit in Deutschland, STERN-Buch, Hamburg 1978

[2] Art. 5, Ziff. 2

[3] Vgl. Abendroth/Ridder/Schönfeldt, KPD-Verbot, Reinbek 1968

[4] Vgl. Koch/Oltmanns

richtenagenturen zu erlangen – in der richtigen Erkenntnis, mit einer politischen Beeinflussung der Agenturen die gesamte Presse erreichen zu können.

Heinz-Willi Gross hat in seiner Dissertation[1] darauf hinge-wiesen, daß der Aufbau der DEUTSCHEN PRESSE-AGENTUR (dpa) ohne finanzielle Unterstützung durch Regierungsgelder nicht möglich gewesen wäre. Im ersten Vertrag zwischen der Bundesregierung und der dpa vom 10. 4. 1951 verpflichtete sich die Agentur im Gegenzug beispielsweise dazu, ihr Aus-landskorrespondentennetz in „ständiger Fühlungnahme" mit Regierungsstellen aufzubauen[2]. Diese Kontakte sollten sich keineswegs auf die Auswahl des Ortes für einen neuen Korre-spondenten beschränken, sondern ausdrücklich auch auf „die am zweckmäßigsten auszuwählenden Personen"[3].

Selbst eine direkte personelle Verflechtung wurde nicht aus-geschlossen: „Die ständige Fühlungnahme der dpa mit den deutschen Auslandsvertretungen kann in besonders gelagerten Fällen auch dazu führen, daß Korrespondenten der dpa zu-gleich die Aufgabe eines *Pressereferenten* einer deutschen Aus-landsvertretung übernehmen", hieß es in Ziffer 8 des Proto-kolls zum Vertrag zwischen Bundesregierung und dpa[4]. Ob-wohl diese Vertragsbestimmung offenbar niemals angewandt wurde, kam es besonders in den fünfziger und sechziger Jahren immer wieder zu offiziösen oder quasi-diplomatischen Auftrit-ten von dpa-Korrespondenten, die sich auf Geheiß des Aus-wärtigen Amts als Vorposten deutscher Interessen in Ländern verstanden, zu denen es offiziell keine oder nur eingeschränkte Beziehungen gab. Deutlich wird dies etwa in folgender Mel-dung:

Bonn, 28. Juni 1967 (dpa) – Der Staatssekretär des Auswärti-gen Amtes, Klaus Schütz, empfing am Mittwoch den Korre-spondenten der Deutschen Presse-Agentur in der Volksrepu-blik China, Hans-Joachim Bargmann, zu einer Aussprache über die Situation im kommunistischen China. Dabei wurden auch die Möglichkeiten für den Ausbau des Handelsaustau-

[1] Gross, Die deutsche Presse-Agentur, Frankfurt 1982
[2] Ziff. 4 des Protokolls zum Vertrag, zit. nach Gross, S. 183
[3] Ziff. 4 des Protokolls zum Vertrag, zit. nach Gross, S. 184
[4] Gross, S. 185

sches zwischen der Bundesrepublik und China erörtert. Bargmann ist der einzige in Peking ständig akkreditierte Korrespondent aus der Bundesrepublik.[1]

Konsequent wurden dann auch in einem internen Papier der
Agentur Aufgaben formuliert, die nichts mehr mit Journalismus, sehr viel aber mit den Zielen der damaligen deutschen Politik zu tun hatten: Die dpa dürfe insbesondere der Ostberliner
Nachrichtenagentur ADN nicht „das Feld im Ausland überlassen..., schon im Sinne des Alleinvertretungsanspruchs der
Bundesrepublik Deutschland". Und weiter: „Die deutsche
Nachrichtengebung in das Ausland erweist sich – um die politischen und wirtschaftlichen Positionen der Bundesrepublik zu
verteidigen – für 1967 darüber hinaus von entscheidender Bedeutung."[2]

Hintergrund dieses staatstragenden Geistes ist die starke
wirtschaftliche Abhängigkeit der DEUTSCHEN PRESSE-AGEN-
TUR von Geldern des Bundespresseamtes, des bei weitem größten Einzelkunden der dpa. (Weit schlimmer sieht es allerdings
in unseren Nachbarländern aus: So wird die französische
Nachrichtenagentur AFP zu 67 Prozent aus der Staatskasse
finanziert.)

Als die zweite deutsche Nachrichtenagentur, der DEUTSCHE
DEPESCHEN DIENST (ddp), Ende März 1983 wegen finanzieller
Schwierigkeiten vorübergehend die Sendungen einstellte, begründete die ddp-Geschäftsführung dies vor allem mit der Bevorzugung des Konkurrenten dpa durch die Bundesregierung:

> Die dpa bis 1971, dem Jahr, in dem die zweite deutsche Nach-
> richtenagentur ddp entstand, gewährten Gebühren aus öf-
> fentlichen Geldern schufen unwiderrufliche Wettbewerbsvor-
> teile. Hinzu kommt: Seit 1971 bis Ende 1982 erhielt dpa allein
> aus den dem Presse- und Informationsamt der Bundesregie-
> rung zur Verfügung stehenden Etat-Geldern als Leistungsent-
> gelt (für Inlands- und Auslandsvertrag) 108 Millionen DM
> plus anteiliger technischer Gebühren. Weitere Millionenlei-
> stungen aus öffentlichen Mitteln anderer Ressorts der Bun-
> desregierung bleiben hierbei unberücksichtigt. ddp wurde die
> Leistung vom Bundespresseamt (Inlands- und Auslandsver-

---

[1] Zit. nach: Manfred Steffens, Das Geschäft mit der Nachricht, München 1971, S. 264
[2] Last und Leistung der Deutschen Presse-Agentur, dpa-Archiv, zit. nach: Gross, S. 199f.

trag) im gleichen Zeitraum mit rund 5,6 Millionen DM einschließlich anteiliger technischer Gebühren vergütet.[1]

Das ist ein bißchen unheimlich – auch wenn daraus für die Informationspolitik von dpa nichts oder jedenfalls nichts Greifbares folgt:

> Ob sich diese Konstellation auf den Inhalt der Meldungen auswirkt, und das ist natürlich letztlich die entscheidende Frage, belegt die Studie von Heinz-Willi Gross nicht. Und sie beweist ebenfalls nicht, ob sich das finanzielle Engagement der Bundesregierung nachrichtenmäßig niederschlägt. Wenn es so wäre, müßten ja beispielsweise die dpa-Meldungen vor und nach der Herbstwende in Bonn über die einst regierende und dann opponierende SPD unterschiedlich ausgefallen sein. Derlei hat noch niemand behauptet.[2]

Auf *Hörfunk und Fernsehen* hat sich die Aufmerksamkeit der Politiker ebenfalls von Anfang an – und hier mit deutlichem Erfolg gerichtet; wiederum in der Erkenntnis, daß es heute in erster Linie die elektronischen Medien sind, durch die die Masse der Bevölkerung politische Informationen aufnimmt. Den Alliierten, auch den Vätern des Grundgesetzes, war die besondere Bedeutung dieses Medienreichs von Anfang an klar – gerade aufgrund der Erfahrungen mit dem Goebbelsschen Propagandafunk. Die Gründung öffentlich-rechtlicher Anstalten nach dem Vorbild der britischen BBC sollte deshalb ein besonderes Maß an wirtschaftlicher und politischer Unabhängigkeit von Hörfunk und Fernsehen sicherstellen.

In Urteilen des Bundesverfassungsgerichts wurde die öffentlich-rechtliche, nicht-staatliche Organisation dieses Sektors in direkte Beziehung zum Artikel 5 des Grundgesetzes gesetzt. Der Rundfunk – so heißt es in einer Grundsatzentscheidung – solle dem „staatlichen Einfluß entzogen oder höchstens einer beschränkten staatlichen Rechtsaufsicht unterworfen" werden.[3]

Konrad Adenauer versuchte jedoch bereits 1952 – allerdings vergebens –, eine „Neuordnung des deutschen Rundfunkwe-

---

[1] ddp-Mitteilung vom 31. 3. 1983
[2] Hermann Meyn, Wirklich unabhängig?, in: JOURNALIST, 3/1983
[3] Zit. nach: JOURNALIST, 2/1983

sens" durchzusetzen. Sein Fraktionskollege Six betonte damals, im modernen Staat müsse der Rundfunk „der Bevölkerung die Maßnahmen der Regierung nahebringen".[1]

Knapp zehn Jahre später verhinderte das Bundesverfassungsgericht die Gründung einer mehrheitlich vom Bund betriebenen „Deutschland-Fernsehen GmbH", mit der Adenauer seine Politik in Konkurrenz zur ARD ins rechte Licht rücken wollte.[2]

Nach dem Scheitern des „Staatsrundfunks" wandten sich Adenauers Parteifreunde, jedoch nicht sie allein, um so stärker den öffentlich-rechtlichen Anstalten zu. Richard von Weizsäcker etwa pochte 1977 auf ein *Selbstdarstellungsrecht* in den elektronischen Medien.

> Aber es geht um meinen Anspruch auf Vermittlung meiner Überzeugung. Und ich kann nicht sicher sein, daß sie vermittelt wird, wenn man ein Bündel meiner Aussagen aufnimmt und es dann dem Redakteur überläßt, was davon nach seinen – ja oft ganz anderen – Maßstäben verwendet wird. Wenn einer meine Überzeugungen wiedergeben will, dann sollte er auch mich fragen, was ich für besonders treffend halte.[3]

Nicht selten verleihen Politiker diesem Anspruch Nachdruck durch Pressionen gegen unliebsame Sendungen – besonders dann, wenn sich Politiker und Parteien nicht ausreichend berücksichtigt sehen. Dabei wollen wir natürlich nicht jede Kritik von Politikern zur Pression hochstilisieren. Das Finanzgebaren mancher Sender gibt beispielsweise – ganz im Sinne der vom Bundesverfassungsgericht geforderten Rechtsaufsicht – genügend Anlaß, Intendanten und Chefredakteuren auf die Finger zu sehen und womöglich auch zu klopfen.[4]

Rundfunk und Fernsehen sind jedoch von den Politikern längst in eine „gefügige Knetmasse" verwandelt worden, wie ein Fernsehredakteur in einem Artikel bemerkte, den er aus Angst vor Repressalien nur anonym zu veröffentlichen wagte.[5] Unter dem Deckmantel der Aufsicht greifen die Bonner Par-

---

[1] Zit. nach: DIE FEDER, 6/1983
[2] Urteil des BVG vom 28. 2. 1961
[3] Rede auf den Mainzer Tagen der Fernsehkritik, zit. nach FERNSEHKRITIK 9/1977 (eine weitere Äußerung Weizsäckers dazu in Kap. 18)
[4] Vgl. HANDELSBLATT, 24. 2. 1983, über den Wohngeldzuschuß für den WDR-Intendanten
[5] VORWÄRTS, 3. 3. 1983

teien ins Programm ein, unter dem Vorwand der Ausgewogenheit betreiben sie Personalpolitik.

> In der Tat ist „Information" zu einer Machtfrage ersten Ranges geworden, und die Macht- und Herrschaftskämpfe gehen darum, wer das Personal der Informationsapparate besetzt.[1]

Parteigeneralsekretäre und parteipolitische Medienkritiker tun mittlerweile ganz ungeniert so, als ob der Rundfunk ihnen gehörte. Die „Einschüchterungskampagnen der politischen Parteien... werden ja gerade nicht von vermummten Gestalten in dunklen Hinterzimmern eingefädelt", schreibt der VORWÄRTS; die Medienstrategen der eigenen Partei aber nimmt er von diesem Urteil – zu Unrecht – aus.[2]

Der konservative Publizist Johannes Gross – als etablierter Fernsehmatador beckmesserischer Kritik unverdächtig – hat die Mechanismen in den öffentlich-rechtlichen Anstalten treffend beschrieben:

> Wenn in einer bestimmten Anstalt jemand Intendant ist mit der Farbe rot, hat ein Mann, der auch die Farbe rot trägt und so gut sein kann, wie er will, natürlich keinerlei Chance, Stellvertreter dieses Intendanten zu werden... Das heißt, der Artikel 3 des Grundgesetzes[3] gilt im öffentlich-rechtlichen System und in der Personalpolitik überhaupt nicht mehr. In allen Rundfunkgesetzen ist überdies zu lesen, Parteienvertreter und Vertreter der Verbände, die in den Aufsichtsgremien sitzen, haben das Wohl und die Unabhängigkeit der Anstalt zu garantieren. Was machen sie in Wahrheit? Das exakte Gegenteil davon. Niemand geht in dieses Gremium, um das Interesse des WDR zu vertreten, sondern das Interesse der SPD, der CDU, was auch immer. Die Anstalt ist ihnen schnurz und piepe, und das Programm auch. Was sie wollen, ist, ihren Einfluß zu verstärken, ihre Leute reinzuholen...[4]

Da die Vertrauensmänner und Seilschaften der Parteien die Rundfunk- und Fernsehanstalten längst durchsetzt haben, erübrigt sich in vielen Fällen bereits der Zugriff von außen. Der

---

[1] Helmut Schelsky, Die Arbeit tun die anderen. Klassenkampf und Priesterherrschaft der Intellektuellen. München 1977, S. 307
[2] VORWÄRTS, 17. 2. 1983
[3] „Alle Menschen sind vor dem Gesetz gleich."
[4] Johannes Gross, in: DIE ZEIT, 6. 11. 1981

SFB-Intendant Lothar Loewe sagte bei seinem Amtsantritt, „Freundeskreise politischer Parteien" hätten aus seiner Sicht in der Rundfunkanstalt nichts zu suchen; die Loyalität der Redakteure müsse dem SFB gehören, nicht den Schaltstellen der politischen Parteien. In der Regel aber sorgen Intendanten und Chefredakteure mit dem richtigen Parteibuch stellvertretend dafür. Staatliche und politische Eingriffe lassen sich daher kaum noch mit dem klassischen Zensurbegriff des 19. Jahrhunderts erfassen, der die Einwirkung *fremder* Stellen meinte. ZDF-Chefredakteur Reinhard Appel warf seinen Kritikern vor, als Zensur bezeichneten sie die bloße „Wahrnehmung redaktioneller Befugnisse"[1]. In der Tat läßt sich in den meisten Fällen nicht beweisen, wie im Räderwerk der Bürokraten politische Interessen durchgesetzt werden.

So wuschen die Bonner Unionspolitiker ihre Hände offiziell und medienwirksam in Unschuld, als der Intendant des SÜDWESTFUNKS ein zeitweiliges Moderationsverbot gegen den REPORT-Leiter Franz Alt verhängte. Ein Kollege Alts aber äußerte der Vermutung, ein Intendant würde niemals den begehrten Chefposten erklimmen, wenn er es nicht verstünde, die Interessen der jeweiligen politischen Mehrheit im Rundfunkrat durchzusetzen.

So ließ auch die WDR-Spitze einen bereits fertiggestellten Beitrag über die ungesetzliche Bevorzugung des CDU-Politikers Konrad Grundmann durch die „Neue Heimat" so lange in der Versenkung verschwinden, bis andere Medien die Sache ans Tageslicht gebracht hatten. Grundmann war zu diesem Zeitpunkt Vorsitzender des Verwaltungsrats des Kölner Senders.

Der von der Union aufs Korn genommene DEUTSCHLANDFUNK-Redakteur Hans-Peter Riese durfte nach kritischer Berichterstattung über den Bonner Koalitionswechsel 1982 nur noch auf eigene Kosten zum FDP-Parteitag reisen.[2] Und der damalige Bonner Korrespondent des BAYERISCHEN RUNDFUNKS, Roland Fäßler, mußte seine Beiträge nach der Bonner

---

[1] Zit. nach: MEDIEN-KRITIK, 28/1983
[2] Vgl. Hans-Peter Riese, Der Griff nach der vierten Gewalt. Zur Situation der Medien in der Bundesrepublik. Köln 1984.

Wende plötzlich seiner Chefredaktion zur „Vorzensur" vorlegen, weil er ebenfalls kritische Randbemerkungen zum Tausch der Regierungspartner angebracht hatte.[1]

Wie ungeniert Fernsehchefs parteipolitische Maßstäbe an journalistische Mitarbeiter anlegen, belegt das Beispiel des NDR-Intendanten Friedrich Wilhelm Räuker (CDU). ZEIT und SOZIALDEMOKRAT-MAGAZIN behaupteten bisher unwidersprochen, Räuker empfange Bewerber gelegentlich gleich direkt mit der Frage „Sind Sie auch in der Partei?"[2]

Nur selten wagen Fernseh- und Rundfunkredakteure offenen Widerstand gegen den zunehmenden parteipolitischen Einfluß in ihren Redaktionen. Als 27 Redakteure der Fernsehnachrichtenzentrale ARD-AKTUELL ihrem Chef Edmund Gruber vorwarfen, er behindere sie aus parteipolitischen Motiven in ihrer Aufgabe, „unabhängig, ausgewogen, objektiv und umfassend" zu berichten, da wurde nach kurzem Schlagabtausch vom NDR ein öffentliches Diskussionsverbot für alle Beteiligten verhängt.

Der Vorschlag des altgedienten Fernsehredakteurs Emil Obermann, alle Chefredakteure des Fernsehens sollten ihre Parteibücher zurückgeben, wurde in den Medien kaum beachtet und von den Politikern mit Lächeln quittiert. Eine Initiative mehrerer Auslandskorrespondenten und Redakteure gegen den überhandnehmenden Einfluß der Parteien verlief im Sand.[3]

Obwohl die politischen Parteien – mit Ausnahme der Grünen – die Rundfunkhäuser bis auf die Ebene einzelner Redaktionen herab unter sich aufgeteilt haben, sind sie trotzdem in Wahlkampfzeiten schnell mit pauschalen Vorwürfen bei der Hand. Die CDU/CSU belegte die Rundfunk- und Fernsehjournalisten vor den Bundestagswahlen am 6. März 1983 mit einem beispiellosen Sperrfeuer; nach ihrem Wahlsieg war von der angeblich „wahlentscheidenden" Rolle des Fernsehens dann nicht mehr die Rede.

Am 31. Januar aber hatte ein CDU-Sprecher noch gegen die „einseitige Berichterstattung" des Deutschen Fernsehens protestiert. Begründung: In der TAGESSCHAU sei über ein CDU-

---

[1] Vgl. DER SPIEGEL, 2/1983
[2] SOZIALDEMOKRAT-MAGAZIN, 2/1983
[3] Vgl. DIE ZEIT, 10. 4. 1981

Wahlforum für Jugendliche nur mit einer Wortmeldung berichtet worden, über eine SPD-Gedenkveranstaltung zum 50. Jahrestag der faschistischen Machtergreifung dagegen mit einem Filmbericht.[1] (Daß es sich bei der CDU-Veranstaltung vermutlich um ein Pseudo-Ereignis im Sinne unseres Kap. 18 handelte, sei hier nur am Rande bemerkt.)

CDU-Generalsekretär Heiner Geißler verschärfte die Polemik am nächsten Tag: Die Union werde die „Benachteiligung" in bestimmten Programmen nicht länger hinnehmen und die betreffenden Journalisten „beim Namen nennen"[2]. In ihrer Parteizeitung DEUTSCHES MONATSBLATT lieferte die CDU-Spitze dann gleich die Adressen von Hörfunk- und TV-Anstalten nach – mit der Empfehlung: „Schreiben Sie oder rufen Sie an."[3] CDU-Minister Rainer Barzel prophezeite den Journalisten schließlich noch zwei Tage vor der Wahl: „Wir werden nicht vergessen, was man uns angetan hat... Der 7. März kommt bestimmt!"[4]

Ausgerechnet Franz Josef Strauß bezichtigte den BAYERISCHEN RUNDFUNK der „Speichelleckerei", weil er darauf verzichtet habe, den SPD-Politiker Vogel als „Spießbürger" darzustellen.[5] Strauß hatte schon einmal eine freiwillige Gleichschaltung der Medien „im Dienste anarchosozialistischer Zerstörung unserer freiheitlich-demokratischen Ordnung" ausgemacht[6]. Schon 1977 forderten prominente CSU-Politiker wie Hans Graf Huyn daher konsequenterweise eine eigene TAGESSCHAU für Bayern – ein Ruf, der seitdem immer wieder in München laut wird, wenn der CSU-Spitze eine Sendung nicht paßt.[7]

Auf die Gängelung unliebsamer Journalisten verzichten aber auch die Sozialdemokraten nicht. Der Bremer SPD-Bürgermeister Hans Koschnick etwa kündigte im Februar 1983 an, er werde RADIO BREMEN kein Interview mehr geben – für den kleinen Regionalsender eine empfindliche Drohung. Unange-

[1] Vgl. ddp, 31. 1. 1983
[2] Zit. nach KÖLNER STADT-ANZEIGER, 2. 2. 1983
[3] DEUTSCHES MONATSBLATT 2/1983
[4] Zit. nach: KÖLNER STADT-ANZEIGER, 4. 3. 1983
[5] Zit. nach: FRANKFURTER ALLGEMEINE, 7. 2. 1983
[6] Zit. nach Bentele/Ruoff, Wie objektiv sind unsere Medien? Frankfurt 1982, S. 240
[7] Vgl. FRANKFURTER RUNDSCHAU, 14. 2. 1983

nehm aufgefallen war dem SPD-Politiker eine Hörfunk-Sendereihe über Widerstand im Nationalsozialismus, in der nach Darstellung Koschnicks zu viele Kommunisten und zu wenige Sozialdemokraten vorgekommen waren[1]. Hauptziel seiner Medienschelte: Die Programmdirektorin Carola Sommerey – eine Sozialdemokratin.

Nach Bundes- oder Landtagswahlen sind es immer wieder die Verlierer – ganz gleich ob SPD oder CDU –, die mit der Stoppuhr in der Hand die Schuld des Fernsehens an ihrem Debakel beweisen wollen. Angesichts der sich abzeichnenden Wahlniederlage der CDU/CSU forderte CDU-Sprecher Willi Weiskirch 1980 die Rundfunkanstalten noch einmal auf, „für eine Gleichbehandlung (der politischen Parteien) zu sorgen, die auch nach Minuten und Sekunden gemessen werden" könne[2]. 1976 hatte die Union ihr Scheitern sogar (gestützt auf eine Studie aus dem Institut Elisabeth Noelle-Neumanns, deren wissenschaftlicher Wert inzwischen erheblich angezweifelt wird[3]), mit der *Kameraeinstellung* bei Diskussionen mit Schmidt und Kohl zu begründen versucht.

Nach der sozialdemokratischen Wahlschlappe im März 1983 zückte dann SPD-Sprecher Wolfgang Clement für einen VORWÄRTS-Artikel mit der Schlagzeile „Bonner Machtwechsel läßt Regierungsfunk näherrücken" die Stoppuhr[4]. Sein Ergebnis, wie zu erwarten war: Die SPD sei „krass" benachteiligt worden. Einer „parteipolitischen Sendezeit" von 29 Prozent für die SPD hätten 69 Prozent Sendezeit für die drei Parteien des neuen Regierungsbündnisses gegenübergestanden. Bei der „O-Ton-Verteilung" (gemeint sind Filmberichte mit dem Originalton der gezeigten Politiker) habe es noch schlimmer für die Sozialdemokraten ausgesehen. Aus dem angeblichen „Rotfunk" war mithin über Nacht ein angeblicher „Regierungsfunk" geworden.

Das Resultat politischer Gängelung in den Rundfunkhäusern und Nachrichtenzentralen ist weniger die Lüge als die Langeweile. Die Sender desinformieren, weil sie die Zuschauer/Zuhörer mit der unkritischen Wiedergabe leerer Politiker-

[1] Vgl. KÖLNER STADT-ANZEIGER, 3. 3. 1983
[2] dpa, 3. 3. 1980
[3] Vgl. Klaus Merten, Moderner Aberglaube, JOURNALIST 4/1983
[4] VORWÄRTS, 31. 3. 1983

Verlautbarungen gleichsam chloroformieren. Nicht der einzelne Bericht ist falsch, aber die staatserhaltende Froschperspektive verfälscht die Realität. Die Misere zeigt sich oft weniger an dem, was berichtet wird, als an dem, was *nicht* im Fernsehen zu sehen ist.

Der Soziologe Jürgen Friedrichs stellte fest, daß die Politiker-Interviews im Fernsehen nicht nur an den Interessen der Zuschauer vorbeigehen, sondern auch einen allgemeinen „Prozeß der Entpolitisierung" bewirken. Aus Furcht vor dem Druck der Parteien würden notwendige Nachfragen vermieden. Die Politiker steuerten im Grunde genommen selbst ihr eigenes Interview. Der Informationsgehalt derartiger Sendungen sei äußerst gering.[1]

Um politisch nicht unangenehm aufzufallen, entscheiden Funkredakteure nicht mehr unbedingt nach dem Nachrichtenwert, sondern nach dem Proporz – wie das Beispiel der HEUTE-Sendung vom 19. Februar 1983 anschaulich machte: Als Spitzenmeldungen der 19-Uhr-Sendung folgten aufeinander fünf Filmberichte über Wahlveranstaltungen der SPD, FDP, CDU, CSU und der Grünen. Erst als sechste Meldung kam ein Bericht mit wirklichem Nachrichtenwert: Zwei DDR-Bischöfen war die Ausreise in die Bundesrepublik verboten worden, wo sie auch zu Friedensfragen sprechen wollten. Vielleicht dachte Gerd Bucerius an solche Fernsehsendungen, als er schon 1979 klagte:

> Sehen Sie sich einmal die TAGESSCHAU an. Also man bekommt wirklich Mordgelüste auf den armen Herrn Köpcke, dessen einzige Neuigkeit es ist, wenn er eine andere Perücke aufsetzt. Wenn die SPD eine Erklärung abgibt oder eine Veranstaltung gibt, muß die CDU etwas dazu sagen. Wenn Herr Kohl was gesagt hat, wird sofort der Vorsitzende der SPD hinzugezogen: bis zur völligen Sterilität ausgeglichen.[2]

Auf der Strecke bleibt angesichts der politischen Nivellierung in den Rundfunk- und Fernsehanstalten mehr und mehr eine Haltung, die ausschließlich journalistischen Kriterien verpflichtet ist; angelsächsischen Reportern gilt dies immer noch

---

[1] Zit. nach: FRANKFURTER RUNDSCHAU, 16. 3. 1983
[2] Bericht der SPD-Medientagung 1979, S. 152

als Credo ihres Berufs. Eine Haltung, die der Amerikaner Dan Crossland mit den Worten beschreibt: „Ich mag diese Regierung nicht, ich mochte die vorige nicht, und ich werde auch die nächste nicht mögen."[1]

---

[1] Zit. nach: PSYCHOLOGY TODAY, 12/1978

C. Viele Journalisten sind unkritisch

10. Sie müssen mit der Lüge leben

> Noch nie hat jemand die Wahrhaftigkeit zu
> den politischen Tugenden gerechnet.
>
> *Hannah Arendt*

„Alle Menschen sind Lügner" (Psalm 116, 11). Politiker lügen mehr als andere Menschen. Erschreckend viele Journalisten scheinen außerstande, sich dies klarzumachen und die Konsequenz daraus zu ziehen.

Der Wahrheit verpflichtet und zumeist redlich bestrebt, sie aufzuspüren, fällt es uns nicht leicht, einzusehen oder zuzugeben, daß ihr in anderen Berufen ein weit geringerer Rang zukommt. Nach Ortega y Gasset:

> Das Geschäft des *Intellektuellen* ist ein verbales: Verkündigung. Wenn er Worte geschrieben hat, die einen Gedanken elegant, logisch und scharf formulieren, hat er getan, was er konnte. Die Realisierung interessiert ihn nicht.
>
> Alles Streben des *Politikers* dagegen geht auf die Verwirklichung seiner Gedanken, nicht auf ihren Ausdruck. Also ist er nicht gehalten, zu sagen, was er denkt; er ist kein Lyriker. Lügen, mindestens innerhalb gewisser Grenzen, ist seine Pflicht.[1]

Noch knapper sagt es Robert Musil: „Politik ist Wille und nicht Wahrheit."[2] Ja, der Staatsmann darf, soll und muß lügen, schrieb Macchiavelli: Wahrheitsliebe zur Schau tragen, beteuern, beschwören, das sei gut; doch sollte der Fürst solche Eigenschaften nicht etwa *haben,* das wäre schädlich – er müsse sich nur den *Ruf* verschaffen, sie zu besitzen.[3] Trotzki stufte die Unfähigkeit zu lügen als „politische Wehrlosigkeit" ein:

> Mögen die strengen Moralisten, die Lügner von Beruf, noch so sehr herumphilosophieren: Die Lüge ist ein Ausdruck der sozialen Gegensätze – und mitunter auch eine Waffe im Kampf gegen sie. Keiner kann durch individuelles morali-

---

[1] Über die Idee des Dharma (1933), in: Über die Liebe, deutsch Stuttgart 1965, S. 88

[2] Prosa, Stücke, Aphorismen, Hamburg 1978, S. 852

[3] Der Fürst, 18: Wie die Fürsten ihr Wort halten sollen

sches Bemühen heraus aus der Verstrickung der sozialen Lüge.[1]

Dergleichen erschreckt uns. Doch wer wollte der verständnisvollen Würdigung des Rechts auf Lüge widersprechen, wie der jugoslawische Altkommunist Milovan Djilas es für Tito in Anspruch nahm, seinen früheren Kampfgenossen und späteren Erzfeind, der ihn viermal ins Gefängnis warf:

> Bei der Einschätzung des Werkes und der Persönlichkeit eines Politikers wird man am häufigsten von den Worten getäuscht, die man am ehesten aufnimmt. Nicht, weil Politiker dazu neigen, hinter Worten ihre Absichten und Schritte zu verbergen – das entspricht ihrer Art, sonst wären sie keine Politiker –, sondern weil die Politik auch bei größter Aufrichtigkeit in sich selbst das Verbergen, das Übertreiben, das Unterspielen, das Verschweigen sowie jede unausdenkbare und nicht vorhersehbare Verdrehung der Wahrheit enthält. Denn das Leben, vor allem das in der Politik kondensierte Leben, ist veränderlich und folgt vielen Richtungen, und der Mensch, vor allem der Politiker, muß jedesmal den einzig wahren Weg und wirkungsvolle Mittel entdecken, um sich zu behaupten und erfolgreich zu sein ... Deshalb ist es verläßlicher, einen Politiker danach zu beurteilen, *wie* er spricht, als danach, *was* er spricht.[2]

Lügen: das ist ja nicht nur der komplette vorsätzliche Widerspruch zur Wahrheit; oft beschränkt es sich auf einen Teilwiderspruch. Das beginnt mit der *Übertreibung*, einer ständigen Versuchung aller Menschen, natürlich der Politiker erst recht (und der Journalisten ebenso), ausnahmsweise der *Untertreibung*, wenn es gilt, einen Fehler zu verkleinern. Es setzt sich fort in der *Irreführung*, meist in der Form, daß einer in täuschender Absicht eine Teilwahrheit ausspricht, die für die ganze Wahrheit untypisch ist.

Die unter Politikern beliebtesten Arten des Teilwiderspruchs zur Wahrheit werden treffend als *Nachrichtenkosmetik* bezeichnet: Beschönigung, Bemäntelung, Verschleierung, Vertuschung – mit einem Lügenanteil irgendwo zwischen 10 und 90

---

[1] Der junge Lenin, IX; deutsch Frankfurt 1971, S. 119. Vgl. Lenin, Der „Radikalismus", die Kinderkrankheit des Kommunismus, VI (1920)

[2] Milovan Djilas, Tito; deutsch Wien 1980, S. 134

Prozent. Eine in der Politik häufige Sonderform der Lüge ist die *Verleumdung.*

Die Grenzen zwischen den Begriffen brauchen uns hier nicht zu interessieren, weil all diese Sprachhandlungstypen das Entscheidende gemeinsam haben: mit klarem Vorsatz von der Wahrheit abzuweichen, schwach abzuweichen, stark oder total. Was Bruno Kreisky als österreichischer Bundeskanzler betrieb, entzieht sich, wenn der SPIEGEL recht hat, der Klassifizierung, außer daß es zur Wahrheit in einem eher kabarettistischen Verhältnis stand:

> Dem Bruno Kreisky kann man beim Denken zuhören. Er beginnt mit einem leeren Wortschwall, hat noch keine Ahnung, was er sagen wird, verbeißt sich triumphierend in eine erste These, klopft sie dialektisch ab, schlägt Haken um Haken, widerspricht sich ein halbdutzendmal selber und landet am Ende nicht einmal bei der Antithese.
> Jede Kreisky-Erklärung wird solcherart zum Abenteuer mit ungewissem Ausgang. Der Talkmaster aber kann fürderhin in allen Fällen unwiderlegbar behaupten: „Das hab' ich eh gesagt..."
> Weil er nie eine Rolle gespielt hat, sondern immer sich selbst, bleibt er unkopierbar, und das Regiekonzept, das seine Auftritte bestimmt, gilt nur für ihn: „Auch das Gegenteil ist nicht wahr."[1]

Vielleicht ist der Unernst, der sich hier, sei es in Kreisky, sei es im SPIEGEL, äußert, eine anfechtbare Methode, sich mit dem Problem der politischen Lüge auseinanderzusetzen. Was uns indessen möglich scheint, ist Gelassenheit.

Hat nicht jedermann ein Recht zur Lüge – am Sterbelager beispielsweise, in Grabreden und zur Schonung eines Kindes, das mit der Wahrheit überfordert wäre? Rudolf Walter Leonhardt sieht noch mehr „gute Gründe für Lügen", nämlich überall dort, „wo ein höherer Wert geschützt werden soll. Denkbare höhere Werte wären: Ehre, Sicherheit, Frieden, Ordnung, Glück"[2]. Gelassenheit gegenüber der Frage „Lügt der Politiker oder lügt er nicht?" hat auch Bundespräsident Carstens demonstriert. In seiner Erklärung vom 7. 1. 1983, mit

---

[1] DER SPIEGEL, 18/1979, S. 128
[2] Journalismus und Wahrheit, München 1976, S. 104

der er die Auflösung des Bundestags begründete, hieß es wörtlich:

> Zunächst ist es dem Bundespräsidenten nicht möglich festzustellen, aus welchen Gründen der einzelne Abgeordnete dem Bundeskanzler die Zustimmung versagt hat. Ich halte mich an die öffentlich vorgetragenen Begründungen.

Das kann nur bedeuten: Ich vermute, daß das öffentlich Vorgetragene die wirklichen Motive nicht wahrheitsgemäß wiedergab; aber daß ich es nicht weiß, erregt mich nicht, meine politischen Entscheidungen muß ich unabhängig davon fällen.

De facto sind auch die Bürger darauf eingestellt und zu einem hohen Prozentsatz sogar damit einverstanden, daß Politiker lügen: 39 Prozent der Bundesbürger äußerten 1982 die Ansicht, gegenüber ausländischen Politikern dürfe ein deutscher Politiker „ruhig mal die Unwahrheit sagen". Selbst die Frage, ob ihm dies auch gegenüber den Fernsehzuschauern gestattet sei, wurde von 16 Prozent der Westdeutschen bejaht (von den Selbständigen sogar zu 34 Prozent)[1].

Bedenkt man, wie stark unsere emotionalen Widerstände gegen das Lügen sind, so sprechen diese Zahlen für ein erhebliches Quantum Einsicht in die Realität der Politik. Wahrscheinlich wünschen sich auch die meisten jener Bundesbürger, die den Politikern das Lügen unter allen Umständen versagen wollen, nicht ernstlich einen Außenminister, der ein deutsches Interesse auf dem Altar der Wahrhaftigkeit opfern würde.

Schon sind wir ja so weit, daß wir uns unwillkürlich entrüsten, wenn ein Politiker sich selbst der Täuschung bezichtigt, also sich wenigstens nachträglich zur Wahrheit durchringt. Wir haben uns längst an die Spielregeln gewöhnt und rümpfen die Nase über den, der sie verletzt: so über Egon Bahr, als er am 24. 1. 1973 vor dem Bundestag das berühmt gewordene Bekenntnis ablegte: „Die Mehrheiten waren nicht so, daß sie es zugelassen hätten, die Wahrheit zu sagen"; so über Präsident Reagan, als er der Zeitung St. Louis Post-Dispatch am 1. 2. 1983 bekannte, er habe mit seinem Angebot für ein Gipfeltreffen und für einen Abrüstungsvertrag mit den Sowjets entgegen dem Anschein *keine* neue Initiative ergriffen: „Nein,

---

[1] Umfrage des Instituts für Demoskopie Allensbach, Frühjahr 1982; zit. nach: Allensbacher Berichte 5/1983.

ehrlich, ich wollte nur auf ihre umfassenden Propagandabe-
mühungen antworten, mit denen sie unsere berechtigten Vorschläge zur Rüstungsbegrenzung abwerten wollen." Reagan
wollte zu viel: seinerseits Propaganda treiben und gleichzeitig
die Wahrheit darüber verkünden; aber das eine schlägt das andere tot.

Gelassenheit zu wahren, wird uns allerdings schwergemacht
durch eine Institution, die noch mitteilsamer ist als die Politiker und die ebenso wie diese die Wahrheit nur als eines unter
mehreren taktischen Mitteln einsetzt: die Heerschar der *Pressesprecher und Öffentlichkeitsarbeiter.* Auch sie wollen etwas
bewirken – also nicht so sehr die Wahrheit unter die Journalisten streuen als vielmehr die ihnen geeignet scheinenden Themen und Teilwahrheiten zur publizistischen Behandlung be-
reitstellen.

Natürlich wird der Pressechef einer Partei, einer Behörde,
eines Unternehmens nicht einfach „lügen" – ein Lügengewebe
zu spinnen und intakt zu halten, erfordert ungleich mehr Umsicht und Mühe, als die Wahrheit zu sagen, und anders als
diese ist es stets vom Zerreißen bedroht. Der Pressesprecher
wird jedoch bestrebt sein, die Wahrheit in denjenigen Dosie-
rungen und mit denjenigen Schattierungen unter die Leute
zu bringen, die seinem Auftraggeber nützen; und falls er
ausnahmsweise die ungeschminkte Wahrheit spricht, dann
wiederum nicht aus moralischem Eifer zum höheren Ruhm
derselben, sondern weil es vorkommen kann, daß dies ihm als
die beste Strategie erscheint. Pressesprecher „sind nur selten
vertrauenswürdig, denn sie werden dafür bezahlt, die für die
von ihnen Vertretenen jeweils günstigste Aussage für wahr
zu halten"[1]; sie bilden „ein Riesenpotential an bezahlter und
organisierter Mißinformation und Schönfärberei"[2].

Wenn sich Pressesprecher und PR-Manager über solche
Feststellungen entrüsten (und sie tun es), so gehört das ebenfalls zu ihrem Job: Natürlich verkauft sich die frisierte Wahrheit dann am besten, wenn sie den Anschein zu erwecken versteht, daß sie die gänzlich unfrisierte Wahrheit wäre.

Auch dies ist kein Vorwurf. Warum sollen die Berufe einan-

---

[1] Rudolf Walter Leonhardt, Journalismus und Wahrheit, München 1976, S. 144
[2] Dagobert Lindlau, Blinde und Lahme, in: JOURNALIST, 2/1982

der nicht respektieren und so lassen, wie sie sind: Der Journalist ist (hoffentlich) der Wahrheit verpflichtet, der Pressesprecher seinem Auftraggeber und der Politiker seiner Partei. Einen wahrheitstrunkenen Außenminister wünschen wir uns nicht, und jene Journalisten, die die klaren Grenzen zwischen den Berufen verwischen, indem sie ihrerseits ein höheres Gut kennen als die Wahrheit, sind nur ausnahmsweise eine Zierde ihres Standes (die Kapitel 3 und 6 handelten von ihnen). Nur müssen wir uns die Relationen vor Augen führen. Der Rohstoff des Nachrichtenredakteurs – das sind zu mehr als der Hälfte die Reden von Politikern, die Kommuniqués über politische Konferenzen (ein klassisches Tummelfeld von Färbung, Täuschung und Verschweigung), die Wahlprogramme und Wahlversprechungen, die Waschzettel von Ministerien, Parteien, Verbänden und Firmen, die Verlautbarungen über Rücktrittsgründe, die amtlichen Dementis, die Meinungsumfragen und Wahlprognosen mit ihrem fast unvermeidlichen Einfluß an Manipulation und jene Fehlinformationen, mit denen Geheimdienste Journalisten zu füttern lieben. Der Redakteur sitzt also vor einem brodelnden Topf von Wahrheiten, Irrtümern, Irreführungen, Beschönigungen und Verschleierungsversuchen.

Nicht genug damit, bezieht der Nachrichtenjournalist auch die Masse der verbleibenden Informationen von Leuten, die ein Interesse haben. Weder kann er im abstürzenden Flugzeug sitzen noch nach dem Unwetter die überschwemmten Hektar und die ertrunkenen Kühe zählen. Er ist angewiesen auf die Auskünfte der Pressesprecher. Der Sprecher der Fluggesellschaft neigt dazu, soviel wie eben möglich auf Fremdverschulden oder höhere Gewalt zu schieben; der Pressesprecher des Bauernverbands ist rasch mit dem Schlagwort „Mißernte" zur Stelle, da es höhere Subventionen nach sich ziehen könnte; und solange eine Überschwemmung Soforthilfe, Entschädigung und Steuerbefreiung verspricht, wird der Landrat sie „Hochwasserkatastrophe" nennen. Bleiben aber daraufhin die Touristen weg, so ist in seinem Kreis fast nichts passiert – wie kam die Presse nur dazu, von „Katastrophe" zu sprechen? Der inzwischen verstorbene Nachrichtenchef der FRANKFURTER RUNDSCHAU schrieb dazu:

> Beim Abdruck von Agenturmeldungen wird eine der großen Fiktionen, mit denen Nachrichtenredakteure arbeiten, besonders deutlich, eine Fiktion, die der normale Leser nicht wahrnimmt. Ein Beispiel: Der Leser registriert ganz direkt, daß fern in der Türkei ein Eisenbahnunglück passiert ist. Bei genauem Hinsehen könnte er jedoch entdecken, daß seine Gazette lediglich meldet, eine Nachrichtenagentur habe berichtet, daß das Verkehrsministerium in Ankara in einer amtlichen Mitteilung über das Eisenbahnunglück Kenntnis gegeben habe. Die Zeitungsredaktion stiehlt sich also aus ihrer Verantwortung heraus und schiebt sie auf die Agentur. Die Agentur wiederum bezieht sich auf das türkische Ministerium. Dem Zeitungsredakteur darf das Festhalten an der Fiktion nicht übelgenommen werden. Seine Mitteilung an den Leser, daß die Agentur XY über ein Unglück berichtet hat, ist wahr. Was wirklich passiert ist, kann er nicht nachprüfen.[1]

So stehen wir vor der traurigen Bilanz: Der redliche Nachrichtenredakteur setzt seine Wahrheitsliebe notgedrungen oder gar treuherzig zu dem dubiosen Zweck ein, einem ungeheuren Gespinst von Teilwahrheiten und Beeinflussungsversuchen in möglichst fairer Wiedergabe zu möglichst großer Verbreitung zu verhelfen. Ehe seine Arbeit überhaupt begonnen hat, haben Hunderte von Interessenten, Lobbyisten, Manipulatoren die Wirklichkeit in ihrem Sinne vorsortiert, aufbereitet und in jene Scheinrealität verwandelt, die der Nachrichtenredakteur nun mit seinen Mitteln widerspiegeln soll – im Idealfall, so hoffen die Informanten, guten Glaubens.

Ein abgrundtiefes Mißtrauen also müßte die Grundhaltung des Journalisten sein; Gutgläubigkeit ist eine journalistische Todsünde. Damit der Nachrichtenredakteur sein Mißtrauen immer wieder in die richtigen Handlungen und Unterlassungen umsetzen kann, braucht er Scharfsinn und Rückgrat. Daß es einigen Journalisten an Rückgrat mangelt, davon handelten die Kapitel 6 bis 9; daß viele den Scharfsinn vermissen lassen, wird das nächste Kapitel demonstrieren.

---

[1] Hans Michael Rathert, Nachrichten in der Tageszeitung, in: Erich Straßner (Hrsg), Nachrichten, München 1975, S. 221 f.

116

Herbert Wehner: Die „Judas-Posse" von 1974

Es wird nicht ernstlich bestritten, daß es Herbert Wehner war, der den Sturz Willy Brandts am 6. Mai 1974 betrieben hatte.[1] „Wehner ließ seinem jahrelang unterdrückten Zorn auf Brandt (Wehner schon 1958: ‚Für den gibt's nur Pferde, Weiber und Sekt') freien Lauf. Er trieb den mit Rücktrittsabsichten ringenden Regierungschef zum Verzicht auf das Kanzleramt – ‚Das Geschwür muß ausgemerzt werden'."[2]

Am Tag nach dem Sturz rief Wehner dem von ihm Gestürzten zu: „Die Fraktion begrüßt den Vorsitzenden der Sozialdemokratischen Partei Deutschlands. Sie steht hinter ihm, komme, was da wolle! In mir ringen Schmerz über das Ereignis, Respekt vor der Entscheidung und Liebe zur Persönlichkeit und zur Politik Willy Brandts ... Wir haben Willy Brandt vom Rücktritt abgeraten, speziell ich selber habe ihm abgeraten, ich sage das mit besonderer Betonung."[3]

Wehner führte „eine Judas-Posse auf", schrieb der STERN dazu (21/1974). Vier Jahre später wußte Rudolf Augstein an Wehner zu rühmen: „Der gute Zweck heiligte bei diesem charakterstarken Mann von Jugend an das Mittel der üblichen Täuschung – wie auch, wenn sich das machen ließ, der bohrenden Wahrheit; einen qualitativen Unterschied gibt es da nicht ... Zum guten Ton kommunistischer Regime gehört es seit je, über ‚Provokation' zu zetern, wo auch nur ein Zipfel Wahrheit sichtbar wird. Diese Übung hat Herbert Wehner beibehalten."[4]

Franz Josef Strauß: Die „Spiegel"-Lüge von 1962

„In politisch aktiven Kreisen Bayerns, speziell solchen der Christlich-Sozialen Union, hat sich ein interessantes Gewohnheitsrecht herausgebildet: Franz Josef Strauß darf ohne jedes forensische Risiko ein Lügner geheißen werden.

Mehr und mehr CSU-Mitglieder machen von diesem Gewohnheitsrecht Gebrauch – freilich nicht aus Jux, sondern, wie es kürzlich der Student Günther Pohl formulierte, aus ‚brennender Sorge um den Bestand der ... Partei'. ‚Lüge, Unbeherrschtheit, bindungslose Liberalität', schrieb Pohl einigen hundert CSU-Funktionären, ‚sind verwerflich. Ein christlicher Politiker muß das richtige Verhältnis zur Wahrheit der Dinge und zu den christlichen Grundsätzen haben.'

Die Rechtsüberzeugung jener, die Strauß öffentlich der Lüge bezichtigen, stützt sich auf das Verhalten des CSU-Chefs während der ‚Spiegel'-Affäre. Viele Angehörige der CSU waren damals ja, ohne es zu ahnen, in eine peinliche Lage geraten. Weil sie ihrem Landesvorsitzenden glaubten, verteidigten sie ihn mit allen Kräften gegen den Vorwurf, er habe vor dem Bundestag die Unwahrheit geredet. Vor allem die Mitglieder des Ringes Christlich-Demokratischer Studenten (RCDS) in Bayern setzten sich unermüdlich für Strauß ein

---

[1] Vgl. Arnulf Baring, Machtwechsel, Stuttgart 1982, S. 601 ff., 751 ff.
[2] STERN 21/1974
[3] Zit. nach DIE WELT, 30. 5. 1974
[4] DER SPIEGEL, 5/1978

– bis der *Spiegel-Bericht* der Bundesregierung erschien, in dem Straußens Version der Lächerlichkeit preisgegeben wurde.

Die solchermaßen blamierten RCDS-Studenten wandten sich verzweifelt an CSU-Generalsekretär Zimmermann, der aber klärte sie kühl darüber auf, Strauß habe *‚zum Wohle des deutschen Volkes gelogen‘*. Daraufhin revidierte die Münchner Sektion des RCDS schon im März ihre Einstellung gegenüber dem CSU-Chef in einem Rundschreiben. Dessen Kernsatz: ‚Bis zuletzt blieb er bei der Unwahrheit, um seinen Ministersessel zu retten.‘ "

DIE ZEIT, 26. 7. 1963

Helmut Schmidt: Die Rentenlüge von 1976

Drei Tage vor der Bundestagswahl von 1976 versicherte Bundeskanzler Helmut Schmidt im Fernsehen: „Die Renten werden zum 1. Juli 1977 um 10 Prozent erhöht."

Schmidt bekräftigte damit den Text einer Wahl-Anzeige der SPD: „Die Rente bleibt sicher. Denn: Die SPD ist das soziale Gewissen der Nation."

Zwei Monate nach der Wahl beschloß das Bundeskabinett, die Rentenerhöhung erst zum 1. Januar 1978 vorzunehmen.

Unter dem Druck der wütenden Proteste aus Partei und Öffentlichkeit beschloß das Bundeskabinett drei Tage später, die Renten nun doch zum 1. Juli 1977 zu erhöhen.

Der SPIEGEL(51/1976) kommentierte: „Hier hat man sich ein tolles Stück Regierungskunst geleistet. Wo Schmidt im Fernsehen von ‚Teilinformationen‘ sprach, von jener ‚großen Zahl‘ von Erwägungen, die immer noch zu prüfen gewesen sei, handelte es sich in Wahrheit, in Nicht-Lüge also, um einen Koalitionsbeschluß. Wie hatte wohl irgendein Westentaschen-Macchiavelli, Brandt und Wehner nicht ausgeschlossen, annehmen können, es sei angezeigt und auch nur möglich, die ‚mündigen Bürger‘ so ins Gesicht zu betrügen? Muß nicht jeder Wählerbetrug um der Institutionen willen aufs äußerste überlegt und kaschiert werden? Hat dann der verantwortliche Sozialminister Walter Arendt nicht viele Monate lang an der Wahrheit vorbeigeflunkert, daß den Rentenkassen in den nächsten fünfzehn Jahren kumulierte Defizite in dreistelliger Milliardenhöhe drohen?"

Helmut Schmidt hatte den Rat von Jonathan Swift nicht befolgt: „Erlogene Versprechungen oder Prognosen sollten sich nicht auf eine so nahe Zukunft erstrecken, daß ihre Urheber der Beschämung und Verwirrung ausgesetzt werden, sich rasch widerlegt zu sehen."[1]

---

[1] The Art of Political Lying, in: Works, London 1801, Band 17, S. 286

Friedrich Zimmermann: Der Falscheid von 1959

Der damalige CSU-Generalsekretär Dr. Friedrich Zimmermann erklärte 1959 unter Eid, er habe sich nie darum bemüht, belastendes Material gegen die Bayernpartei zu beschaffen.

Das Landgericht München verurteilte ihn daraufhin 1960 zu vier Monaten Gefängnis wegen fahrlässigen Falscheids. Der Bundesgerichtshof gab jedoch der Revision des Angeklagten statt und ordnete eine neue Verhandlung an.

In dieser wurde Zimmermann 1961 freigesprochen, weil er während der Falschaussage unter verminderter geistiger Leistungsfähigkeit gelitten habe. „Seine Aussage ist demgemäß – wie auch der Angeklagte selbst einräumt – objektiv falsch", hieß es in der Urteilsbegründung. „Es kann keine Rede davon sein, daß die Unschuld des Angeklagten erwiesen wäre."

Auch Schriftsteller lügen

Im März 1983 wurde der Schriftsteller Bernt Engelmann zum Vorsitzenden des Verbandes deutscher Schriftsteller (VS) in der IG Druck und Papier wiedergewählt, obwohl mehrere Mitglieder den Verband aus Protest gegen Engelmann verlassen hatten. In der FRANKFURTER RUNDSCHAU vom 14. 3. 1983 hieß es dazu:

„Er (Engelmann) formulierte höchstselbst einen Resolutionsentwurf des Berliner Landesbezirks um, den der Bundesvorstand zuvor mit einem eigenen noch zu verwässern versucht hatte. ‚Der VS tritt dafür ein', heißt es darin, ‚niemanden von der Friedensdiskussion auszuschließen . . . Eine Diskriminierung aus sozialistischen Ländern übersiedelter VS-Kollegen durch dortige Gesprächspartner wird er wie bisher nicht hinnehmen.'

Das in den ursprünglichen Berliner Text eingefügte ‚wie bisher' bezieht sich auf einen Vorgang, der hohe Wellen geschlagen hatte, nämlich des DDR-Autors Stefan Hermlin vom VS-Vorstand nie eindeutig verbetene Denunzierung ehemals in der DDR lebender Autoren als ‚Kriminelle'. Sie war eindeutig auf Gerhard Zwerenz und Rainer Kunze gemünzt, die mittlerweile aus dem VS protestierend ausgetreten sind. In Mainz nun berichtete Engelmann der überraschten Zuhörerschaft, daß er Hermlin durchaus brieflich dazu befragt und dieser ihm auf gleichem Wege mitgeteilt habe, daß dies den VS gar nicht betreffe, habe er, Hermlin, doch niemanden vom VS gemeint, auch keinen der unterdes Ausgetretenen.

Diese Antwort gab Engelmann mit der Miene des zu Unrecht gescholtenen Biedermannes wieder, und teilte doch, was jeder wußte, nichts anderes mit als eine Lüge. Mit ihr jedoch gab er sich zufrieden. Etwas anderes blieb ihm auch schwerlich übrig. Mit Hermlin und dessen Verband soll ja weiterhin gesprochen und für den Frieden appelliert werden."

119

„Nachrichtenkosmetik im Vatikan"

Über den plötzlichen Tod von Johannes Paul I. am 28. 9. 1978, kaum fünf Wochen nach Beginn seines Pontifikats, schrieb die SÜDDEUTSCHE ZEITUNG (7. 10. 1978):

„Dann kam der überraschende Tod des neuen Papstes, vom Vatikan verbreitet als fromm geschöntes Bild von einem verklärt sterbenden Stellvertreter Christi auf Erden: Der lächelnde Papst lächelt noch im Tod (trotz Herzinfarkt), er hält ein bekanntes Erbauungsbuch in der Hand und wird von seinem Sekretär gefunden, der ihn am frühen Morgen zu Gebet und Arbeit ruft. Diese offenkundige Nachrichtenkosmetik bröckelt nun durch fast täglich nachsickernde Korrekturen stückweise ab und schürt neuen Argwohn um geheimnisvolle Vorgänge hinter den Mauern des Vatikans. Nicht sein Sekretär habe den Papst gefunden, sondern die Haushälterin; er habe auch nicht gelächelt, sondern sei vom Todeskampf gezeichnet gewesen; in den Händen habe er nicht die ‚Nachfolge Christi', sondern Personalakten gehalten; außerdem habe es Konflikte mit der Kurie sowie laute Auseinandersetzungen über sein wenig päpstliches Verhalten gegeben, und seinen Leibarzt aus der Heimat habe er auch bereits bestellt gehabt."[1]

Analyse eines Kommuniqués

„Wenn zwei das gleiche sagen und Verschiedenes meinen, dann sind sie sich einig. Wichtig ist nur, daß man eine ‚Formel' findet, welche die Gegensätze verschleiert. Nach dieser goldenen Regel der Politiker verfahren auch die Diplomaten auf der Energiekonferenz in Nairobi. Die Formel heißt: das Prinzip der Additionalität. Die Entwicklungsländer verstehen darunter, daß zusätzlich zu aller schon gewährten Hilfe noch weitere gegeben werden müsse zur Entwicklung neuer Energiequellen. Die Industrieländer verstehen darunter, daß zwar mehr Hilfe in solche Energievorhaben fließen müsse, aber auf Kosten anderer Hilfsprojekte. Die einen wollen mehr, die anderen wollen umverteilen. Jeder stimmt sich selber zu, und damit stimmt jeder zu. Am Ende steht ein Kommuniqué, eine Formel ist gefunden, erreicht ist nichts."

FRANKFURTER ALLGEMEINE, 19. 8. 1981

---

[1] Vgl. FAZ, 12. 10. 1978: Wie ist der Papst gestorben?

11. Doch sie sind der Lüge nicht gewachsen

> Sehen und doch nicht glauben ist die Kardinaltugend des Erkennenden.
>
> *Friedrich Nietzsche*

Da hat also Konrad Kujau gelogen, der Stuttgarter Militaria-Händler, er besitze Hitlers Tagebücher. Ob der STERN-Reporter Gerd Heidemann mit ihm gelogen hat, das heißt sein Komplize war, bedarf noch der gerichtlichen Klärung. Fest aber steht, daß die Redaktion des STERN einer ungewöhnlich fetten Lüge *nicht* gewachsen war. Sie hat durch „die größte journalistische Fehlleistung aller Zeiten" den „größten Presseskandal in der Geschichte" hervorgerufen, wie der STERN es selber nannte.[1]

Am 27. Januar 1981 war der Vorhang zu der tragischen Posse aufgegangen: Der Gruner + Jahr-Vorstandsvorsitzende Manfred Fischer ist von Heidemanns Erzählungen beeindruckt und genehmigt die sofortige Auszahlung von 200 000 Mark an Heidemann, um ihm den Kauf eines Bandes der angeblichen Hitler-Tagebücher zu ermöglichen. Ein Vorstandsvorsitzender in der De-facto-Funktion eines Verlegers nimmt sich die Freiheit, seine Chefredaktion zu überspielen – eine kuriose Paraphrase auf Kap. 7: Wie Journalisten (hier: die Chefredakteure) von Vorgesetzten gegängelt werden, nachdem einem Journalisten (Heidemann) das Unwahrscheinliche gelungen ist, einen Verleger zu gängeln.

Die mit den angeblichen Tagebüchern betrauten Redakteure pfuschen: Sie schalten zwar drei Gutachter ein, bedienen sie aber mit Unterlagen, die im Effekt dazu führen, daß die Gutachter Kujau-Fälschungen nicht mit Hitler-Originalen, sondern mit anderen Kujau-Fälschungen vergleichen; sie holen kein Papiergutachten ein; sie gewähren keinem Historiker von Rang und Namen Einblick in den gesamten angeblichen Fund; sie sind nicht einmal irritiert, als Heidemann zwei zusätzliche

---

[1] Das Wind-Ei, STERN 21/1983

„Hitler-Tagebücher" beibringt, deren Eintragungen seitenweise mit dem Text des ihnen bereits vorliegenden Exemplars identisch sind. Offenbar habe die Geheimhaltung die üblichen Kontrollmechanismen außer Kraft gesetzt, resümiert der Bericht des Untersuchungsausschusses unter Prof. Ulrich Klug.[1]. Dann setzen sich STERN-Redakteure hochmütig in Pose, indem sie dem ersten Abdruck vom 25. 4. 1983 den Vorspann vorausschicken, aufgrund der „Tagebücher" müsse die Geschichte des Dritten Reiches „in großen Teilen neu geschrieben werden".

Doch schon einen Tag zuvor haben WELT AM SONNTAG und BILD AM SONNTAG Zweifel an der Echtheit der Tagebücher geäußert. Am Tag der STERN-Publikation, dem 25. April, berichtet auch die SÜDDEUTSCHE ZEITUNG: „Zweifel an Hitlers Tagebüchern – Fast alle deutschen und britischen Experten melden Bedenken gegen die Echtheit der Notizen an". Am 26. April ist die deutsche Presse voll von Stellungnahmen, die den Zweifel an der Echtheit begründen. Durch die Fernsehdiskussion von namhaften Historikern mit dem STERN-Chefredakteur Peter Koch breitet sich noch am selben Abend die Vermutung, daß die Tagebücher gefälscht sind, überall in Deutschland aus.

Zwar veröffentlicht Peter Koch noch am 5. Mai im STERN ein Editorial, in dem er die Historiker, die an der Echtheit der Tagebücher zweifeln, als „Archiv-Ayatollahs" beschimpft. Nur einen Tag später jedoch, am 6. Mai, wird auf der Bundespressekonferenz das Ergebnis der Echtheitsprüfung durch das Bundesarchiv in Koblenz bekanntgegeben: Die angeblichen Hitler-Tagebücher sind „eine plumpe Fälschung".

Von der ersten Veröffentlichung durch den STERN bis zur öffentlichen Widerlegung sind 11 Tage vergangen – darunter keiner, an dem nicht etliche Journalisten Verdachtsmomente vorgetragen oder Spott über den STERN ausgegossen hätten. Vom Tag des ersten Abdrucks an wurde jeder STERN-Leser von vielen Massenmedien aufgefordert, dem STERN nicht unbesehen zu glauben; nach 11 Tagen war auch für den gläubigen Leser die Wahrheit hergestellt.

Das ist das Tröstliche an dieser unsäglichen Peinlichkeit: *Ein*

---

[1] STERN 39/1983

Massenmedium hat nicht funktioniert – in ihrer Summe aber *haben* die Massenmedien funktioniert. Sie haben der Lüge, der Verzerrung, dem Pfusch keine Chance gelassen. Die Öffentlichkeit wurde *nicht* zum Opfer einer nachhaltigen Desinformation.

Diese aber vor allem ist unser Thema: die anhaltende, spät oder niemals aufgeklärte Irreführung durch viele oder alle Massenmedien. Wo sie *insgesamt* nicht funktionieren, wo keine Sachkunde, kein Aufklärungseifer und im Zweifel nicht einmal Geschäftsneid den Irrtum und die Lüge durchkreuzen: da finden die anhaltenden, die unmerklichen, also die eigentlich einflußreichen Desinformationen statt, und genau an diesem Punkt setzen wir an.

Das Schlimme ist nämlich, daß es nicht einzelnen Redakteuren einzelner Publikationen an dem scharfen Verstand, dem permanenten Argwohn und dem Stehvermögen fehlt, Lügen, Teilwahrheiten, Beschönigungen, Irreführungen und gezielte Indiskretionen zu erkennen und ihnen entgegenzutreten – sondern allzu vielen Journalisten in allzu vielen Redaktionen. Allzu viele Journalisten haben sich an das Gebräu gewöhnt, das Politiker und Interessenten ihnen kredenzen, ja etliche scheinen es alles in allem genießbar zu finden. Sie lassen sich einwickeln von den PR-Agenten aus Politik und Wirtschaft, sie übernehmen deren Begriffe und Behauptungen – kurz: Sie weigern sich, von ihrem Verstand Gebrauch zu machen, bis zum nackten Verstoß gegen die Logik und zur fahrlässigen Komplizenschaft mit professionellen Lügnern.

Da sendete dpa am 8. 2. 1982, und FAZ und WELT (und vermutlich viele andere Redaktionen) druckten es am 9. 2. 1982 getreulich nach:

> Im Ostblock wird es nach Ansicht des Mitglieds des Zentralkomitees der KPdSU, Vadim Zagladin, nie wieder militärische Interventionen wie in der CSSR 1968 geben. In einem Interview mit der linksstehenden römischen Zeitung „Paese Sera" sagte Zagladin: . . .

Zagladin hat also einer römischen Zeitung etwas gesagt, wie wir dem zweiten Satz entnehmen können: Er hat *gesagt*, Moskau werde nie wieder militärisch intervenieren. Und nun ist es zwingend, diese Aussage als seine „Ansicht" hinzustellen? Ein Politiker (also ein Mensch, der häufig lügt), ein Leninist (also ein Mensch, der besonders häufig lügt, weil er im Dienst der Sache lügen darf und soll), hält es zu einer Zeit, da eine militärische Intervention in Polen droht, für angezeigt, der italienischen Öffentlichkeit etwas Beruhigendes und Frommes darüber mitzuteilen, das heißt eine Aussage zu machen, auf deren rein taktisches Verhältnis zur Kategorie „Lüge oder Wahrheit" man ziemlich hohe Wetten abschließen könnte. Wenn ein Redakteur geschrieben hätte: „Zagladin verbreitete die Lüge, es werde nie wieder Interventionen geben", so wäre er nach aller Lebenserfahrung der Wahrheit näher als seine Kollegen von dpa, FAZ und WELT, die die „Ansichten" Zagladins zu kennen behaupten.

Oder hätte hier ein glänzend informierter Korrespondent Motivforschung betrieben und einen Bericht direkt aus dem Hirn Zagladins geliefert, da, wo seine „Ansichten" zu Hause sind? Nein: Ein Agenturredakteur hat mit öder Routine das falsche Wort gewählt und sich damit grobfahrlässig zum Komplizen der mutmaßlichen Lüge des Herrn Zagladin gemacht, und Zeitungsredakteure sind ihm darin gefolgt, und in Millionen Lesern haben sie den Eindruck erweckt, man kenne nunmehr die wirkliche Ansicht eines hohen Sowjetfunktionärs, und die sei doch recht beruhigend.

Natürlich wäre die Formulierung „Zagladin verbreitete die Lüge, es werde..." nicht Nachrichtenstil – obwohl sie, wie gesagt, der Wahrheit vermutlich näher wäre als das lead der Agentur (und obgleich ein guter Korrespondent sie sich im begründeten und zu begründenden Einzelfall durchaus zutrauen sollte). Es bleibt also nur, zu schreiben: „Zagladin sagte, es werde nie wieder..."

Daß viele Leser diesen Unterschied nicht registrieren werden, ist zwar vermutlich richtig, kann aber nicht als Entschuldigung für die „Ansicht" herhalten: Denn sollen Journalisten der Gewöhnung Vorschub leisten, die Politiker sprächen die Wahrheit? Das könnte den Politikern so passen. Ihre Ansichten und Überzeugungen kennen wir nicht. Was sie darüber sagen, ist ein dürftiges Indiz. Also nageln wir sie fest auf das, was sie sagen, und versündigen wir uns nicht durch komplizenhafte

Formulierungen an unserem Auftrag, den Mächtigen auf die Finger zu sehen und den Wirrnissen der Welt das mögliche Maß an Wahrheit und Klarheit zu entlocken.

Leider ist dieses „glaubte an" und „nach Meinung von" in Presse und Funk eher die Regel als die Ausnahme: „Carter glaubt an Wiederwahl" (dpa, 4. 11. 1980), „Brandt erwartet überwältigende Mehrheit" (STUTTGARTER ZEITUNG, 27. 1. 1982), „Der SPD-Kanzlerkandidat Hans-Jochen Vogel glaubt nicht, daß den Grünen der Einzug in den Bundestag glückt" (WELT, 14. 2. 1983), „Reagan glaubt an die Verhandlungsbereitschaft Moskaus" (FRANKFURTER ALLGEMEINE, 24. 5. 1984. Die Verhandlungsbereitschaft – welche bitte?).

Sollten diese Politiker nicht zu intelligent sein, als daß sie den Unsinn „glauben" könnten, den sie dann und wann verbreiten, weil sie sich einen taktischen Vorteil davon versprechen oder sich in die Enge getrieben fühlen? Der Journalist, der ihren Glauben zu kennen glaubt, hat de facto die Entscheidung getroffen, daß er ihnen eher eine Dummheit zutraut als eine Lüge; diese Entscheidung aber ist vermutlich falsch, und vor allem ist es nicht seine Aufgabe, sie im Gewand der Nachricht öffentlich zu treffen.

Das Ärgernis wird noch größer, wenn ein Journalist die politische Lüge nicht nur mit der dubiosen Routine der Agentur-Formulierung fördert, sondern gerade mit jenen erläuternden Worten, die man ihm im Unterschied zur Nachrichtenagentur zugesteht. So schloß ein Korrespondentenbericht der TAGES-SCHAU über den Auftritt Erich Honeckers beim Wartburg-Fest zum Lutherjahr (21. 4. 1983):

Jedenfalls hat der Generalsekretär für alle legitimen kirchlichen Interessen großes Verständnis bekundet.

Was aber sind „legitime" Interessen der Kirche, und wer würde im Zweifelsfall über die Legitimität entscheiden? Honecker? Dann hat er also wenig mehr als nichts bekundet. Der Korrespondent wäre dazu dagewesen, dies zu erkennen und es auch zu sagen oder doch anzudeuten, oder wenigstens in die neutrale Formulierung „Honecker sagte, er werde..." zu flüchten. Er hat es nicht getan. Eine kleine Minderheit der TAGESSCHAU-Betrachter mag ja imstande sein, auf jedes Wort zu lauschen und dann das „legitim" als Fallstrick zu erkennen, obwohl der Korrespondenten-Text von Honeckers PR-Agenten hätte stammen können; die große Mehrheit wurde desinformiert.

Wer eine eindeutige Quelle auf den Tisch bekommt – ein Kommuniqué etwa oder das Manuskript einer Rede, vom Redner selbst verteilt –, der sollte im Kopf haben, daß die Quelle zunächst nur insofern korrekt ist, als sie richtig mitteilt, was der Politiker mitzuteilen wünschte. Wie sich dies zur Wahrheit verhält, ist offen. Wo immer möglich, muß das Verhältnis der Rede zur Wahrheit geprüft werden; hilfsweise und im Regelfall sollte der Redakteur durch penible Wortwahl dafür sorgen, daß er nicht versehentlich jedwedes Politgeflunker in den Rang einer Verkündigung erhebt. Da spricht also Graf Lambsdorff (noch in der Sozialliberalen Koalition), und in der Zeitung liest sich das so:

> Bundeswirtschaftsminister Otto Graf Lambsdorff (FDP) ist Eindrücken entgegengetreten, bei den Haushaltsberatungen in der vergangenen Woche einen Koalitionswechsel ernsthaft ins Auge gefaßt zu haben. Lambsdorff fügte dieser Erklärung gestern im Deutschlandfunk allerdings hinzu, er habe so verhandelt, „daß ich diese Möglichkeit nicht ausschließe ... Ich kann nicht in eine Verhandlung gehen und die wichtigste und entscheidendste Waffe an der Garderobe abgeben, wenn ich zu vernünftigen Verhandlungsergebnissen und aus meiner Sicht zu Verhandlungserfolgen kommen will."[1]

Er hat also einen Koalitionswechsel nicht ausgeschlossen, aber nicht ernsthaft ins Auge gefaßt. Das ist ein minimaler Unterschied am Rand der schieren Rabulistik. Wenn er *nicht ernsthaft* ins Auge faßte – hat er dann auch *nicht ernsthaft* nicht ausgeschlossen? Ins unreine gesprochen lautet die Nachricht: Lambsdorff legt Wert auf die Feststellung, daß er das, was er gesagt hat, nicht gesagt hat oder nicht so gesagt hat oder nicht so gemeint hat, wie er es gesagt hat; daß aber mindestens niemand behaupten soll, er wisse nun, was Lambsdorff gesagt oder gemeint hat. Mit anderen Worten: Lambsdorff brennt eine Nebelkerze ab. Dagegen läßt sich eines von vieren tun:

[1] DIE WELT, 8. 9. 1981

1. Man läßt solchen Unsinn ungedruckt.

2. Man begreift ihn als Musterfall eines Eiertanzes, will eben diesen dem Leser vorführen und zitiert Lambsdorff über eine längere Passage wörtlich, in der Hoffnung, daß er sich damit entlarvt; vielleicht nach der redaktionellen Einstimmung: „Bundeswirtschaftsminister Graf Lambsdorff sagte gestern im Deutschlandfunk, einen Koalitionswechsel habe er zwar nicht ausgeschlossen, aber auch nicht ernsthaft ins Auge gefaßt."

3. Ein Redakteur traut sich zu schreiben: „Bundeswirtschaftsminister Graf Lambsdorff hat gestern versucht, über seine Anspielung auf einen Koalitionswechsel nachträglich Unklarheit zu verbreiten. Er sagte im Deutschlandfunk..."

4. Ein Korrespondent hat *recherchiert*, er kennt die Hintergründe, und die Redaktion gewährt ihm die Freiheit zu schreiben: „Die FDP hat einen weiteren Schritt in Richtung auf einen Koalitionswechsel unternommen, allerdings übervorsichtig oder halbherzig, wie eine Analyse folgender Erklärung Lambsdorffs zeigt:..."

Muster für solche Texte liegen vor. So berichtete über denselben Grafen Lambsdorff und seinen Zickzackkurs in Sachen Beschäftigungsprogramm die SÜDDEUTSCHE ZEITUNG (allerdings erst auf Seite 3):

> War was? Ist was? Natürlich war nichts. Und deshalb ist auch nichts geblieben – außer einer beträchtlichen Verwirrung und der Frage, wer denn wohl wen hereingelegt oder einfach nur im entscheidenden Moment nicht aufgepaßt hat. Leider gibt es auch am Mittwoch über die Entstehung der Verwirrposse keine verläßlichen Berichte, sondern nur Mutmaßungen. (21. 1. 1982)

Über Lambsdorffs Vorgänger Friderichs schrieb die WELT auf dem Tiefpunkt der ersten Ölkrise:

> Die Bundesregierung hat am Mittwoch versucht, den Eindruck abzuschwächen, den Bundeskanzler Brandt am Vorabend mit der Ankündigung weiterer Notmaßnahmen hervorgerufen hat. Brandt hatte über den Januar gesprochen; Regierungssprecher Grünewald sprach davon, daß „im Dezember" nicht mit zusätzlichen Einschränkungen zu rechnen sei. Die dadurch erzeugte Verwirrung wurde von Wirtschaftsminister Friderichs der Presse zugeschoben. (29. 11. 1973)

Und über Präsident Mitterrand berichtete der Korrespondent der FRANKFURTER ALLGEMEINEN:

> Der französischen Presse wird durch eine Pirouette des Staatspräsidenten die Verantwortung für politische Erwartungen zugeschoben, die Mitterrand selbst mit der Äußerung geweckt hatte, er werde dem „Denkzettel" der Wähler Rechnung tragen. (17. 3. 1983)

Ja, *so* wird die Absicht der Politiker durchkreuzt, die Wahrheit zu vertuschen oder zu verdrehen. So wird Nachrichtenjournalismus betrieben. „Das Entschlüsseln kunstvoller Dementis und salbungsvoll verpackter Bankrotterklärungen" gehört zu den Aufgaben einer Nachrichtenredaktion.[1]

Entschlüsselt wurde sie ja, die Antrittsrede des neugewählten Generalsekretärs Andropow in der WELT vom 13. 11. 1982, jedoch in der verwirrenden Weise, daß die Zeitung oben rechts das Gegenteil von dem schrieb, was sie oben links berichtete; wobei die Plazierung nur eine überaus verbreitete Art von Desinformation ans Licht zog. Oben links, in der Nachricht, kündigte Andropow an, er werde die Politik Breschnews fortsetzen; oben rechts, im Kommentar, erfuhr der Leser, Andropow werde die Politik Breschnews zu Grabe tragen.

DIE WELT

UNABHÄNGIGE TAGESZEITUNG FÜR DEUTSCHLAND

Nr. 265 - 45.W. - Preis 1,40 DM - C 7107 A
Axel Springer Verlag AG. Postf. 30 46 30. 2000 Hamburg 36. Tel. 040/347-

HAMBURG-AUSGABE

Andropow neuer Sowjetführer
Vorschlag von Tschernenko

Defilee am Sarg Breschnews / Moskauer Innenstadt für Verkehr gesperrt

FRIED H. NEUMANN, Moskau

Der neue Generalsekretär der KPdSU, Jurij Andropow (68), hat gestern unmittelbar nach seiner überraschend kurzfristigen Wahl vor dem Zentralkomitee die Fortsetzung der Innen- und Außenpolitik seines am Mittwoch verstorbenen Vorgängers Leonid Breschnew angekündigt. Andropow, der 15 Jahre lang an der Spitze des Geheimdienstes KGB gestanden hatte und erst im Mai dieses Jahres ausgeschieden war, versprach, er werde seine Kräfte, seine Kenntnisse und seine Lebenserfahrung darauf verwenden, um das Programm des kommunistischen Aufbaus zu verwirklichen und eine kontinuierliche Stärkung der Wirt-

Zentralkomitees an dem Sarg Breschnews vorbei. Mit zahlreichen Bussen kamen Abordnungen von Betrieben und Behörden, um von dem verstorbenen Staats- und Parteichef Abschied zu nehmen. Mit Beginn der dreitägigen Staatstrauer wurde die Moskauer Innenstadt für den Verkehr gesperrt. Zahlreiche Polizisten und Soldaten wurden an den Straßenkreuzungen und Plätzen postiert. Noch bis zum Sonntag abend ist der Leichnam Breschnews im Gewerkschaftshaus aufgebahrt. Er wird am Montag um zehn Uhr MEZ beigesetzt werden.

US-Präsident Reagan wird sich, wie er selbst andeutete, wahrscheinlich von Vize-Präsident

Jurij W. Andropow (68) FOTO: EUPRA

DER KOMMENTAR
Der neue Kreml-Herr
CARL GUSTAF STRÖHM

Der Mann, der den Vorsitz im Bestattungs-Komitee für Breschnew führt, wird nun auch den Breschnewismus als politische Praxis und pragmatische Idee zu Grabe tragen. Jurij Andropow als neuer Generalsekretär der KPdSU – das bedeutet einen neuen Stil und möglicherweise auch neue Prioritäten an der obersten Spitze der Sowjetunion.

Der 68jährige ehemalige KGB-Chef war nie ein Breschnew-Mann. Er hielt Distanz zur „Dnjepropetrowsker Mafia", die sich um den nun verstorbenen

ments, dem das Schicksal des eigentlichen Imperiums – also des Gebiets zwischen Elbe und Ussuri – die größeren Sorgen macht, als etwa eine sowjetische Flottenpräsenz in fernen Ozeanen. Mit den Generalen und Marschällen war Andropow nie besonders intim – das ergibt sich bereits aus der natürlichen Rivalität zwischen Geheimdienst und regulärer Armee. Aus seiner eigenen Vergangenheit ist der neue Mann aber besser als Breschnew mit den Problemen der Vasallen-Staaten Moskaus vertraut. Ob er de-

[1] Hans Michael Rathert, Nachrichten in der Tageszeitung, in: Straßner, S. 225

129

Geben wir nun dem Kommentator den Kredit, daß er die Rede Andropows richtig gedeutet habe, so bleiben zwei Fragen: die kleine, ob es nicht besser gewesen wäre, im Kommentar auf die gänzlich anders lautende Nachricht irgendwie Bezug zu nehmen; und die große, die unser Thema ist: War es so dringend, daß der Korrespondent nicht eine Spur von Mißtrauen gegen den Wahrheitsgehalt der Rede des ehemaligen KGB-Chefs anklingen ließ? „Andropow hat ... die Fortsetzung ... angekündigt." *Die Fortsetzung ankündigen:* Das liest sich wie die Ankündigung des nächsten Osterfestes, es läßt dem Argwohn kein Schlupfloch. „Andropow kündigte an, er werde fortsetzen": Schon besser, weil „die Fortsetzung" mit ihrem Anschein von Unwiderruflichkeit vom Tisch wäre.

Warum aber muß man ihn überhaupt „ankündigen" lassen, also ein Wort wählen, das den Beigeschmack der Verkündigung, der Feierlichkeit besitzt? Andropow hat etwas *gesagt,* und wir haben nicht das geringste Indiz, daß es ihm ein Herzensbedürfnis gewesen wäre, die Wahrheit über seine Absichten unter die Leute zu bringen. Folglich bietet sich an, diejenige Formulierung zu wählen, die, obwohl logisch korrekt, den Leser psychologisch *am wenigsten* darauf einstimmt, daß er nun mit der Wahrheit bedient werde – also: „Andropow sagte, er werde die Politik Breschnews fortsetzen." Alle Feierlichkeit ist verschwunden (wie es sich gehört), der Leser zum Nachdenken eingeladen.

Das Kuriosum wiederholte sich in der WELT vom 23. 7. 1984. Der Aufmacher teilte mit: „Genscher *hofft* auf baldige Öffnung Irans zum Westen"; dazu der Text: „Die iranische Führung hat *nach dem Eindruck* von Bundesaußenminister Genscher die Grundsatzentscheidung getroffen, sich stärker als bisher nach Westen zu öffnen." Leider waren weder der Korrespondent noch die Nachrichtenredaktion der WELT auf der Höhe des Kommentars, der, gleich rechts daneben, mitteilte:

Da Ministerreisen erfolgreich sein müssen, wird in tüfteligen Analysen der Eindruck vermittelt, in den Köpfen der Mullahs sei ein „Umdenken" in Gang gekommen (daran kann Genscher nicht schuldlos sein), man habe sogar den Eindruck gewonnen, der Iran öffne sich gegenüber dem Westen. Es scheint angezeigt, diese These als unglaubhaft zu bezeichnen. Der Iran öffnet sich nicht, er befindet sich vielmehr in argen Schwierigkeiten.

Besser beraten war also die FRANKFURTER ALLGEMEINE mit der Schlagzeile „Sucht Teheran die Öffnung zum Westen?", am besten die FRANKFURTER RUNDSCHAU mit „Iran bekundet Genscher guten Willen". Ja, bekundet mag er haben. Kann das bißchen Nachdenken so schwer sein? In der Tat, oft unterbleibt es auf jeglichem Niveau. Erfahren wir doch in lockerer Folge aus dem Vermischten unserer Zeitungen, die seriösesten eingeschlossen, wieder einmal sei „die schönste Frau der Welt" gekürt worden. Schon bei mäßiger Anspannung des Geistes und der Lebenserfahrung könnte jedermann berichtigen: natürlich nicht die schönste der Welt, sondern die schönste unter denen, die sich gemeldet haben – und dies nach dem Urteil einer durch nichts und niemanden legitimierten, oft korrupten Jury. Warum also wird solcher Mumpitz abgedruckt, und wenn, dann ohne jede aufklärende oder spöttische Distanzierung?

Oder nehmen wir den *Wetterbericht*. Bekanntlich ist die Prognose für das Wetter des nächsten Tages in 13 bis 20 Prozent der Fälle falsch; und da diese Zahlen von interessierter Seite stammen[1] und da die Frage der Übereinstimmung zwischen der Vorhersage und dem realen Wetterablauf stark deutungsfähig ist (wie viele Schauer dürfen niedergehen, damit sie noch „vereinzelt" heißen?), sollte mit 13 bis 20 Prozent die *Untergrenze* des Irrtums markiert sein.

Für die Fehlerquote haften die Meteorologen und nicht die Redakteure, gewiß. Den Redakteuren aber wäre zuzumuten, daß sie eines von beiden täten: Entweder könnten sie die Sprache der unanfechtbaren Verkündigung („es wird") verwandeln in die allein angemessene Sprache der Wahrscheinlichkeit („es soll", „es wird vermutlich"); sie könnten sogar noch weitergehen und schreiben: „Das Wetteramt teilt ohne Gewähr mit, es werde...", um damit die Unsicherheit der Vorhersage ebenso

---

[1] Werner Horst, Pressereferent des Deutschen Wetterdienstes, zit. nach: Peter Miska, Von der Schwierigkeit, das Wetter vorherzusagen, in: DAS PARLAMENT, 12. 9. 1981. Horst Dronia, Deutscher Wetterdienst (Hamburg), in: DER SPIEGEL, 30/1984, S. 131

deutlich zu machen wie die Unerschrockenheit der Vorhersager.

Oder Redakteure könnten am Mittwochabend neben die Vorhersage für den Donnerstag eine Berichtigung der Fehlprognose für den Mittwoch stellen (falls es eine war); und sollte dies die technischen Möglichkeiten einer Zeitung übersteigen – Agenturen könnten, wenn sie wollten. Wir meinen das ziemlich ernst: Ist es nicht bedenklich, daß Millionen Menschen sich daran gewöhnt haben, ein- oder zweimal pro Woche eine ganz oder teilweise falsche Voraussage zu lesen, die nie berichtigt wird und für die sich niemals irgend jemand entschuldigt? Steht das nicht in einem ärgerlichen Mißverhältnis zu der Rolle, die der Wetterbericht im Alltag der meisten Menschen spielt? Lädt es nicht die Leser ein, auch anderen, gefährlicheren Unfug in der Zeitung gottergeben hinzunehmen?

Mindestens wäre eines zu verlangen: Eine Informationsquelle, die nachweislich schon so viele falsche Behauptungen aufgestellt hat, kann, wenn sie denn angezapft werden muß, nur mit größter Umsicht und sprachlicher Distanzierung zitiert werden, im Idealfall überdies mit einem Hinweis auf ihre oft bewiesene Unzuverlässigkeit. Das gilt nicht nur für das Wetteramt, es gilt für Meinungsforschungsinstitute, für Zuträger, die Nachrichten lancieren wollen, für Pressesprecher und Öffentlichkeitsarbeiter.

Es gilt sogar für das redaktionseigene Archiv: Das kann ja nicht Fakten sammeln, sondern nur Artikel, die von sich behaupten, über Fakten zu berichten oder sich auf sie zu stützen. Nimmt nun ein Redakteur Text 1 zu Hilfe, um Text 2 zu schreiben, so ist spätestens jener Journalist beeindruckt, der Text 3 produzieren soll: Seine Quellen stimmen überein, er braucht nicht nachzufragen! So pflanzen sich Irrtümer und Fehldeutungen über Jahre und Jahrzehnte hin durch ganze Sprachräume fort; etwa die Behauptung, Albert Einstein sei ein miserabler Schüler gewesen, die der FRANKFURTER ALLGEMEINEN zufolge eine Legende ist.[1]

Den Vogel schießen diejenigen Journalisten ab, die zunächst einen Politiker in die Lüge *treiben* und diese Lüge dann so abdrucken, als ob sie die Wahrheit wäre. Gibt es nicht ein Recht

---

[1] Leitartikel vom 9. 4. 1983

auf Notwehr gegen törichte oder böswillige Fragen, und ist die Tatwaffe dieser Notwehr nicht die Lüge?

> Denn, wie ich das Recht habe, dem vorausgesetzten bösen Willen anderer und der demnach präsumierten physischen Gewalt physischen Widerstand, auf Gefahr des Beeinträchtigers, zum voraus entgegenzustellen und also, als Präventivmaßregel, meine Gartenmauer mit scharfen Spitzen zu verwahren, nachts auf meinem Hofe böse Hunde loszulassen, ja nach Umständen selbst Fußangeln und Selbstschüsse zu stellen, deren schlimme Folgen der Eindringer sich selber zuzuschreiben hat: so habe ich auch das Recht, dasjenige auf alle Weise geheim zu halten, dessen Kenntnis mich dem Angriff anderer bloßstellen würde.[1]

Dieses Recht nahm sich beispielsweise der damalige Bundesfinanzminister Helmut Schmidt, als ein Journalist ihn am 5. April 1974 fragte: Ob er Bundeskanzler werden wolle? Willy Brandt war noch im Amt, doch es häuften sich die Gerüchte, daß er zurücktreten werde. Schmidt *wollte* Kanzler werden – das galt damals als ziemlich sicher und ist inzwischen von Arnulf Baring bestätigt worden.[2] Doch selbstverständlich verbot ihm die Parteiräson ebenso wie der bürgerliche Anstand, dies zuzugeben.

Was blieb ihm also, als zu sagen, er wolle nicht? Woraus das HAMBURGER ABENDBLATT tags darauf die Schlagzeile machte: „Schmidt will nicht Kanzler werden" (im Text wörtlich wiederholt). Er wollte; also *mußte* er die Presse belügen, wenn sie zudringlich genug war, ihn zu fragen; also hat die Zeitung mit Hilfe eines kaum noch erträglichen Quantums an journalistischer Treuherzigkeit ihre Leser falsch informiert.

Ist es Schicksal oder ließe es sich ändern, daß Journalisten, nach dem Urteil von Hermann Hesse, die Worte anderer „eingespeichelt, aber unverdaut" wieder von sich geben?[3] Ist es zwingend, daß auf die *falsche Darstellung* durch die Politiker die *falsche Vorstellung* vom Wesen der politischen Selbstdarstellung folgt, die sich in so vielen Journalistenhirnen eingenistet hat?

---

[1] Arthur Schopenhauer, Preisschrift über die Grundlagen der Moral, § 17
[2] Machtwechsel, Stuttgart 1982, S. 697 f.
[3] Der Steppenwolf, Frankfurt 1961, S. 47

12. Sie glauben an Statistiken

Ich hörte, es sei im allgemeinen
Jeder vierte befallen von Gallensteinen.
Seither setze ich mich im Wartezimmer,
Selbst in der Trambahn oder wo auch immer,
Wenn es irgendwie geht, einfach so hin,
Daß ich der zweite oder dritte bin.

Otto-Heinrich Kühner

Wenn viele Redakteure mit *Wörtern* so umgehen, mit dem Medium also, in dem sie zu Hause sind – dann wundert es nicht, daß ihnen beim Umgang mit *Zahlen* noch mehr Malheur passiert. Erstaunlich viele Journalisten haben zwar Mühe, Hektar in Quadratkilometer oder Kubikmeter in Liter umzurechnen, doch sie lieben die Zahlen, und von einem der kompliziertesten und dubiosesten Informationsmittel, der Statistik, machen sie den lebhaftesten Gebrauch.

Verbrechen oder Unglücksfälle scheinen sie nur dann für voll zu nehmen, wenn gleich der erste Satz auf eine Zahl hinsteuert: „Ein Todesopfer forderte das Hochwasser, bei dem ein 18jähriges Mädchen ums Leben kam"[1] – ein Prachtstück von einem Satz, nach dem Strickmuster: „Ein Toter starb bei dem Todesfall, bei dem Goethe starb" (Goethe hieß der Tote); oder: „Ein Bombenanschlag auf einen amerikanischen Offiziersklub richtete in der vergangenen Nacht einen Sachschaden von 200 000 Mark an"[2] – eine Torheit am Rande der Desinformation, weil der ziemlich bescheidene Sachschaden einer dramatischen Aussage die Schau stiehlt: Auf einen amerikanischen Offiziersklub ist ein Bombenanschlag verübt worden!

Noch ärgerlicher wird diese sinnwidrige Akzentverlagerung, wenn der Zahlenkult keine Zahl zur Hand hat und dennoch zelebriert wird: „Bei einem Sprengstoffanschlag auf das Haus des Chefredakteurs der *Berliner Morgenpost* ist erheblicher Sachschaden entstanden."[3] Wieviel entstanden ist, erfahren wir nicht; noch weniger jedenfalls hätte kaum entstehen kön-

---

[1] HEUTE, 16. 12. 1982
[2] TAGESSCHAU, 7. 8. 1983
[3] SÜDDEUTSCHE ZEITUNG, 4. 10. 1983

134

nen, da es dann keine Nachricht mehr gewesen wäre. Nur um den Schaden dort stehen zu haben, wo viele Redakteure die heilige Zahl erwarten, wird von der Hauptsache abgelenkt: Bombe gegen den Chef der MORGENPOST! Auf diese Gemütsverfassung nun drischt das tägliche Überangebot an Statistik ein, an kunstvoll gruppierten Zahlen auf oft anrüchigem Fundament – eine ständige Einladung an die *Gezählten,* die *Zählenden* und die *Deutenden* zu Irrtum, Willkür, Parteilichkeit und Lüge. Der Umgang mit Statistiken müßte also die Hohe Schule des um Wahrheit und Klarheit ringenden Journalisten sein. Statistiken abzudrucken, ist ja fast immer mit einem oder mehreren der folgenden Fehler behaftet:

Die Zählenden (Statistiker und Meinungsforscher)
1. setzen sich kühn über Mängel in der Erfassung hinweg, die sie kennen oder kennen sollten
2. nehmen willkürliche Abgrenzungen vor
3. sind oft parteilich.

Die Gezählten (wir alle)
4. sind ihrerseits parteilich
5. tischen Lügen auf
6. verweigern die Auskunft, und man zählt sie doch.

Die Deutenden (z. B. Journalisten)
7. gehen häufig in die Irre
8. sind ebenfalls parteilich
9. sind nicht imstande, den Zählenden und den Gezählten das notwendige Mißtrauen entgegenzustellen.

1. Die Kühnheit der Zählenden

Statistiker und Meinungsforscher zählen unverdrossen, obwohl sie wissen oder wissen müßten, daß oft ihr Raster zu grob ist und oft ein Teil dessen, was sie zählen wollen, nicht gezählt werden kann. So in der *Kriminalstatistik:* Unzählbare Verbrechen und Vergehen kommen darin nicht vor, weil die Opfer oder die Zeugen schweigen. Die einen schweigen, weil sie Angst haben, die anderen, weil sie achselzuckend daran zweifeln, daß die Polizei ihnen wirksam helfen werde, die dritten, weil sie tot sind. Jede Kriminalstatistik bleibt folglich hinter der wirk-

135

lichen Kriminalität zurück, und die von der Polizei in Anspruch genommene Aufklärungsquote muß die Dunkelziffer unberücksichtigt lassen, ist also *immer* niedriger, als sie gemeldet wird.

Die Grobheit des Rasters sollte die Zählenden erschrecken und sie entweder auf Zählung verzichten lassen oder sie zu überaus vorsichtigen Aussagen veranlassen in Fällen wie diesen: Das Bonner *Beherbergungsstatistik*-Gesetz von 1980 erfaßt nur Betriebe, die neun oder mehr Betten vermieten; mehr als 100000 Zimmervermieter in den Urlaubsorten erfaßt sie nicht. Norderney registrierte 1982 amtlich 0,94 Millionen, wirklich aber 2,2 Millionen Übernachtungen.[1] Bei der *Bundeswehr* kam es 1982 auf *einem* „Meldeweg" zu 27 tödlichen Unfällen, auf einem *anderen* aber zu 31. „Beide haben recht, die Zahlen sind nur anders", sagte dazu ein Sprecher des Verteidigungsministeriums.[2] In der *Schwerbehinderten*-Statistik nach dem Gesetz von 1974 sind nach Schätzung des Bonner Arbeitsministeriums 600000 Tote enthalten: Die Behinderten-Ausweise gelten meist sechs Jahre lang, und alle während ihrer Gültigkeit Verstorbenen laufen solange in der Statistik mit.[3]

Zur Kühnheit der Zählenden gehört es ferner, weiter Meinungsumfragen zu publizieren, obwohl die Bereitschaft der Befragten, sich zu äußern, über die Jahrzehnte hin stetig abnimmt – mehr darüber unter (6): Die Verweigerung der Gezählten.

2. Die Willkür der Zählenden

Bei der Berechnung des Bruttosozialprodukts wird die Arbeit der Hausfrau nicht mitgezählt. „Der Lohn der Köchin jedoch zählt mit. Wer also seine Köchin heiratet, drückt das Volkseinkommen."[4]

Damit man zählen kann, wer *arm* ist, muß man „Armut" definieren. Die amerikanische Regierung hat definiert: Arm ist

---

[1] Vgl. Die Zeit, 22. 7. 1983; Frankfurter Allgemeine, 15. 3. 1984
[2] Zit. nach: Süddeutsche Zeitung, 24. 2. 1984
[3] Vgl. Der Spiegel 15/1983, S. 27
[4] Europa und die Welt (Beilage der Welt), II/1980

eine vierköpfige Familie, die (nach dem Geldwert von 1983) im Jahr weniger als 9862 Dollar zur Verfügung hat, das waren rund 2300 Mark im Monat; ein Einkommen also, von dem 500 Millionen Inder nur träumen können. Schreibt nun eine deutsche Zeitung „34 Millionen Amerikaner sind arme Leute"[1], so kommt die Willkür des *Deutenden* hinzu; genauer gesagt leben sie unterhalb einer willkürlich gezogenen sogenannten Armutsgrenze – nur wäre das keine Nachricht mehr.

Was ist ein *Verkehrstoter?* Einer, der tot aus dem Auto geborgen wird oder während des Transports ins Krankenhaus stirbt – definiert man in Portugal. Österreich zählt auch solche Verunglückten mit, die innerhalb von drei Tagen nach dem Unfall sterben; Frankreich zieht diese Grenze nach sechs Tagen, die Bundesrepublik nach dreißig Tagen, die USA ziehen sie nach einem Jahr.[2] Würden die Vereinigten Staaten sich zu einer portugiesischen Statistik entschließen, so hätten sie sofort viel weniger „Verkehrstote".

Die Statistik ist also international nicht vergleichbar. Auch arbeitet sie in Amerika mit der kühnen Unterstellung, einer, der elf Monate nach einem Unfall im Krankenhaus stirbt, sei an den Folgen des Unfalls gestorben – als ob noch nie ein Mensch an den Folgen eines langen Krankenhausaufenthalts gestorben wäre; bei gleichen Fristen enthält die Statistik demnach auch eine Aussage über die Qualität der Krankenhausversorgung in dem betreffenden Land, nicht beabsichtigt und meist unbemerkt.

Überdies hängt die Überlebenschance eines Verunglückten natürlich weitgehend von seinem Allgemeinzustand ab; wenn er nach drei Herzinfarkten und einem Verkehrsunfall im Krankenhaus stirbt – ist er dann ein „Verkehrstoter"? Man sieht: Die Eignung der Gezählten, sich zählen zu lassen, ist bei weitem geringer als der Ehrgeiz der Zählenden, sie zu zählen, und noch größer ist die Gier der Presse, die in der Hochsaison nach jedem Wochenende die Verkehrstoten gezählt haben will, obwohl die dafür nötige Frist außer in Portugal nirgends verstrichen ist.

Damit ist fast das Niveau der berühmten „Todesopfer von

---

[1] SÜDDEUTSCHE ZEITUNG, 8. 4. 1983; vgl. FRANKFURTER RUNDSCHAU, 16. 2. 1984
[2] Vgl. AUTO, MOTOR UND SPORT, 12/1980, S. 222

Hitze- oder Kältewellen" erreicht, ein Tiefpunkt an Rekordsucht, Simplifizierung und Gedankenlosigkeit. Niemand stirbt nur an einer extremen Temperatur – sondern zum Beispiel am Herzkollaps beim Freischaufeln seines Autos aus einer Schneewehe, und schon geht er in die Statistik ein. Wenn Oma im Ferienstau auf der Autobahn einem Hitzschlag erliegt, dann ist sie gestorben an Hitze, Kreislaufschwäche, Baustellen-Engpässen, Ferienterminen und dem Entschluß ihres Schwiegersohns, sie in Kenntnis all dieser Umstände in sein nichtklimatisiertes Auto zu pferchen.

Wie viele *Wörter* hat die deutsche Sprache? Jede Zahl darüber ist falsch und muß falsch sein. Wie viele Deutsche sollen ein Wort kennen oder verwenden, damit es als „Wort" für voll genommen und gezählt wird? Eine willkürliche Entscheidung. Soll man Vulgärwörter zählen, Dialektwörter, Wörter des Teenager-Jargons, die noch nie gedruckt worden sind, Wörter, die bei Goethe vorkommen, aber seitdem nicht mehr („Fraubaserei")? Ist es vernünftig, Psittakose als Wort der deutschen Sprache einzustufen, wie Duden und Wahrig es tun? Blume, Strauß und Blumenstrauß – sind das zwei Wörter oder drei? Hundert Blumennamen, erst für sich gezählt und dann mit „Strauß" kombiniert – 200 Wörter oder 101? Ding, Dingens, Dings, Dingelchen, Dingerchen, Dingerich, Dingsbums, Dingsda, Dingskirchen, Dingslamdei – sollen das wirklich zehn Wörter der deutschen Sprache sein? Ja, sagt der sechsbändige Duden, denn er führt sie auf.

3. Die Parteilichkeit der Zählenden

Sie hat reichlich Raum, wo Willkür ohnehin die Grenze zieht. Was ist *Übergewicht?* Möglichst viele Bürger als übergewichtig einzustufen, liegt eindeutig im Interesse der privaten Kranken- und Lebensversicherer, weil sie für „Übergewicht" einen Zuschlag kassieren. Wenn zwischen der Erkennung einer Krebsart und dem Tod fünf Jahre mehr vergehen als früher – ist dann der Tod hinausgeschoben oder nur die Erkennung vorgezogen worden? Der Tod ist hinausgeschoben worden, sagen Ärzte und andere Vorkämpfer der Vorsorge-Untersuchung: „Ein durch Früherkennung vorverlegter Zeitpunkt der Diagnosestellung wird als verlängerte Lebenszeit verkauft."[1]

Wenn es einer Klinik gelingt, den einen Krebspatienten zehn Jahre am Leben zu erhalten, sein Leidensgenosse aber schon an der Operation gestorben ist, dann gelten beide Patienten als gerettet: Durchschnittlich haben sie ihre Krankheit fünf Jahre überlebt, und diese Frist definiert man als „Heilung". Ein guter Arzt traut deshalb keiner Statistik, die er nicht selbst gefälscht hat.[2]

„Durchschnittlich" fünf Jahre überlebt: Das erinnert an die Geschichte von dem Mann, der ertrank, als er einen Fluß durchquerte, der im Durchschnitt 46 Zentimeter tief war, oder an die Aussage: „Rockefeller und sein Chauffeur sind im Durchschnitt Milliardäre." Korrekte Anwendung der Mathematik schließt also Torheit so wenig aus wie Parteilichkeit, und die Rolle beider vergrößert sich enorm durch die Chance des Statistikers, seine Meinung schon in seinen Ansatz einzubauen:

Je nach Berechnungsbasis und „erkenntnisleitendem Interesse" läßt sich der Anteil von Arbeiterkindern an Schule und Hochschule verdoppeln oder halbieren; um das Gewicht der noch bevorstehenden Aufgabe zu betonen, wird der Wert anklägerisch auf 7 Prozent gedrückt, soll dagegen die Größe des Geleisteten ins Licht gerückt werden, dann steigt die Quote auf stolze 26 Prozent. Wer glaubt, der Chancengleichheit nahe zu sein, erinnert gern daran, daß zwei von fünf Studenten Väter haben, die nur den Hauptschulabschluß besitzen, und wer gar meint, das Ziel sei schon erreicht, sieht sich durch die Beobachtung bestätigt, daß jeder zweite Student der erste seiner Familie ist, der eine Hochschule besucht.
Das Was-Ihr-Wollt der Wissenschaft macht den Vorschlag verständlich, die Ergebnisse angewandter Sozialforschung einer Art von Verbraucherschutz zu unterwerfen, der sicherstellen soll, daß gewisse Mindestanforderungen gewahrt bleiben. In jedem Fall wären die Wege kenntlich zu machen, auf denen jene Daten gewonnen wurden, mit denen manche Forscher so bedenkenlos hantieren.[3]

---

[1] MEDICAL TRIBUNE; zit. nach DER SPIEGEL, 42/1978, S. 202
[2] Hans Paulsen, Regeln wie beim Roulett, in: DER SPIEGEL, 43/1978, S. 217
[3] Konrad Adam, Chancengleichheit, ein Phantom, in: FRANKFURTER ALLGEMEINE, 5. 11. 1982

4. Parteilichkeit der Gezählten

Die gibt es auch, zum Teil mit grotesken Ergebnissen. Das *Schwerbehinderten*-Gesetz sieht für die Betroffenen einen verstärkten Kündigungsschutz, mehr Urlaub, früheren Eintritt ins Rentenalter, kostenlose Benutzung der Nahverkehrsmittel und vielerlei Steuervergünstigungen vor; da sich nun verschiedene Wehwehchen zu einer starken Minderung der Erwerbsfähigkeit addieren lassen und die Ärzte mit ihren Attesten nicht knausern, hat ein „Run in die Schwerbehinderung" eingesetzt, sie ist zu einer „Fluchtburg für die Cleveren" geworden, und unter den angeblich Schwerbehinderten befinden sich mehrere aktive Mitglieder der erfolgreichen Handballmannschaft des VfL Gummersbach.[1]

Wer ist *arbeitslos?* Die Erhebungsmethoden der Industrienationen miteinander vergleichen heißt darauf verzichten, internationale Vergleiche überhaupt noch abzudrucken. Hier als arbeitslos Gemeldete, dort Empfänger von Arbeitslosenunterstützung, hier auch Kurzarbeiter, da auch solche, die nur eine Halbtagsarbeit suchen; 190000 Karteileichen in England[2], in Japan eine halbe Million als „beschäftigt" ausgewiesen, weil sie erst mit 57 Jahren arbeitslos geworden sind[3]. Die deutsche Arbeitslosenzahl „umfaßt auch Personen, die sich als arbeitssuchend in den Registern führen lassen, um die Benefizien nicht zu verlieren, die sich mit diesem Status verbinden, die aber nicht im Ernst eine Tätigkeit in Fabrik oder Büro aufnehmen wollen".[4] Stärkere Annäherung an die Realität in den USA, weil dort die Arbeitsuchenden durch monatliche Umfragen ermittelt werden – „Aufrichtigkeit ist wahrscheinlich, weil von der Antwort weder Belohnung noch Strafe abhängt."[5] So zeichnet sich ein fließender Übergang von der Parteilichkeit zur Lüge ab.

---

[1] Die Zeit, 30. 1. 1981
[2] Vgl. Handelsblatt, 3. 12. 1982
[3] Vgl. Capital, 3/1983
[4] Johannes Gross, Unsichtbare Arbeitslose, in: Capital, 2/1983
[5] Capital, 3/1983

5. Die Lüge der Gezählten

„Für ein Medizinstudium entscheiden sich in der Bundesrepublik junge Menschen zumeist aus idealistischen Vorstellungen vom Helfen und Heilen." Woher wissen wir das? Sie
haben es auf eine Umfrage des Bundesgesundheitsministeriums
unter Medizinstudenten geantwortet.[1] Diese Meldung abzudrucken, war unseriös. Denn erstens ist der Durchschnitts-
mensch nicht imstande, seine Motive zu erkennen (wie seit Sig-
mund Freud bekannt). Zweitens sind die wenigen, die ihre Motive kennen, selten fähig, sie zu artikulieren. Drittens sind von
den ganz wenigen, die ihre inneren Antriebe kennen und obendrein formulieren können, die allerwenigsten auch willens,
darüber wahrheitsgemäß zu berichten.

Wenn nun viertens die Frage nach den Motiven den sozialen
Druck enthält, sich zu etwas Erbaulichem und sozial Gebillig-
tem zu bekennen, dann liegt eine Einladung zur frommen Lüge
vor, und die Antwort ist nicht mehr relevant. Sollte eine Redaktion den Abdruck dennoch für dringend halten, so müßte
sie wenigstens formulieren: „Als Motiv für ihr Studium haben
die meisten Medizinstudenten angegeben...", siehe Kap. 11.
„Daß die Frage nach der *Einkommenshöhe* notorisch falsch
beantwortet wird, ist aus den Lehrbüchern bekannt; trotzdem
erscheint sie überall."[2]

6. Die Verweigerung der Gezählten

„Anfang der sechziger Jahre soll jeder zehnte, Mitte der
siebziger Jahre schon jeder vierte sich den Fragen der Wissenschaftler entzogen haben. Heute sind die Unwilligen nicht selten in der Mehrheit."[3] Und das sei gut so, meint Friedrich Tenbruck:

> Gegen tiefes Mißtrauen ist vormals den Bürgern eine Art
> neuer Pflicht auferlegt worden, sich im Interesse der Wissen-
> schaft für alle möglichen Befragungen, Experimente und Un-
> tersuchungen zur Verfügung zu stellen und diese Bereitschaft

[1] dpa/DIE WELT, 28. 12. 1973
[2] Konrad Adam, Die Empirie als Gegner der Erfahrung, in: FRANKFURTER ALLGEMEINE, 10. 9. 1983
[3] Konrad Adam, ebenda

im öffentlichen Interesse gleichfalls den kommerziellen Instituten zu erweisen. Aus guten und dringenden Gründen ist es an der Zeit, die Beweislast endlich umzukehren: Bürger sollten es grundsätzlich ablehnen, sich der Sozialforschung für Umfragen, Erhebungen, Experimente und dergleichen zur Verfügung zu stellen, solange ihnen nicht jeweils überzeugend verdeutlicht werden kann, wieso dies im Einzelfall wirklich der Wissenschaft oder der Praxis dient.[1]

7. Der Irrtum der Deutenden

„Fast zehn Millionen Bundesbürger leiden unter einem Kropf, auch wenn dieser äußerlich oft nicht sichtbar ist."[2] Sollte hier wirklich zehnmillionenmal *gelitten* werden – und wenn, dann wirklich unter Kropf? Und nicht vielmehr unter einer extremen Medizinstatistik? Noch immer stirbt jeder zweite Schweizer den Herztod, klagte die SCHWEIZER ILLUSTRIERTE (4/1983). Sollten also lieber mehr Schweizer den Krebstod sterben, oder wie hätte es die Illustrierte gern? Hier scheint es an der Einsicht zu mangeln, daß die Sterbequote immer 100 Prozent beträgt, wobei der Herztod meist zu den weniger unangenehmen Todesarten gerechnet wird.

Die häufigsten Deutungsfehler folgen daraus, daß die Statistik niemals Gründe und ursächliche Verknüpfungen nennt, aber meistens auf der Suche nach solchen gelesen wird – falls sie nicht schon im Dienst der Ursachenforschung in Auftrag gegeben worden ist. Wenn nun jede Statistik die Versuchung enthält, Kausalzusammenhänge hineinzudeuten, so braucht man sich über eine Fülle von anfechtbaren Deutungen oder grotesken Fehlinterpretationen nicht zu wundern; nach dem Muster: Hat nicht in Deutschland die Zahl der Geburten drastisch abgenommen – und die der Störche auch? Sollten es also doch die Klapperstörche sein, die die Kinder bringen?

„Sowjets am lesefreudigsten", liest man da, und der Lauftext wiederholt die Deutung der Überschrift[3] – gestützt auf die statistische Aussage, in der Sowjetunion würden mehr Bücher

---

[1] Friedrich H. Tenbruck, Der Mensch als Merkmalsträger, in: FRANKFURTER ALLGEMEINE, 31. 3. 1984
[2] dpa/SÜDDEUTSCHE ZEITUNG, 6. 4. 1984
[3] dpa/SÜDDEUTSCHE ZEITUNG, 4. 8. 1983

gedruckt als in jedem anderen Land. Damit die Wörter durch die Zahlen gedeckt wären, müßten nun erstens auch *pro Kopf* mehr Bücher ausgeliefert werden als anderswo (das mag sein, aber es steht nicht drin), und vor allem müßte zweitens ein eindeutiger Zusammenhang zwischen Buchausstoß und Lesefreudigkeit bestehen – und der besteht natürlich nicht. Niemand wird bestreiten, daß ein Besitzer von 15 Bänden Konsalik wahrscheinlich sämtliche Seiten gelesen hat, ein Besitzer von 15 Bänden Goethe wahrscheinlich nicht; und wer Lenins Werke in 40 Bänden über alle Bibliotheken und Parteibüros ausstreut, der kann viel drucken.

Viele Raucher sterben an Lungenkrebs, das ist unbestritten. Freilich sterben viele Raucher nicht an Lungenkrebs und viele Nichtraucher doch an Lungenkrebs. Also wäre auch die Deutung nicht zu widerlegen: „Es gibt Menschen, die sind so programmiert, daß sie zum Zigarettenrauchen neigen und zum Lungenkrebs" oder „Wem es bestimmt ist, an Lungenkrebs zu sterben, der raucht vorher"[1]. Die Wahrscheinlichkeit mag gegen solche Deutungen sprechen; es wäre ja ein Gewinn, wenn alle Deuter, Verbreiter und Benutzer von Statistiken immer gegenwärtig hätten, daß mehr als die gewisse *Wahrscheinlichkeit* eines Kausalzusammenhangs aus einer Statistik nie herausgelesen werden kann.

8. Die Parteilichkeit der Deutenden

Wie viele Deutsche sind für die 35-Stunden-Woche? 34 Prozent der Berufstätigen, ermittelte EMNID – 55 Prozent aller Bundesbürger, ermittelte INFAS; beides im Herbst 1983. INFAS hatte nicht an die Gewerkschaftsforderung angeknüpft, sondern schlicht gefragt: „Wie viele Stunden möchten Sie arbeiten, wenn es nur nach Ihnen ginge?"

Das Reizwort „35-Stunden-Woche" wurde bei INFAS nicht erwähnt... Gleichwohl: Die IG Metall machte daraus in ihrem Pressedienst „Mehrheit der Arbeitnehmer wünscht kürzere Arbeitszeit", womit ein Argument mehr für die 35-Stunden-Woche geschaffen war... „Die INFAS-Untersuchung paßte für uns gut ins Bild", sagt der Gewerkschaftssprecher. Daß

[1] Rudolf Walter Leonhardt, Journalismus und Wahrheit, München 1976, S. 64

INFAS sich in der Frageformulierung an den Interessen seiner potentiellen Kunden orientiert hat, ist weder ausgeschlossen noch zu belegen. Den vollständigen Fragenkatalog rückt INFAS nicht heraus.[1]

Haben wir nicht längst die 31-Stunden-Woche? fragt unterdessen die Industrie – wenn man nämlich Urlaub, Krankheit, Mutterschutzfristen und unentschuldigtes Fehlen von der Arbeitszeit abzieht.[2]

9. Die Unfähigkeit der Deutenden

Dies sind zumeist die Journalisten. Die Abschnitte 1 bis 8 enthielten zahlreiche Beispiele dafür. Es ist erstrebenswert und zumutbar, daß alle Redakteure über jenen Grad von Weltkenntnis und Mißtrauen verfügten, der sie befähigte, bei jeder Statistik durch eine möglicherweise parteiliche Instanz, nach dem leitenden Interesse oder dem eingewebten Grundirrtum zu suchen – und alle Produkte des Meinungsforschungsgewerbes mit spitzen Fingern anzufassen.

Wie war das mit den beiden EMNID-Umfragen über die Nachrüstung? Am 8. September 1983 schloß EMNID eine Umfrage im Auftrag des Fernsehmagazins PANORAMA ab – und *14 Prozent* der befragten Bundesbürger waren für die Aufstellung amerikanischer Mittelstrecken-Raketen. Sechs Tage später schloß EMNID eine Umfrage im Auftrag des Bundesverteidigungsministeriums ab – und *58 Prozent* der befragten Bundesbürger waren für die Aufstellung amerikanischer Mittelstrecken-Raketen. Für PANORAMA hatte EMNID gefragt:

Wenn die Verhandlungen zwischen den Vereinigten Staaten und der Sowjetunion erfolglos bleiben, sollen demnächst auch bei uns in der Bundesrepublik neue Raketen aufgestellt werden. Sind Sie für oder gegen die Aufstellung neuer Raketen?

---

[1] Elke Bastian, Meinungsumfragen nach dem Hauruck-Prinzip, in: FRANKFURTER RUNDSCHAU, 9. 1. 1984
[2] Umfrage des Instituts der Deutschen Wirtschaft, zit. in: DIE WELT, 22. 2. 1983

Für das Verteidigungsministerium hatte EMNID gefragt:

> Der Westen muß gegenüber der Sowjetunion stark genug blei-
> ben. Deshalb ist es nötig, in Westeuropa moderne Atomwaf-
> fen aufzustellen, wenn die Sowjetunion ihre neuen Mittel-
> streckenwaffen nicht abbaut.

Die Befragten sollten sagen, ob sie „dieser Aussage eher zustimmen oder eher nicht zustimmen"[1]. Die Parteilichkeit des
Zählenden – genauer: die Parteinahme des Zählenden für seinen Auftraggeber – zeigt sich im ersten Satz: „Der Westen muß
gegenüber der Sowjetunion stark genug bleiben." Stimmt man
die Gezählten auf diese Weise ein, sind sie für die Nachrüstung; stimmt man sie nicht ein, sind sie dagegen. Fazit: Wir
haben nicht erfahren (und wahrscheinlich können wir nicht erfahren), ob die Westdeutschen für oder gegen die Nachrüstung
sind.

„Auf fast jedem Gebiet des heutigen Lebens wäre die beste –
und sicher die ehrlichste – Antwort auf die Frage nach Zahlen:
Nobody knows. Nur erweckt das in uns den Eindruck, jemand
habe vor seiner Aufgabe versagt; es muß eine richtige Antwort
geben, also wird eine richtige Antwort zurechtgelegt... Wir
schaffen uns die Zahlen, an die wir glauben wollen."[2]

---

[1] Vgl. FRANKFURTER ALLGEMEINE, 29. 9. 1983
[2] Otto Friedrich, Of Imaginary Numbers, in: TIME, 2. 8. 1971

13. Sie verkennen andere Kulturen

> We give you Asia – minus the mystery,
> minus the myth.
> *Motto der*
> *FAR EASTERN ECONOMIC REVIEW*

R und ein Drittel der Medienkonsumenten in den Vereinigten Staaten – so das Ergebnis einer Gallup-Umfrage – erkannte Presseberichte als falsch oder zumindest äußerst fehler-
haft, die mit ihrem eigenen Lebens- oder Erfahrungsbereich zu
tun hatten. Der Lokalreporter, der falsch über den örtlichen
Fußballverein berichtet, darf sich in der Redaktion nicht mehr
sehen lassen. Der Bonner Parlamentskorrespondent handelt
sich postwendend ein Dementi ein, wenn er die Presse-Erklä-
rung einer Partei falsch zitiert. Eine Milliarde Chinesen aber
können sich nicht wehren, wenn sich ein westlicher Auslands-
reporter in schiefe oder gar hanebüchene Interpretationen
versteigt.

Der KÖLNER STADT-ANZEIGER bezeichnet den blutigen
Krieg in der Westsahara als „letztes großes Abenteuer der Be-
duinen-Kultur"[1]. Das Blatt ist auch der Meinung, daß „Armut" auf der kenianischen Insel Lamu „eine Idylle prägt"[2].
Eine Redakteurin dieser Tageszeitung ist zu der Erkenntnis gekommen, daß viele Haitianer ihre Heimat verlassen, um in der
Fremde „ihr Glück zu suchen"[3] – während sie (nicht nur nach
Meinung von Amnesty International) ihr Leben aufs Spiel setzen, um einer der blutrünstigsten Diktaturen der Gegenwart zu
entkommen. Drei Beispiele aus gut drei Wochen, die die Vermutung nahelegen, daß es sich nicht allein um Ausrutscher
handelt.

Aus den Ländern der Dritten Welt ist wiederholt der Vorwurf erhoben worden, die westlichen Medien berichteten selten
korrekt, oft hochmütig und falsch, fast nie vollständig und
ausreichend über Politik und Kultur der Entwicklungsländer
(und manche fügen hinzu, dies sei ein legitimer Grund, westli-

---

[1] KÖLNER STADT-ANZEIGER, 18. 3. 1983
[2] KÖLNER STADT-ANZEIGER, 9. 4. 1983
[3] KÖLNER STADT-ANZEIGER, 18. 3. 1983

chen Korrespondenten die Arbeit zu erschweren; in Kap. 16 mehr darüber). Der Generalsekretär der UNESCO, Amadou Mahtar M'Bow, wirft westlichen Berichten vor, die Wirklichkeit Afrikas systematisch zu verzerren[1]. Peter Lim – Chefredakteur der Zeitung NEW NATION in Singapur – forderte europäische und amerikanische Journalisten auf, ihre auf „vorgefaßten Meinungen, kulturellen Wertvorstellungen oder einem Überlegenheitskomplex beruhenden Vorurteile" über Entwicklungen in der Dritten Welt aufzugeben[2]. Und der nigerianische Publizist Akin Euba betonte, westliche Korrespondenten schilderten generell nicht afrikanische Kultur, sondern gäben nur „westliche Ansichten *über* afrikanische Kultur" wieder[3].

Viele Mängel der Auslandsberichterstattung unterscheiden sich nicht von jenen, die wir allgemein in den verschiedenen Kapiteln dieses Buches analysieren. Trotzdem lassen sich auch einige besondere, historisch-kulturell und politisch bedingte Ursachen dafür anführen, warum die Welt in den Medien wie im Zerrspiegel erscheint.

Schon die Begriffe sind falsch

Die Schwierigkeiten unserer Berichterstattung über ferne Länder, fremde Kulturen und andersartige politisch-gesellschaftliche Systeme beginnen bereits bei den Wörtern, die wir verwenden. Der sowjetische *Gewerkschafts*vorsitzende sitzt dem äußersten Gegenteil einer Gewerkschaft vor. Wer entscheidet, was eine Terrorgruppe, eine Separatistenorganisation oder eine Befreiungsbewegung ist? Ein TAGESSCHAU-Redakteur wurde 1974 kritisiert, weil er die Frelimo als „Befreiungsbewegung" bezeichnet hatte – ein Jahr später war sie anerkannte Regierungspartei. Wir sprechen von schottischen *Nationalisten* und billigen auch den fünf Millionen Flamen in Belgien zu, eine Nation zu sein. Wenn Europäer aber über Afrika schreiben, ist nur noch von *Stämmen* die Rede – obwohl viele „Stämme" aus mehr Menschen bestehen als beispielsweise die

---

[1] Zit. nach: Rosemary Righter, Erfundene Wahrheit, München 1981, S. 37
[2] Righter, S. 47
[3] Cwienk/Klicker (Hrsg.), Lernen von Afrika, Wuppertal 1982, S. 158

irische „Nation", und obwohl 95 Prozent dieser „Stämme" über eine eigene Sprache und eine originäre Kultur verfügen. Wir hantieren mit Begriffen wie *links* und *rechts,* die im Europa des 18. und 19. Jahrhunderts entstanden sind, aber heute nur wenig zur Erklärung der Wirklichkeit in den Ländern Afrikas, Asiens und Lateinamerikas beitragen. Die *rechts*gerichtete Regierung Brasiliens hat mehr als die Hälfte der heimischen Industrie verstaatlicht – im *links*gerichteten Nicaragua sind es bisher nicht einmal 20 Prozent. Der libanesische Politiker Walid Dschumblatt figuriert in deutschen Zeitungen meist als „linksgerichteter Drusenführer", er ist aber vor allem Feudalfürst und Religionsoberhaupt. Wir haben daher Anlaß, seine machtpolitische Rolle im Libanon eher jahrhundertealten Bindungen und feudalen Strukturen zuzuschreiben als neuzeitlichen politischen Ideen.

Weil es uns an treffenden politischen Begriffen mangelt, weil wir die „Mühen des Begriffs" (Hegel) scheuen, versuchen wir auf religiöse oder kulturelle Schlagwörter auszuweichen – und geraten vom Regen in die Traufe: Erklärt das Beiwort „christlich" tatsächlich Wesen und Substanz libanesischer Milizionäre? Lassen sich unter dem Obertitel „islamische Fundamentalisten" tatsächlich der Revolutionär Ghaddafi, der Theokrat Khomeini, König Fahd von Saudi-Arabien, die sunnitischen Moslembrüder und die schiitischen Todeskommandos im Iran zusammenfassen?

Die *Übersetzung* fremder Sprachen zwingt uns Begriffe auf, die wir anders verstehen, als sie von den Betroffenen selbst verstanden werden. Der Ehrentitel *Suryongnim,* mit dem sich Nordkoreas Diktator Kim Il Sung schmückt, ist auch nicht annähernd mit dem deutschen Ausdruck „großer Führer" umschrieben – zu viele unübersetzbare kulturelle, historische und auch religiöse Nuancen schwingen mit, als daß wir sie in einem deutschen Begriff erfassen könnten.

Wir geben die beiden chinesischen Schriftzeichen *ge ming* entsprechend ihrer modernen Bedeutung mit „Revolution" wieder – aber sie waren lange Zeit vor dem Machtantritt Maos bereits das Zeichen für den „Wechsel des himmlischen Mandats", den Sturz des Kaisers und die Inthronisation eines neuen Herrschers. *Ge ming* löst also für einen Chinesen eine Assoziationskette aus, die relativ wenig mit Marxismus zu tun hat und die in unseren Rückübersetzungen chinesischer Verlautbarungen notwendig verlorengeht[1].

Der Schein der Metropolen ist nicht die Wirklichkeit der Welt

Wir kommen auch deshalb so leicht zu Fehlurteilen über die Lage der armen Mehrheit der Weltbevölkerung, weil uns aus den Entwicklungsländern spiegelbildlich das entgegenzuleuchten scheint, was wir selbst – der europäische Imperialismus und Kolonialismus – dort hinverpflanzt haben. Die Perspektiven aus den Fenstern der Luxushotels in den Metropolen unterscheiden sich in den 161 Staaten der Erde nur unwesentlich. Hans Magnus Enzensberger schreibt:

> Noch die Zeichen ihrer Souveränität sind sklavische Imitationen dessen, wovon sie sich in blutigen Kämpfen glauben befreit zu haben: die Idee der Nation, die Slogans der Revolution, der Gedanke der Einheitspartei, die Embleme der Staatlichkeit von der Nationalhymne bis zur Verfassung, von der Flagge bis zum Protokoll.[2]

Wir finden in den ehemaligen britischen Kolonien säuberliche Kopien des viktorianischen Parlamentarismus – mit Ober- und Unterhaus, Speaker und Saaldiener und Lordrichtern mit Perücke. Dennoch haben Politik und Gesellschaft Kenias oder Ugandas mit westlicher Demokratie, europäischem Rechtsbewußtsein, politischer Partizipation in unserem Sinn so gut wie nichts gemein.

Die Fehlinterpretation politischer Entwicklungen in der Dritten Welt ist vor allem das Resultat einer Übertragung unseres Politikverständnisses, das gekennzeichnet ist durch Parteien mit relativ klaren Programmen, die Verankerung des politischen Überbaus in der Gesellschaft, den Primat des Rationalen, die Reduzierung auf das Ökonomische. Wir neigen dazu, Faktoren in anderen Ländern nur deshalb zu vernachlässigen, weil sie in *unseren* Gesellschaften keine oder nur noch

---

[1] Vgl. Peter Dittmar, Marx' himmlisches Mandat, in: DIE WELT, 27. 11. 1981; Wolfgang Franke, Das Jahrhundert der chinesischen Revolution 1851–1949, München 1980, S. 11 ff.
[2] Enzensberger, Politische Brosamen, Frankfurt 1982

eine untergeordnete politische Rolle spielen. So sind Religion, Familie, Clan, Magie und Kult für uns keine Begriffe, die der Analyse von Staat und Politik angemessen wären. Dabei hält der Nepotismus die meisten Führungseliten in der Dritten Welt zusammen, dabei hat in einem Staat wie Haiti der Voodoo-Kult eminent politische Bedeutung.

Oft wird dem Auslandskorrespondenten der Zugang zur Gesellschaft, der unmittelbare Kontakt zu einfachen Menschen bereits durch Sprachbarrieren verstellt. Befragte antworten jedoch nicht nur in totalitären Ländern anders, wenn ein Dolmetscher die Fragen stellt. Der Fernsehreporter Peter Krebs schrieb nach seiner Tätigkeit in Japan:

> Nur ein jahrelanges Studium könnte mich in den Stand setzen, eine Zeitung zu lesen, ein Interview zu führen, den Sprecher im Rundfunk zu verstehen – und woher soll ein Korrespondent, der mit der Herstellung seiner Berichterstattung voll ausgelastet ist, die Zeit nehmen für ein solches Sprachstudium?[1]

Angehörige der europäisch-amerikanisch erzogenen Oberschichten werden so zu den wichtigsten, meist sogar den einzigen direkten Informationsquellen ausländischer Journalisten, obwohl ihnen der tiefe Graben zwischen Auffassungen und Lebensstil dieser Elite und der oft noch im Feudalismus lebenden Masse des Volkes bewußt sein müßte.

Politische Interessen verstellen den Blick

Verzerrt wird unsere Vorstellung von der „Außenwelt" aber nicht zuletzt durch unsere politischen Interessen. Dies wird vor allem in Krisen und Kriegen deutlich. Die amerikanische Invasion auf der Karibik-Insel Grenada wurde von einer ausgeklügelten Medienstrategie des Pentagon und des US-Geheimdienstes CIA begleitet. Der Satiriker Art Buchwald meinte, der „unblutige Sieg" dieser Propagandakampagne über die gesamte Weltpresse werde als Reagans „glücklichste Stunde" in die Geschichte eingehen.[2]

---

[1] Krebs, in: Thilo Koch (Hrsg.) Unser Mann in . . ., Würzburg 1981, S. 65
[2] INTERNATIONAL HERALD TRIBUNE, 30. 10. 1983

Tagelang druckten nahezu alle Zeitungen in Europa, den Vereinigten Staaten und Japan amerikanische Angaben über angebliche Guerilla-Aktionen der Cubaner und sensationelle Waffen- und Leichenfunde nach – bis sich schließlich das meiste als Lüge herausstellte.[1] Die Presse handelte nach der Devise, daß das schon richtig sein müsse, was aus „offiziellen" amerikanischen Regierungsstellen verlautete.

Journalisten neigen eben dazu, außenpolitische Konflikte nach der politischen Orientierung *ihrer* Regierungen zu beurteilen. In den Redaktionen wird Kritik an mangelnder Berücksichtigung der Entwicklungen in vielen Ländern der Welt gern mit dem Spruch abgetan, der „Nachrichtenwert" richte sich nach der „Entfernung": Ein Leichenfund in der Stadt, in der die Zeitung erscheint, ist eine Meldung wert; ein Toter in einer tausend Kilometer entfernt liegenden Stadt interessiert keinen Menschen. Wenn es so einfach wäre, wieviel mehr müßten wir zumindest über unser Nachbarland Tschechoslowakei wissen!

In Wahrheit ist unser Blickfeld eingeengt auf den „freien Westen", die beiden Supermächte, den Atlantik, gerade noch die DDR, weil sie ein „Teil Deutschlands" ist. Die Berichtsgebiete unserer Zeitungen wurden in Jalta abgesteckt, der Eurozentrismus ist notorisch: Zeichnete man maßstabgerecht eine Karte der Welt nach der Erwähnung der Staaten in der TAGES-SCHAU, so wäre der Erdball zu vier Fünfteln durch Europa und die Vereinigten Staaten bedeckt; zwei Drittel der Erde aber schrumpften auf die Größe Helgolands zusammen.

Die Wirklichkeit wird in Fetzen gerissen

Von der überwältigenden Mehrheit der Weltbevölkerung, von der großen Masse der Nationen bleiben in unseren Medien nur unverständliche Partikel übrig.

Hinter dem TAGESSCHAU-Sprecher hängt die Weltkarte. Auf der Erde leben fast fünf Milliarden Menschen in über 160 souveränen Staaten. Die ARD-Nachrichtensendung besteht aus rund 80 Sätzen – auf jede Nation könnte ein halber, auf jeweils 60 Millionen ein ganzer Satz entfallen. Daß dies weder

---

[1] Vgl. Jo Remshardt, in: DIE FEDER, 1/1984

praktikabel wäre noch auch nur wünschenswert, versteht sich. Doch was alles daraus folgt, macht man sich selten klar. Während wir abendfüllend über den kleinsten Krach im Bonner Koalitionslager berichten, wird unter Fernsehkorrespondenten spöttisch das Motto zitiert: „Und bist du noch so fleißig, es werden doch nur 1:30!" Länger als eine Minute und dreißig Sekunden darf kein aktueller Auslandsfilm sein.

Die NEW YORK TIMES hat Präsident Reagan einmal vorgeworfen, er beziehe sein Weltbild aus dem stramm konservativen und kleinbürgerlich-provinziellen READER'S DIGEST. Der Präsident sehe die Welt hauptsächlich „in Anekdoten"[1]. Gerade die anekdotische, impressionistische Betrachtungsweise kennzeichnet aber selbst über weite Strecken die wohlmeinenden Dritte-Welt-Berichte des AUSLANDSJOURNALS oder der FRANKFURTER RUNDSCHAU – den Redakteuren bleibt angesichts eingefleischter Lese- und Hörgewohnheiten kaum etwas anderes übrig. Dieser Fetzenjournalismus aber will uns glauben machen, die Wirklichkeit der Entwicklungsländer bestehe zur Hälfte aus Gewalt – 52,8 Prozent aller dpa-Meldungen aus der Dritten Welt handeln von nichts anderem.[2]

Di ist uns wichtiger als Deng

Der knappe Platz für Auslandsmeldungen, die abgezirkelten Sendezeiten müßten allen Verantwortlichen eigentlich Anlaß sein, sich so gut wie möglich auf die Auswahl des Wichtigen, Grundsätzlichen zu konzentrieren. Wir aber leisten uns den Luxus, eurozentrische Schrullen zu konservieren und Lady Di für wichtiger als Deng Xiaoping zu halten.

Das britische Prinzenpaar, Charles und Diana, wurde während einer Australienreise im Frühjahr 1983 von 60 Reportern und Fotografen begleitet.[3] Nach Angaben des amerikanischen Nachrichtenmagazins TIME ist rund ein Dutzend Reporter das ganze Jahr über mit nichts anderem beschäftigt, als den Angehörigen des britischen Königshauses nachzujagen.[4]

---

[1] Zit. nach: DER SPIEGEL, 16/1983
[2] Vgl. JOURNALISTIK, 7/1983
[3] Vgl. BUNTE, 30. 3. 1983
[4] TIME, 28. 2. 1983

Bis Mitte der sechziger Jahre gab es dagegen in China – dem volkreichsten Land der Erde – kaum westliche Korrespondenten und nicht einen Vertreter deutscher Medien. Erst 1973 machte die erste deutsche Tageszeitung ein Büro in Peking auf, erst 1976 das Deutsche Fernsehen. 1983 gab es in der Volksrepublik insgesamt gerade 100 ausländische Presseleute[1] und nicht einmal zehn deutsche Journalisten, die regelmäßig über das berichten, was eine Milliarde Chinesen bewegt.

Im größten Staat Afrikas – in Nigeria – residierten bis 1983 überhaupt nur zwei westliche Medienvertreter, die unter sich die Berichterstattung über fast 100 Millionen Menschen aufteilen konnten. dpa betreut die meisten afrikanischen Länder durch sogenannte Reisekorrespondenten, die nur bei besonderen Ereignissen in ihrem Berichtsgebiet auftauchen. Diese „rasenden Reporter" unterliegen zwangsläufig jenen Irrtümern, für die in den Vereinigten Staaten der zynische Ausdruck *jetlag journalism* umgeht: der Journalismus der Zeitverschiebung, die bei langen Flugreisen eintritt – also der Presse-Enten unausgeschlafener Eilberichterstatter, die noch vom Telefonhäuschen ihres Ankunftflughafens aus den ersten „Hintergrundbericht" absetzen.

Ob wir aus einem Entwicklungsland überhaupt etwas erfahren, was wir erfahren und was nicht, hängt so immer mehr von Zufällen ab. „Machen wir uns nichts vor", kommentierte die FRANKFURTER ALLGEMEINE, „wenn es nicht eine Menge deutscher Touristen gegeben hätte auf Sri Lanka, als dort die blutigen Auseinandersetzungen zwischen Singhalesen und Tamilen begannen, hätte sich kaum jemand interessiert in der Bundesrepublik für die Vorgänge in der fernen Inselrepublik."[2]

Und Mort Rosenblum, der Herausgeber der INTERNATIONAL HERALD TRIBUNE, kam nach langen Berufsjahren als Auslandskorrespondent zu dem Ergebnis:

> Das, was üblicherweise als weltweiter Informationsfluß bezeichnet wird, ist eher eine Abfolge von Rinnsalen und tosenden Fluten. Die Nachrichten überqueren die Grenzen über erstaunlich dünne Korrespondentennetze... Die kleineren Länder werden in Stippvisiten während einer Flaute zwischen

---

[1] Angaben der staatlichen BEIJING RUNDSCHAU, 19/1983
[1] FRANKFURTER ALLGEMEINE, 2. 8. 1983

wichtigeren Berichten aus größeren Ländern hineinge-
quetscht ... Der Zufall bewirkt eine bestimmte Art der Verzerrung; weil Ausschreitungen in Jamaika zeitlich mit der
dort abgehaltenen Jahrestagung 1975 des Internationalen
Währungsfonds zusammentrafen, wurde über sie mit schauri-
ger Ausführlichkeit berichtet.[1]

Die außergewöhnlich komplizierten, für uns nur schwer durch-
dringbaren Verhältnisse in anderen Kulturen müßten uns eigentlich zu einem Höchstmaß an vorsichtigem Urteil, genauer
Beschreibung und kenntnisreicher Interpretation veranlassen –
wenn wir nicht das sarkastisch-resignierte Fazit des Philosophen Hermann Lübbe ziehen wollen:

> Die Nachricht über den Ausbruch eines Krieges zwischen
> China und Vietnam fordert uns, sofern wir nicht gerade Chi-
> nesen, Vietnamesen oder Angehörige des studentischen KBW
> sind, eine derart differenzierte Einstellung und derart diffe-
> renzierte Vorwegkenntnisse ab, daß wir uns in unserer Ur-
> teilskraft im Regelfall schlechterdings überfordert finden und
> wohl am besten tun, ein solches Ereignis in archaisch-theorie-
> loser Weise für ein Unglück zu halten.[2]

Aufgabe verantwortungsbewußter Korrespondenten müßte es
daher sein, ihre Leser oder Hörer über die Fragwürdigkeit ihrer
Quellen, die Schwierigkeit einer Einschätzung, die Vorläufigkeit eines Urteils zu informieren – und sei es in einem Halbsatz.
„Wenn wir über eine Begebenheit, die sich heute erst und unter
Menschen, mit denen wir leben, und in der Stadt, die wir be-
wohnen, ereignet, die Zeugen abhören und aus ihren wider-
sprechenden Berichten Mühe haben, die Wahrheit zu enträt-
seln, welchen Mut können wir zu Nationen und Zeiten mitbrin-
gen, die durch Fremdartigkeit der Sitten weiter als durch Jahr-
tausende von uns entlegen sind?"[3] Schiller schrieb das 1789,
und geändert hat sich seither nichts.
    Trotzdem neigen gerade Auslandskorrespondenten dazu,
mit dem Image der Allwissenheit vor die Kamera zu treten und
den Eindruck zu erwecken, „als wäre die Welt nicht tiefer als

---

[1] Zit. nach Rosemary Righter, Erfundene Wahrheit, S. 93

[2] Lübbe, Der Informationsfortschritt und der Alltag des Menschen; Vortrag auf der Tagung
„Die informierte Gesellschaft", 18. Mai 1979

[3] Friedrich Schiller, Was heißt und zu welchem Ende studiert man Universalgeschichte?

ihre Darstellung"[1]. Der frühere Moskauer Fernsehkorrespondent Klaus Bednarz war so ehrlich, die Mühen seines Jobs nicht zu verbergen: „Die wirklichen politischen Vorgänge bleiben ihm" (dem Reporter in der sowjetischen Hauptstadt) „weitgehend verschlossen. Jeder, der behauptet, er wisse, was im Kreml tatsächlich vor sich gehe, ist ein Ignorant oder Aufschneider oder beides zusammen."

Was aber soll der interessierte Zeitungsleser davon halten, wenn ihm etwa am 24. November 1983 vom Korrespondenten des STERN versichert wird, der Sowjetführer Michail Gorbatschow sei der „junge Mann" des Andropow-Gegners Tschernenko, von einem Redakteur der ZEIT dagegen, Gorbatschow sei der „engste Frontkämpfer" Andropows?[2] Wem soll er glauben, wenn von *beiden* Journalisten auch nicht der Deut eines Beweises für die jeweilige Behauptung genannt wird?

Allzu oft bieten Korrespondenten ihren Hörern oder Lesern monokausale Erklärungsmuster, deren „Logik" den nicht sachkundigen Zuschauer besticht, in Wahrheit jedoch das Ganze auf einen Teilaspekt reduziert oder einfach gängige Vorurteile bestätigt und mit anscheinend neuem Material „erhärtet".

Der 1980 ausgebrochene iranisch-irakische Krieg verschwand bereits kurz nach seinem Ausbruch weitgehend aus den Zeilen der Zeitungen und tauchte erst 1984 wieder auf. Interessant waren bis dahin höchstens noch Fotos 14jähriger Soldaten, die auf Seiten der Teheraner Truppen kämpfen, oder Berichte über Kamikaze-Aktionen aufgeputschter Revolutionsgardisten. Die Hintergründe des Krieges aber, die vielen historischen, politischen, ethnischen und religiösen Facetten des Konflikts der beiden Staaten, wurden vernachlässigt oder auf wenige vordergründige Erklärungen zurechtgestutzt.

Nicht die wirkliche Geschichte interessiert, sondern historische Analogien für aktuelle Ereignisse. Das Ergebnis ist Beliebigkeit: Als der Irak in der Offensive war und den Iran angriff, wertete die NEW YORK TIMES dies als Beweis dafür, daß die Araber schon immer die Perser unterdrücken wollten und die siegreiche Schlacht von Qadisiya im Jahre 637 nicht vergessen

---

[1] Karl Steinbuch, Zum Verhältnis von Politik und Information, in: DIE WELT, 6. 6. 1981
[2] ZEIT und STERN vom 24. 11. 1983

hätten. Als schließlich die Iraner ihrerseits auf irakisches Territorium vorgerückt waren, sprach nun der ECONOMIST von der „Rache für Karbala": Der schiitische Islam habe niemals sein Ziel aufgegeben, Rache für die Ermordung des Propheten-Enkels Hussein zu nehmen, der in einer Stadt rund hundert Kilometer südlich von Bagdad ums Leben kam.[1]

In der Regel sind es immer wieder die gleichen Klischees, die den Reportern einfallen. „Kamele und teure Luxusschlitten, eine futuristisch anmutende Architektur, Städte aus der Retorte mitten in die flirrende Sandwüste gesetzt", bemerkte die FRANKFURTER RUNDSCHAU: „Solche Bilder und Bildmetaphern sind, wenn es um die Golfstaatenregion geht, nachgerade obligatorisch." Das vielzitierte Beduinenzelt sei in Wahrheit jedoch keine „Campingausrüstung", die Beduinenkultur keine steinzeitliche und die Araber keine Neureichen, sondern erfahrene Händler seit Jahrhunderten, die bereits Märkte erschlossen hätten, „als man bei uns quasi noch auf den Bäumen wohnte".[2]

Die islamische Revolution im Iran schärfte einigen Journalisten den Blick für die „Unterströme" anderer Gesellschaften, wie Ernst Bloch sie nannte – mancherorts aber brachte sie auch nur eine vordergründige Konjunktur des Religiösen. Etliche Journalisten neigten vor allem dazu, das *Ende* der eigenen Ignoranz zum *Beginn* einer neuen Ära zu verklären. Das Wort vom „Wiedererwachen" des Islam machte die Runde – dabei waren fast die gleichen Szenen wie im Teheran des Jahres 1978 bereits 1963 zu sehen gewesen, als Hunderttausende schon einmal mit Khomeini-Plakaten in der Hand gegen das Schah-Regime demonstrierten.[3]

Peter Scholl-Latour hat darauf hingewiesen, daß der Islam bereits seit Jahrzehnten die stärkste politische Kraft in den arabischen Ländern gewesen ist. Sein Einfluß sei niemals geschwunden, manchmal nur überdeckt, oft aber hinweginterpretiert worden.[4]

Der Islam-Wissenschaftler Bassam Tibi betont in einer Studie über die Aktualität der Weltreligion, der Islam habe in sei-

---

[1] Zit. nach: INTERNATIONAL HERALD TRIBUNE, 3. 11. 1982
[2] FRANKFURTER RUNDSCHAU, 13. 6. 1983
[3] Vgl. DIE WELT, 15. 3. 1979
[4] Scholl-Latour, Allah ist mit den Standhaften, Stuttgart 1982

ner jahrhundertelangen Geschichte in mehr als vierzig Ländern
äußerst unterschiedliche Ausprägungen angenommen, die nur
im Rahmen von Regionalstudien erfaßt werden könnten. Es sei
schlicht „ignorant" und „ohne Sachkenntnis", über die homo-
genisierende Wirkung einer Re-Islamisierung zu spekulieren,
wie es beispielsweise der Fernsehkorrespondent Gerhart Kon-
zelmann in seinem Buch „Die islamische Herausforderung"
tue.[1]

Wir brauchen nicht die Schlußfolgerung des VORWÄRTS zu
teilen, daß das von den Medien gezeichnete Bild der Dritten
Welt den Titel „Abgründe mit Halbwilden" verdient hätte.[2]
Schon ein kurzer Blick zurück genügt aber, um uns die Wirkungen *des Zeitgeistes* zu offenbaren, der unser Bild mehr
prägt, als uns lieb sein sollte.

Kaum ein Zeitungsartikel in den fünfziger Jahren, der zum
Thema China nicht die „gelbe Gefahr" beschwor und mit Konrad Adenauer vor einem drohenden kommunistischen Groß-
reich von Sibirien bis zum Atlantik warnte. Während der Kul-
turrevolution in den sechziger Jahren kamen nur wenige ohne
das Schlagwort von den „blauen Ameisen" aus. Erst in den
Siebzigern entdeckten deutsche Journalisten ein „freundliches
China" - obwohl das Milliarden-Reich nicht weniger kommu-
nistisch, nicht weniger volkreich, nicht weniger egalitär geworden war. Von „blauen Ameisen" wird heute kaum noch gesprochen, obwohl das chinesische Straßenbild - mit wenigen
Ausnahmen in Shanghai, Peking und anderen Großstädten -
nach wie vor durch blaue und grüne Arbeitskittel aus Baum-
wollstoff geprägt wird; aus dem einfachen Grund, daß die Ein-
heitskleidung nur zum geringsten Teil ideologischer Gleichma-
cherei entspringt, sondern vor allem handfester Armut. Der
China-Wissenschaftler Rüdiger Machetzki bemerkte:

> Der Deutschen China-Bild hat bisweilen mehr über Deutsch-
> land ausgesagt als über China. Es stimmte eher mit den Be-
> dürfnissen der eigenen geschichtlichen Veränderungen über-
> ein als mit einem historischen Wandel des fernöstlichen Rei-
> ches.[3]

---

[1] Bassam Tibi, VORGÄNGE, Nr. 56, S. 62
[2] VORWÄRTS, 17. 3. 1983
[3] Machetzki (Hrsg.), Deutsch-Chinesische Beziehungen, Hamburg 1982

Natürlich, in den vierzehn Minuten einer TAGESSCHAU lassen sich nicht die Zusammenhänge, Hintergründe und Schattierungen unterbringen, die wir fordern müssen, wenn wir ein faires Abbild der Welt ins Haus bekommen wollen – jedenfalls nicht bei ihrer derzeitigen Machart, gegen die in Kap. 20 grundsätzliche Einwände erhoben werden. Wo aber um ein solches Bild gerungen wird – und zuweilen mit Erfolg wie in der SÜDDEUTSCHEN ZEITUNG, der FRANKFURTER ALLGEMEINEN und der FRANKFURTER RUNDSCHAU, der ZEIT und dem SPIEGEL, GEO und dem STERN – da besteht keine Garantie, daß der Leser dieses Angebot willig nutzt.

Was sich indessen praktizieren ließe, wäre: in jedes Stück Auslandsberichterstattung einen Hinweis auf den unvermeidlichen Gehalt an Mutmaßung und Vergröberung aufzunehmen und, wie wär's, auf jeweils zwei von drei eingängigen Floskeln zu verzichten.

158

14. Sie haschen nach Sensationen

Eine einzige Ausgabe der BILD-Zeitung hätte
genügt, um Johann Gottfried Herders Denkvermögen wochenlang mattzusetzen.
Hans Magnus Enzensberger

Sensation und Nachricht sind fast dasselbe, seit Herostratos
den Artemis-Tempel zu Ephesus in Asche legte. Alle Publikationen sind geneigt, „den Blick hauptsächlich auf Konflikte,
Eklats und Skandale zu richten und schon gar auf Mündungs-
feuer von Gewehren oder aufgehäufte Leichen. Das gehört –
leider – zu dem Gesetz, unter dem sie angetreten sind."[1]

Das Prinzip feststellen, heißt aber keineswegs alles billigen,
was in seinem Namen geschieht. Wie weit es sich tatsächlich
um ein Gesetz handelt und die ihm unterliegenden Nachrich-
ten-Apparate „insofern mildernde Umstände" verdienen, wird
in den nächsten Kapiteln näher untersucht. Hier soll zunächst
den Vorwürfen nachgegangen werden, wie sie aus verschiedenen Lagern immer wieder erhoben werden. Der Tat-Verdacht
lautet: Verdummung von Lesern und Hörern. Bei Karl Steinbuch liest sich das so:

> Das Fernsehen liefert seinen Konsumenten viel mehr Infor-
> mation, als sie bewußt verarbeiten können. Der unverarbei-
> tete Überschuß verschwindet ungeklärt im Unterbewußtsein.
> Hier kämpfen Informationen um Parkplätze, wobei die wich-
> tigen Informationen sich gegen die sensationellen nicht
> durchsetzen können. So werden die zur Lebensorientierung
> notwendigen unsensationellen Informationen verdrängt
> durch faszinierenden, kurzlebigen Unsinn, so wird das Unter-
> bewußtsein verschmutzt – und so werden die Massenmedien
> zu Instrumenten der Desorientierung.[2]

Was dem Professor Steinbuch das „verschmutzte Unterbe-
wußtsein", ist dem „Autorenkollektiv Presse" der bloße Anschein von Gebrauchswert, den die Medien nach seiner Auffas-

---

[1] Ernst-Otto Maetzke, Beim Betrachten eines falschen Bildes, in: FRANKFURTER ALLGE-
MEINE, 1. 4. 1982
[2] Karl Steinbuch, Zum Verhältnis von Politik und Information, in: DIE WELT, 6. 6. 1981

sung erzeugen: „Das, was unter dem Schein bleibt, ist, besonders bei Boulevard-Zeitungen, wenig geeignet, Gebrauch davon zu machen, etwas ‚damit anzufangen‘. Es herrscht der ‚Gebrauchswertschein‘."[1] Diese Kritik hat, wie bei Steinbuch, einen rationalistisch-puritanischen Grundzug: Was nicht „notwendige Information über", was nicht „theoretische Einsicht in" ist, das taugt auch nichts.

Gegen diese vertraute Mischung aus pädagogischem Eifer und Dünkel, gegen dies reine Nutzwertdenken wird man die Bedürfnisse von Neugier und Klatschlust, das Recht auf Unterhaltung und faszinierenden Unsinn mit Nachdruck behaupten müssen – bis zu der Grenze, wo das Nachbarrecht auf seriöse Berichterstattung geopfert wird.

Diese Grenze wird nun allerdings ständig überschritten. In der Sensationslüsternheit und Anomaliesucht der Medien schlägt immer wieder die Rücksicht auf *ein* Publikumsinteresse in die Verhöhnung eines anderen um. Auswahl- und Aufbereitungsmethoden – Grundfertigkeiten des vielbeschworenen journalistischen Handwerks – verpassen dem Stoff „Realität" einen Zuschnitt, in dem das vermeintlich Ausgefallene die permanente Mode ist. In dieser zählen das Brandneue, das Hochdramatische, der Rekord, die Prominenz und das Katastrophische.

Das Brandneue

Aus dem Aktuellen (im ursprünglichen Sinn, wo das Wort noch etwas mit Wirksamkeit und Nützlichkeit zu tun hatte) ist das sich überschlagende Neue geworden. Die raison d'être des Nachrichtenwesens hat sich zum Zwang der Übermittler entwickelt, dem Geschehen genausoviel Neues abzupressen, wie sie zu verbreiten imstande sind. Die Medien unterhalten ja keinen Bereitschaftsdienst, sondern eine Produktionswerkstätte; sie arbeiten nicht, wie die Feuerwehr, wenn es brennt, sondern sie haben einen festen Platz für Brände freigeschlagen.

Man hat, natürlich vor all den andern und unter der Erdoberfläche, mal wieder das Gras wachsen hören: „Die Sexualität ist nicht/doch befreit, die Jugend schlimmer/besser als ihr

---

[1] Berliner Autorenkollektiv Presse, Wie links können Journalisten sein? Reinbek 1972, S. 163

Ruf. Arbeitslosigkeit ist bei Jugendlichen besonders schlimm, Fußball wird immer brutaler. Man kann wieder Strapse tragen. Ist das echt?"[1] Albern ist es allemal. „Immer mehr Bundesbürger essen immer weniger Sesambrötchen" – die ständigen Trendmeldungen vom neuen Narzißmus bis zu den neuen Wilden, von der Wiederentdeckung Rilkes bis zur Renaissance der Erotik, von der neuesten Lustseuche bis zum jüngsten Mittel gegen Haarausfall sind die auffälligsten Beispiele einer Not, die das Nachrichtengeschäft durch alle Ebenen prägt.

Erstinstanzlich zuständig sind die Agenturen. Schon hier beginnt – der Kenntnis des durchschnittlichen Zeitungslesers weitgehend entzogen – der Konkurrenzkampf mit der bis zur Absurdität zugespitzten Waffe „Neuigkeit". Die Zuspitzung heißt in diesem Fall *lead,* der Eingangssatz einer Meldung: Er buhlt um die Aufmerksamkeit des Nachrichtenredakteurs im Wust der laufenden Tickermeter.

Die Gefallsucht produziert da im Extremfall Neuigkeiten, denen überhaupt keine Ereignisse entsprechen. Vom ersten Tag des Besuchs des sowjetischen Außenministers Gromyko in Bonn berichtete ddp in einer ersten Zusammenfassung am 17. 1. 1983: „Der sowjetische Außenminister Andrej Gromyko hat am Montag in Bonn die Abrüstungsvorschläge der Sowjetunion präzisiert und zugleich vor der Aufstellung neuer US-Atomraketen in der Bundesrepublik gewarnt." Ein paar Stunden später gab es eine „Neuigkeit" – über dasselbe, längst abgeschlossene Ereignis: „Der sowjetische Außenminister Andrej Gromyko hat zum Auftakt seines dreitägigen offiziellen Besuchs am Montag in Bonn den Vorschlag einer ‚Verschrottung' einiger Mittelstreckenraketen vom Typ SS-20 nicht wiederholt."

Aus der Not, etwas Neues anzubieten, hatte die ddp-Chefredaktion eine Überinterpretation geboren, die sich schon durch die Formulierung als Spekulation verriet: Gemeldet wurde, was einer *nicht* getan hat. Am nächsten Tag stellte Gromyko klar, daß die sowjetische Position gänzlich unverändert geblieben war – nach wie vor wurde eine Teilverschrottung angeboten.

Meist ist das angeblich Allerneueste nur penetrant; oft ist es

---

[1] Diedrich Diederichsen, Die Wahrheit ist immer dröge, in: Tɪᴘ, Juni 1983, S. 12

dumm; mitunter ist es schlicht falsch. Da muß schon allerhand Aktualitätstaumel zusammenkommen, damit dergleichen zur Schlagzeile reputierlicher Blätter wird. MÜNCHNER MERKUR vom 3. November 1948: „Thomas E. Dewey Amerikas neuer Präsident" (bloß daß Truman schließlich doch mehr Stimmen hatte); SÜDDEUTSCHE ZEITUNG vom 8. April 1958: „Adenauer wird Bundespräsident" (und zwar unter dem Namen Heinrich Lübke). Einschlägiger Stoßseufzer des NEW YORKER: „Remember when something wasn't over until it had happened?"[1]

Das Hochdramatische

Erst das dramatische Element macht aus der Neuigkeit eine Sensation. „Die Nachricht muß gepfeffert sein, die Schlagzeile erregend, das Bild sensationell, um gegen die Apathie der Überfütterten oder ihr verächtliches Vergessenwollen anzukommen."[2] Die Gewalt, die dem leider oft unwilligen Stoff „Realität" da angetan werden muß, heißt Übertreibung, „der Zeitungsschreiberei ebenso wesentlich wie der dramatischen Kunst: denn es gilt aus jedem Vorfall möglichst viel zu machen"[3]. Etwa so: Das Ostberliner MAGAZIN und die DDR-Satirezeitschrift EULENSPIEGEL präsentieren das eine oder andere Aktfoto – „Durch die DDR rollt eine Nacktwelle" (ABENDZEITUNG, 5. 10. 1982); der Rhein hat Hochwasser – „Kölner Altstadt sinkt tiefer und tiefer" (SÜDDEUTSCHE ZEITUNG, 14. 8. 1983); ein Foto im Vermischten zeigt eine strickende Frau an der Alster – „Strickfieber greift um sich" (BERLINER MORGENPOST, 25. 4. 1984).

Nun mag bei „Vermischtem", zumal in Boulevardzeitungen, der Schaden gering sein, weil die Leser von vornherein mit Übertreibungen rechnen. Auch in der politischen Berichterstattung wird jedoch, von Lesern und Hörern kaum zu durchschauen, mit dem Mittel der Dramatisierung um Wettbewerbsvorteile gekämpft.[4] Der ARD-Hörfunkkorrespondent Ludwig

[1] THE NEW YORKER, 26. 9. 1983
[2] Arnold Gehlen: Die Seele im technischen Zeitalter, Hamburg 1957, S. 61
[3] Schopenhauer: Zur Metaphysik des Schönen und Ästhetik (Parerga und Paralipomena XIX), § 233
[4] Vgl. Rolf-Dietrich Schwartz, Gestolpert bei der ewigen Jagd nach Exklusivität, in: FRANKFURTER RUNDSCHAU, 7. 4. 1983

Tamm berichtet zum Beispiel über die Arbeitsbedingungen in Polen: „In Warschau herrscht ein ungeheuer starker Konkurrenzkampf großer Nachrichtenagenturen, dadurch werden oft alltägliche Meldungen wie die regelmäßigen Protestgesänge am Blumenkreuz zu Sensationen aufgebauscht."[1] Noch mehr als die anderen Massenmedien unterliegt *das Fernsehen* dem Gebot der Dramatisierung. Auf einer Jerusalemer „Internationalen Arbeitskonferenz über Kriege und deren Folgen", die sich im Mai 1983 mit dem Verhältnis der Medien zu Kriegen befaßte, stellte der amerikanische TV-Veteran Daniel Schorr fest: „Fernsehen ist Theater, unser Medium lebt von Emotionen, wir brauchen Helden und Schurken. Grautöne und langatmige, ausgewogene Analysen langweilen den Zuschauer."[2]

So hat sich beispielsweise die Wahlberichterstattung mit ihren sich überschlagenden Prognosen, Trendmeldungen und Hochrechnungen, mit ihren Konfrontationen schwitzender Triumphatoren und fahler Vernichteter („Als erster stellt sich...") mittlerweile zu einer Art inszeniertem Dokumentartheater entwickelt, das jeden Tatort-Krimi aus dem Felde schlägt.[3] Als solches, nicht etwa als Information über politische Zusammenhänge, hat es seinen Wert.

Die Jagd nach der „action", die „nach einem zwar idiotischen, aber offenbar unausrottbaren Gesetz immerzu... gezeigt werden muß"[4], offenbart sich in verbissener Deutlichkeit dort, wo sie auf den zähesten Widerstand trifft. In Bundestagsdebatten ist nun mal nichts los. Um so dankbarer sind die Berichterstatter für den Austausch von Verbal-Injurien, mit denen die Akteure, des hohen Aufmerksamkeitswerts wegen, denn auch nicht geizen.[5] Und am nächsten Tag haben die Kommentatoren ein immer wieder dankbares Thema: die Verwilderung der Sitten, die unerträgliche Polemik im Bundestag – einem Parlament, dessen grundsätzliche sanfte Einverständigkeit ihresgleichen sucht.

[1] Zit. nach: HÖR ZU, 24. 9. 1982, S. 83
[2] Zit. nach: DIE WELT, 19. 5. 1983
[3] Vgl. Theodore White, The Making of the President ain't what it used to be, in: LIFE, Februar 1980
[4] Hans Heigert, Herrschaft durch Information, in: SÜDDEUTSCHE ZEITUNG, 7. 2. 1979
[5] Vgl. „Das große Feldgeschrei", in: FRANKFURTER ALLGEMEINE, 11. 2. 1978

Am schwersten tut sich das Bemühen ums Dramatische bei der Materie, der sich die Journalisten aus anderen Gründen heillos verpflichtet haben: den Verlautbarungen. Wo die Politiker zum x-tenmal das Erwartete sagen, wo also schlechterdings gar nichts mehr passiert, da muß eben die Farbe der Aktion mit verbalem Einfallsreichtum aufgetüncht werden. So wird auf jeder Zeitungsseite, in jeder TAGESSCHAU scharf zurückgewiesen, mit aller Deutlichkeit betont, erneut unterstrichen, mit Ernsthaftigkeit gewarnt, massiv gedroht, diese Bedeutung hervorgehoben, jene schwerwiegende Konsequenz nicht ausgeschlossen.

Solch üppiges Wuchern von Metastasen des schlichten Tuworts *sagen* sind mit dem rhetorischen Gebot lexikalischer Varianz nicht hinreichend erklärt. „Früher mußte man wirklich etwas tun, um in die Zeitung zu kommen. Heute braucht man bloß noch etwas zu sagen", meint einer, der es wissen muß, der Stuttgarter Oberbürgermeister Manfred Rommel[1] – die Berichterstatter sind bemüht, den Unterschied zu kaschieren.

Der Rekord

Wo Sport und Boulevard zusammenkommen (also auf vielen, vielen Seiten), da schlagen die Superlative Purzelbaum. Der Kaiserslauterner Fußballer Lutz Eigendorf ist tot, ein Mann von soliden Durchschnittsqualitäten: „Die Bundesliga trauert um einen ihrer besten Fußballspieler" (BILD, 8. 3. 1983); Bayern München hat mal wieder ein Viertelfinalspiel im Europapokal zu bestreiten: „Bayern vor dem wichtigsten Spiel ihrer Geschichte" (HAMBURGER MORGENPOST, 16. 3. 1983). Daß die Sportredaktionen jedes Wochenende eine „Mannschaft der Stunde", jeden Monat ein „Spiel des Jahres" präsentieren, daß sie um den „Meister der Ballon-Verteidigung", um den „Torschützenkönig", den „Kaiser, der Amerika erobert", sowie natürlich um den schlechthin „Größten" nie verlegen sind, das liegt wohl in der Logik des Wettbewerbs. Doch auch außerhalb der Leibesübungen wird mit Titeln

---

[1] Ansprache zum 30jährigen Bestehen des Vereins Südwestdeutscher Zeitungsverleger, 19. 4. 1983

nicht gegeizt: „Pop-König: Genickschuß in seinem Appartement" – das war, wenigstens im Kölner EXPRESS, das Ende des eher mediokren Rock-Managers und -Bassisten Felix Pappalardi; und wer war wohl „Deutschlands bester Hubschrauberpilot"? Das war, weil BILD am 24. 3. 1983 über seinen Absturz berichten konnte, Norbert Müller. Nicht immer sind die Motive der Rekordsucht so ehrbar wie bei jener Meldung der FRANKFURTER RUNDSCHAU vom 19. 3. 1983 über die geplanten Verteidigungsaufwendungen der Vereinigten Staaten: „US-Militärplaner wollen 4 500 000 000 000 Mark ausgeben" – hier mag das Exorbitante in der Sache selbst liegen und nur um deretwegen breitgetreten worden sein.

Bezeichnenderweise hat es die Nachrichtenagentur REUTER für nötig befunden, in ihrem redaktionsinternen „Style Book" alle Superlative auf den Index zu setzen, denn „es gibt immer einen Neunmalklugen, der beweisen will, daß ein 192jähriger Schuhmacher aus dem Kaukasus im Jahre 76 v. Chr. das erste Flugzeug konstruierte". Das Verbot ist vielleicht ein bißchen schematisch. Etwas mehr Zurückhaltung könnte aber den journalistischen Blasebälgen manchen Tadel entfesselter Studienräte und ihren Kunden allerhand Läppisches ersparen.

Die Prominenz

Sie ist das Dramatische in seiner menschlichen Form. Auch hier ist die platte Spielart – der Klatsch, das Getue um gekrönte Häupter in der Boulevard- und Regenbogenpresse – nur die harmlosere Seite des Problems: „Nervenklinik – Prinz Claus lächelte Juhnke an" (BILD, 18. 3. 1983), „Hatschi! Stars und ihre Grippe" (EXPRESS, 23. 10. 1983). Die Leser, so heißt es achselzuckend, wollen halt Stars. Und die Stars, was wollen die? „Maggie Thatcher: ,Mal fünf Tage nur putzen und scheuern!'" (BILD AM SONNTAG, 20. 4. 1983), „Kohl: Ich will mal ausbrechen" (EXPRESS, 19. 10. 1983). Noch besser sind sie frisch gestorben: Die Münchner ABENDZEITUNG widmete der toten Gracia Patricia am 16. 9. 1982 nicht weniger als die ersten sechs Seiten; erst auf Seite 8 war zu erfahren, daß der libanesische Präsident Gemayel ermordet worden war.

Am allerbesten freilich ist Lady Di, die als Medienereignis par excellence eine ganze Zunft ins Brot setzt: „Weder Diana noch irgendein anderes Mitglied des Königshauses hat eine bedeutende Funktion, wenn man sie nicht sieht. Ohne die Presse wäre die königliche Familie wenig mehr als eine Gruppe reicher Leute in großen Häusern, meistens overdressed."[1]

Schwerer als die Hypertrophie des Klatsches wiegt die „Perversion der im übrigen keineswegs unberechtigten Vernunftautorität: die Autorität der Prominenz"[2]. Der Journalismus ist (nach den Worten des Publizistik-Professors Alexander von Hoffmann) fixiert „auf die Herausgehobenen, mit Macht ausgestatteten Akteure"[3]. Dies geht selbst Leuten auf die Nerven, die – wie der SPD-Geschäftsführer Peter Glotz – davon profitieren: „Ich registriere in zunehmendem Maße eine nicht mehr vertretbare Heldenverehrung der Journalisten, eine verbale Vorliebe für große Männer."[4] Die Absenz eines Monarchen hat die „unglaubliche Geschwätzigkeit" einer deutschen Hofberichterstattung in Gestalt des Bonner Klatsches nicht verhindern können, schrieb der ehemalige Regierungssprecher Armin Grünewald. „Das informationspolitische Defizit ist bedrückend."[5]

Natürlich soll die Öffentlichkeit wissen, was diejenigen denken und wollen, die auf diese Öffentlichkeit Einfluß haben. Dies kann jedoch kein Grund sein, kritiklos jede Selbstverständlichkeit und Banalität aus den Mündern der Amtsinhaber weiterzuvermitteln.

Der amerikanische Kommunikationsforscher Herbert Gans teilt sein Volk in die *Knowns* und die *Unknowns* ein. Die Knowns machen 3 Prozent der Bevölkerung aus, aber auf sie entfallen in den amerikanischen Medien 70 bis 85 Prozent aller Inlandsnachrichten. Unknowns kommen nur in die Presse, wenn sie Opfer sind oder dramatisch agieren, wogegen für die fünfzig wichtigsten Knowns der Satz gilt: „Wenn ein Präsident an einem bestimmten Tag nichts tut, kann man ihn auf dem

---

[1] Suzanne Lowry, zit. nach TIME, 28. 2. 1983
[2] Rudolf Walter Leonhardt, Journalismus und Wahrheit, München 1976, S. 124
[3] Was tun, wenn sich der Leitstern als Irrlicht erweist? In: FRANKFURTER RUNDSCHAU, 7. 4. 1983
[4] Peter Glotz, Journalisten heute, Hamburger Medientage 1981
[5] KÖLNER STADT-ANZEIGER, 25. 9. 1982

Bildschirm beim Nichtstun beobachten (... he can be seen on our screens doing nothing)."[1]

Hier verfestigt sich ein Machtverhältnis: Die Inhaber der politischen Verfügungsgewalt beherrschen auch noch die Bildschirme und Schlagzeilen fast exklusiv. Müßte sich nicht umgekehrt die politische Berichterstattung entschlossen auf die Seite der Regierten schlagen und von den Regierenden Rechenschaft fordern? Sie tut nur so als ob, während sie sich tatsächlich allzu oft zum Lautsprecher für die Belanglosigkeiten der Großkopfeten macht.

Das Katastrophische

Eine so angesehene Zeitung wie der britische OBSERVER war sich keineswegs zu schade, bei der Jagd nach den Memoiren der Frau des „Yorkshire Ripper" mitzutun, und wollte sich die Sache 100000 Pfund kosten lassen. (Auch ein hart an die Legalität grenzendes Späßchen, wie Michael Fagans Vorstoß auf die Bettkante der Queen, war in Fleet Street noch 10000 Pfund wert.[2])

Gepaart mit der journalistischen Neigung, dramatischen Trends auf die Spur zu kommen, potenziert die Katastrophenlüsternheit das Negative durch willkürliche Bündelungen und Verknüpfungen zu *Schwarzen Serien*, das Unglück zu scheußlichen Klumpen geballt: „Ein Flugzeugabsturz, ein Busunglück, ein Verkehrsunfall in einem Tunnel, ein Erdrutsch und eine Blitzschlagkatastrophe – die Pfingstfeiertage in der Bundesrepublik, in Italien und in Österreich wurden durch eine Unglücksserie überschattet."[3]

Michel Sailhan berichtet in LE MONDE über das düstere Artefakt eines Kollegen, den drei Fälle von Fernsehgerät-Implosionen in fünfzehn Tagen bewogen hatten, seine Leser auf eine vermeintlich sich zuspitzende Gefahr aufmerksam zu machen[4] – nur daß in Frankreich durchschnittlich alle drei Tage ein TV-Apparat implodiert. So läßt sich der wollüstige Schauer des Bedrohtseins erzeugen.

[1] Herbert Gans, Deciding what's News, New York 1979
[2] Vgl. DIE WELT, 12. 2. 1983
[3] HANNOVERSCHE ALLGEMEINE, 24. 5. 1983
[4] Michel Sailhan, Séries noires, in: LE MONDE, 12. 7. 1981

167

So läßt sich aber auch Stimmung machen – daß hinter jeder Ecke ein Terrorist lauere, daß Zugfahren lebensgefährlich sei, daß Pubertierende unter dem Einfluß von Pornografie zu Bestien würden. Und selbst wenn dergleichen Botschaften keine Rolle spielen – die Vorstellung eines vorzivilisatorischen „launischen Demiurgen, der willkürlich Flugzeuge zerschmettert und gleichzeitig Legionen von Autos in Schluchten stürzt"[1], ist schwachsinnig genug.

Vor allem aber liefert sie das Entsetzliche einem Voyeurismus aus, der sich kaum noch aufraffen kann, auch nur die Hände überm Kopf zusammenzuschlagen. Wenn schon Tocqueville feststellen mußte, daß die Presse so laut schreit, weil ihr Publikum langsam taub wird, dann hat sich der Mediendonner heute vollends zur Gehörlosen-Disco entwickelt. Die entlegensten Begebenheiten werden uns ständig nahegebracht – daß sie uns auch nahegingen, ist aus Gründen der Gefühlsökonomie ausgeschlossen. „Alles, was auf den Fernsehschirmen dahinflimmert über die Welt draußen, ist eine Sache der anderen und wird es wohl auch schon bleiben."[2]

Mittlerweile bekommt das betäubte Publikum noch die Reaktionen, deren es selbst nicht mehr fähig ist, frei Wohnzimmer geliefert. In Amerika war das Fernsehen live dabei, als zwei Offiziere einer Familie die Nachricht überbrachten, daß der Sohn im Libanon gefallen sei: „Die Sendung setzte mit dem Heulen und Schreien der Familie ein."[3] In Deutschland war das Fernsehen live dabei, als die Angehörigen des abgewiesenen Asylbewerbers Kemal Altun erfuhren, daß er sich aus dem Fenster des Gerichtssaals gestürzt hatte; immerhin rügte der Rundfunkrat des NDR diese PANORAMA-Sendung vom 30. 8. 1983 als Verletzung der Menschenwürde und Verstoß gegen den Staatsvertrag.[4] Für Louis Aragon war das Wort „Journalist" eine Umschreibung für „Drecksau". Das ist natürlich übertrieben.

Bei allem Ärger über die aufgezählten Untugenden – den größten Schaden richtet der journalistische Sensationalismus

[1] LE MONDE, 12. 7. 1981
[2] Bernhard Heinrich, Schlechte Nachrichten, in: FRANKFURTER ALLGEMEINE, 27. 2. 1982
[3] Günter Friedländer, Der Krieg findet immer auch in Amerikas Wohnzimmern statt, in: DIE WELT, 31. 10. 1983
[4] Vgl. FRANKFURTER RUNDSCHAU, 31. 10. 1983; FRANKFURTER ALLGEMEINE, 1. 11. 1983

nicht da an, wo er tatsächlich zu Werke geht, sondern wo er resigniert, wo die Bereitschaft, alles recht spannend aufzubereiten, auf den schier unüberwindlichen Widerstand des Materials stößt. Was partout nicht spektakulär ist, das wird oft genug schlicht unterschlagen, und wäre es noch so wichtig.

Nicht erst die journalistische Küche, schon der journalistische Geschmack ist – technisch und psychologisch – auf Höhepunkte eingestellt. Auf dem knappen Raum der Nachrichtenseiten der Zeitungen, in TAGESSCHAU und HEUTE und vor allem in den vielen Magazin-Sendungen des Rundfunks dominiert zunehmend „der suggestive Fetzenjournalismus" (Hans Heigert)[1], der die Realität als Büfett möglichst würziger Appetithäppchen serviert. Langsamere Entwicklungen, verzweigtere Zusammenhänge gehen im Wirbel der Spots unter und fristen ein immer kümmerlicheres Randdasein. „Zu einer schon verwirrenden Abfolge zusammenhangloser Bilder eine Wortsuada, ... die dich zuerst nervös macht, dann gereizt, schließlich schlaff und endlich so stumpf, daß du mit allem zufrieden bist, was nun folgt"[2] – Erlebnis TAGESSCHAU.

Bei aller sinnvollen Knappheit hätte nach den Worten des Hörfunkjournalisten Peter Coulmas „die Kürze... ihre Grenze an der Verständlichkeit" zu haben, diese wird jedoch „allzu häufig überschritten"[3]. Wo das Vorgefallene zu kompliziert wird, da setzt mitunter die „Berichterstattungspflicht" mit geballter Unlust ein – der Pflichtbegünstigte muß es büßen. Ihm wird etwa folgendes vorgesetzt (als Hörfunknachricht):

> In der Agrar-Debatte des Bundestages sagte der Minister (Ignaz Kiechle), die EG werde um gewisse produktionslenkende Maßnahmen nicht herumkommen. Notwendig seien eine vorsichtige Steuerung des Produktionszuwachses bei Agrarerzeugnissen und eine Mitverantwortung der Bauern bei der Finanzierung von Überschüssen. Eine Reform der Agrarpolitik an Haupt und Gliedern sei allerdings nicht möglich...[4]

Was dies bedeuten soll, worum es überhaupt geht, das kann bestenfalls der konzentriert lauschende Eingeweihte ahnen.

[1] SÜDDEUTSCHE ZEITUNG, 7. 2. 1979
[2] Jörg Fauser, in: TIP, 7/1983, S. 17
[3] Nachrichten machen passiv, in: DIE ZEIT, 2. 11. 1973
[4] Hessischer Rundfunk, zit. nach MEDIEN-KRITIK, 30. 5. 1983

Daß „die zuständigen Fachredaktionen keine Orientierungshilfen zur Verdeutlichung der Sachen"[1] bieten, das galt nicht nur für den Anlaß der Kritik (das Stuttgarter EG-Gipfeltreffen von 1983), das gilt für viele ähnliche Fälle, gerade wenn es um wirtschaftliche Probleme geht. Als Kümmerform gebiert die Rücksicht auf Verständlichkeit dann nur mehr gnadenlose Simplifizierungen: „Das Bundeskabinett hat einmütig eine Änderung des Demonstrationsstrafrechts beschlossen" – nur daß solche Beschlüsse natürlich Sache des Bundestags sind; „Tempo 30 in halb Hamburg" (BILD, 24. 3. 1983) – für die *Möglichkeit* der Bezirksämter, auf Wohnstraßen eine entsprechende Beschränkung zu verfügen.

Damit es falsch wird, bedarf es manchmal gar nicht des Komplizierten: bisweilen reicht eine gewisse geographische Distanz, und schon liegt die „Pazifikküste im Osten der Vereinigten Staaten" (FRANKFURTER ALLGEMEINE, 29. 1. 1983), fließt der Rhein „from the Netherlands south through Germany into Switzerland" (WALL STREET JOURNAL, 3. 11. 1983).

Angesichts der Banalität solcher Fehlleistungen mag es dann schon wieder versöhnlich stimmen, daß sich der journalistische Nonsens von Zeit zu Zeit zu einer Heiterkeit aufschwingt, der man nachsehen mag, daß sie nicht mehr von dieser Welt ist:

> Vor über 3000 Gästen, darunter zahlreiche Prominenz aus Kultur, Politik und Wirtschaft, eröffnete Freitag abend Ministerpräsident Ernst Albrecht die 15. Kunst- und Antiquitäten-Messe in Herrenhausen. Sicher ein Glanzpunkt im kulturellen Leben der Stadt. „Schönheit ist das beglückende und rettende Element im Leben", zitierte er. Auch Günther Abels aus Köln, Präsident des Bundesverbandes des Deutschen Kunst- und Antiquitätenhandels, hob hervor, daß Kunst gerade in schwierigen Zeiten Lebensqualität vermitteln kann.
> Vorbei an dem Tabernakel-Sekretär aus Braunschweig, dessen Nußbaumholz trotz seines Alters tadellos glänzte, entlang den Vitrinen mit silbernen Bechern, Leuchtern und Kannen, Auge in Auge mit Georg Taberts „Elisabeth mit dem Straußenfächer", begutachteten die Besucher vor erlesener Kulisse Kunstschätze aller Stilepochen. Französische Möbel aus der Zeit Louis XV. und XVI. fanden besondere Aufmerksamkeit. Diese Messe sei kein Antiquitätenmarkt, sondern eine

---

[1] MEDIEN-KRITIK, 27. 6. 1983

Kunstausstellung, betonte denn auch Günther Abels. Ministerpräsident Albrecht und seine Frau Heidi-Adele blieben auf ihrem Rundgang immer wieder vor den mit großen Blumenbuketts geschmückten Ständen stehen.[1]

---

[1] HANNOVERSCHE ALLGEMEINE, 9. 4. 1983

Zwischenspiel:
Nachricht beißt Reporter
oder: 12 Variationen über das Thema: „Mann beißt Hund"

Nachrichten entstehen aus einer kuriosen Vielzahl von Ereignissen. Zum Beispiel:
1. *Das seltene Ereignis.* „Mann beißt Hund" wird oft fälschlich als Definition der Nachricht bezeichnet. In Wahrheit ist es der winzigste Teil der Tonnen von Nachrichten, die wir alltäglich konsumieren.
2. *Das alltägliche Ereignis:* „Hund beißt Mann". Daraus besteht das Futter, an dem die Nachrichtenindustrie sich mästet. Sie würde zusammenbrechen, wenn die gewöhnlichen Ereignisse ausblieben: Verbrechen, Politiker-Reden, Scheidungen, Unzucht mit Kindern, Fehlschläge in Wirtschaft und Gesellschaft.
3. *Das Nichtereignis:* „Hund beißt Mann nicht". Das ist die Kernaussage des Wetterberichts, der uns mitteilt: „Irgendein Wetter haben wir jeden Tag, der gestrige machte davon keine Ausnahme, und der morgige wird auch keine machen."
4. *Das Medien-Ereignis:* Entschlossen, einer Sache Publizität zu verschaffen, die seiner Ansicht nach zu wenig beachtet wird, inszeniert Mann ein Pseudo-Ereignis von der seltenen Art (1), um ins Fernsehen und in die Presse zu kommen. Ärgert Mann sich beispielsweise über Hundekot auf Bürgersteigen, so teilt er Journalisten mit, daß er auf einer Hauptstraße Hunde beißen werde.
5. *Das doppelte Medien-Ereignis:* Die Journalisten werden des Mannes müde, der Hunde beißt, um gegen Hundekot zu demonstrieren. Also führt Mann die Journalisten in Versuchung, indem er anbietet, *drei* Hunde zu beißen. Die Journalisten verständigen den Tierschutzverein und eilen hin, um die Story von

der empörten Tierschützerin zu kriegen, die den Mann beißt, der versucht hat, Hunde zu beißen.

6. *Das herzige Ereignis:* Hund wird als Weihnachtsmann verkleidet und fotografiert, wie er die Feature-Schreiber nicht beißt, die in seinem Schoß liegen.

7. *Das alljährliche Ereignis:* Es geschieht jedes Jahr, doch Amerika wird seiner niemals müde. Wir sprechen natürlich vom jährlichen Hundebeißerfest in Atlantic City. Im Endkampf der Zweibeiner entscheiden die bemerkenswertesten Zähne sowie die geringste Einbuße an Charme, Anmut, Gelassenheit und Patriotismus.

8. *Das potentielle Ereignis:* Seine Grundform heißt: „Beißt Hund Mann?" In der üblichen Form besagt die Nachricht sodann, Senator Glenn werde sich „möglicherweise" um die Präsidentschaft bewerben. Das potentielle Ereignis wird von Reportern gecovered, die den Hund umringen, um zu hören, ob er gallig knurrt. Wenn ja, schreiben sie: „Senator Glenn tönt schon ziemlich deutlich wie ein Präsidentschaftskandidat."

9. *Das doppelt bedingte potentielle Ereignis:* Hund ist mit Mann zufrieden und zeigt keine Neigung zum Beißen; aber wer kann sagen, wozu er imstande wäre, falls Mann ihn weggäbe und Hund sich in der Obhut eines anderen Mannes wiederfände? Die Nachricht ist also doppelt bedingt: „Senator Dole wird sich möglicherweise um die Republikanische Präsidentschaftskandidatur bewerben, falls Präsident Reagan es ablehnt, neuerlich zu kandidieren."

10. *Das antizipierte Ereignis:* Hund, der nie etwas anderes gelernt hat, als Mann zu beißen, kann sich plötzlich ungehemmt bewegen. Die Presse schreibt: „Starke Zunahme hundegebissener Männer wahrscheinlich". In die Politik übertragen: „Senator Kennedy wird ziemlich sicher kandidieren".

11. *Das antizipierte abgebrochene Ereignis* (eventus interruptus): Hund, dem Orakelspruch trotzend, daß er Mann um Mann beißen werde, tollt friedlich im Park herum, spielt mit Kätzchen und leckt Mann die Hand. Überschrift: „Hund erstaunt Mann". Wirklich überrascht hat er jedoch nur die Nachrichtenindustrie, die erleben muß, daß ein antizipiertes Ereignis sich in ein antizipiertes abgebrochenes Ereignis verwandelt; wodurch sie eine Nachricht für Seite 1 bekommt

173

(„Kennedy wird doch nicht kandidieren"), wo sie *keine* gehabt hätte, wäre sie dem antizipierten Ereignis nicht so gründlich nachgegangen.

12. *Das Entscheidungsspiel ohne Gnade* (la belle event sans merci): Hund stirbt, Mann kauft neuen. Sicher, der tote Hund hat Mann nie gebissen, aber wer weiß, was neuer Hund tun wird? Wie ist die Stimmungslage der neuen Hundegeneration? Soll Mann neuen Hund beißen, bevor Hund folgert, Mann sei weich, und ihn beißt? Da haben wir schon das Skelett einer wichtigen Auslandsstory, wie sie mit jedem Regierungswechsel in Moskau wiederkehrt. Wie das antizipierte abgebrochene Ereignis (ﬀKennedy will nicht kandidieren") gehört es zu den Lieblingsstories der Nachrichtenindustrie, da es unendliche fruchtlose Spekulationen über Ereignisse ermöglicht, die eintreten können oder nicht.

Russell Baker, „News Bites Reporter",
INTERNATIONAL HERALD TRIBUNE,
8. 12. 1982

D. Alle Journalisten sind Zwängen unterworfen

15. Sie müssen rigoros selektieren

> Die Chefredaktion appelliert an Sie, nach
> der Erhöhung der Sendegeschwindigkeit
> nicht noch mehr zu senden! Manches, was
> über den Sender geht, ist Schrott.
>
> *Hans Benirschke, Chefredakteur der*
> *DEUTSCHEN PRESSE-AGENTUR, auf*
> *einer Betriebsversammlung (1983)*

Nachdem wir nun die leider viel zu vielen Kollegen ange-
leuchtet haben, die Manipulation betreiben, sich gängeln
lassen oder unkritischen Sinnes sind, kommen wir, es wird
auch höchste Zeit, zu einer relativen Entlastung unseres Standes: zu den Zwängen, denen kein Journalist entrinnen kann –
wie klug und wie redlich er auch sei und welche Freiheit immer
ihm sein Arbeitgeber lasse.

Die erste, schlimmste und gänzlich unentrinnbare dieser
Nöte ist der Zwang zur Selektion.

In Lokalredaktionen kommt es vor, daß gegen 15 Uhr die
Panik ausbricht, ob man wohl seine Seiten werde füllen können; Nachrichtenredaktionen kennen allein die umgekehrte
Sorge: wie sie die Papierflut der Agenturen bändigen. Gewiß,
auf manches verzichtet man gern, und dem Papierhaufen einen
aufmacherwürdigen Stoff zu entnehmen, ist oft nicht leicht.
Aber mehr wegwerfen als drucken oder senden – das ist aus-
nahmslos die Arbeitsweise der Nachrichtenredaktionen.

Denn die Fernschreiber der Agenturen tickern unermüdlich.
Die DEUTSCHE PRESSE-AGENTUR (dpa) liefert über 70000
Wörter täglich, das sind 300 DIN-A4-Seiten (zu 240 Wörtern).
REUTER bietet täglich fast 200 solcher Seiten an, je 170 Seiten
die ASSOCIATED PRESS (AP) und der DEUTSCHE DEPESCHEN-
DIENST (ddp); dazu kommen bei einigen Redaktionen noch die
rund 120 Manuskriptseiten der AGENCE FRANCE PRESS
(AFP). Das ergibt Tag für Tag bis zu 960 Schreibmaschensei-
ten, je nach der Zahl der abonnierten Agenturen – einen stattli-
chen Lexikonband also oder ungefähr fünf Romane von Peter
Handke.

Am 5. 1. 1984 beispielsweise schickte dpa 450 Meldungen über den Ticker (Basisdienst plus Landesdienst Nord). 105 davon können außer Ansatz bleiben (Pressestimmen, Nachrichtenübersichten, Vorschauen, Bildangebote, Kontrollmeldungen und fünf Berichtigungen). Zieht man überdies Sporttabellen, Wirtschaftskurse und Fernsehprogramme ab, so bleiben 300 Nachrichten – verglichen mit den 12, die in einer durchschnittlichen TAGESSCHAU Platz haben, oder mit den 64, die die KIELER NACHRICHTEN vom folgenden Tag in Politik, Vermischtem, Wirtschaft, Kultur und Sport des Abdrucks für wert befanden (inklusive AP und eigenen Berichten).

Denn wenn nicht gerade ein amerikanischer Präsident ermordet wird, richtet sich der Umfang des Nachrichtenteils nicht im geringsten nach dem Nachrichtenangebot, sondern nach dem Anzeigenaufkommen, modifiziert durch die Sitten der Redaktion. Nur Graf Bobby wunderte sich in dem alten Witz, daß jeden Tag auf der Welt genausoviel passiert, wie in die Zeitung paßt.

Fünf bis sechs Seiten täglich, je nach Anzeigenlage, umfaßt der Nachrichtenteil der SÜDDEUTSCHEN ZEITUNG. Sie gilt damit als besonders stark nachrichtenorientiert. dpa, AP, ddp und REUTER, dazu verschiedene kleinere Dienste stehen ihr zur Verfügung – und trotz des vergleichsweise umfangreichen Nachrichtenteils, so hat der Nachrichtenchef Karl Mekiska errechnet, druckt die SÜDDEUTSCHE ZEITUNG nur etwa sieben Prozent des Agenturmaterials.[1]

Knapp vier Seiten Nachrichten täglich bringt der KÖLNER STADT-ANZEIGER im Durchschnitt, zudem auf kleinem Format und mit Anzeigen durchsetzt. Trotzdem steht er in der Branche in dem Ruf, seinen Lesern einen soliden und wohlproportionierten Nachrichtenteil zu bieten. Wenn die Redakteure dies mit einiger Mühe mal wieder geschafft haben, dann haben sie sich, nach der Unterscheidung von Manfred Steffens, auf der zweiten von drei Stufen der Selektion bewegt.

„Von über 99 Prozent allen Geschehens auf diesem Erdball erfährt der Zeitungsleser nichts, weil es einfach nicht zur Kenntnis der Presse gelangt", schreibt Steffens[2]. Verbrechen

---

[1] Im Gespräch mit dem Autor dieses Kapitels
[2] Manfred Steffens, Das Geschäft mit der Nachricht, München 1971, S. 9

werden begangen und niemals entdeckt (geschweige denn aufgeklärt); längst nicht jeder Skandal dringt an die Öffentlichkeit; laienhaft operierende Verbände versäumen es, die Presse einzuladen; atemberaubende Dinge geschehen – und der Reporter hat seine Kamera vergessen, hat Urlaub oder schläft.

Die zweite Stufe der Selektion: „Über 99 Prozent aller Nachrichten, die schließlich doch der Presse bekanntwerden, gelangen nie vor die Augen des Lesers, weil sie als zu unbedeutend, zu fragmentarisch, zu polemisch oder – nach den jeweils herrschenden Vorstellungen – zu unsittlich aussortiert und dem Papierkorb anvertraut werden."

Die dritte Stufe der Selektion: „Über 99 Prozent aller Menschen erfahren auch von den tatsächlich gedruckten Nachrichten nichts, denn es gibt nicht eine einzige Zeitung, die auch nur ein Prozent der Weltbevölkerung zu ihren Lesern zählen könnte... Sehr gering dürfte beispielsweise in der Bundesrepublik Deutschland die Zahl derjenigen sein, die regelmäßig Zeitungen etwa aus Ouagadougou, Djakarta, Katmandu oder Port-au-Prince lesen."[1]

Selbst von dem aber, was in der ausdrücklich gekauften Zeitung steht, nimmt der Durchschnittsleser nur den kleineren Teil zur Kenntnis; eine Lesequote von 30 Prozent wird selten überschritten. Das ist dann die vierte Stufe der Selektion. Die Lesequote ist um so geringer, je weiter die Auswahl durch die Redaktion die Interessen des Lesers verfehlt und je langweiliger der Leser die Aufbereitung der Stoffe findet.

Ein Quantum Selektion jedoch läßt sich kein Leser nehmen. Das geht auf Zeitmangel oder Ungeduld, jedenfalls aber auf die Neigung des Menschen zurück, vorwiegend solche Aussagen zu beachten, „die seinen eigenen Bedürfnissen, Attitüden und Werthaltungen entgegenkommen, vor allem das, was er wahrzunehmen erwartet und was ihm psychischen oder sozialen Lustgewinn verspricht"[2].

Es führt also kein Weg daran vorbei: Irgendeiner muß die überschäumende Informationsflut so kanalisieren und reduzieren, daß von ihr nur eine noch konsumierbare Menge übrig-

---

[1] Manfred Steffens, S. 10
[2] Emil Obermann, Sensation in der Röhre, in: EVANGELISCHE KOMMENTARE, April 1983, S. 184

bleibt – ein „Schleusenwärter" (*gate keeper*), wie er in der amerikanischen Publizistik heißt (vgl. Kap. 4). Je weniger die berufsmäßigen Sammler und Sichter von Nachrichten dies tun, um so mehr Arbeit schieben sie ihren Lesern und Hörern zu, und die Wahrscheinlichkeit ist groß, daß die das Selektieren mit weniger Sachverstand und einem höheren Anteil an Zufälligkeit betreiben.

Wer mit Hilfe des Kabelfernsehens das Informationsangebot vervielfachen will, der sollte wissen, was er tut. Natürlich wäre es ein Gewinn, bei Fernsehnachrichten zwischen fünf Selektionsverfahren wählen zu können statt wie jetzt zwischen nur zweien; ein Fortschritt wäre es auch, ein ganztägiges Informationsprogramm zu haben, wie es dies in Amerika schon gibt: jedoch nicht in der Form eines ungefilterten Informationsstroms über viele Stunden hin, sondern so, daß überschaubare Informationsblöcke in aktualisierter Form ständig von neuem gesendet werden, also zu jeder Tageszeit verfügbar sind.

Die 300 dpa-Nachrichten eines einzelnen Tages allesamt zu verlesen würde dagegen an die sieben Stunden dauern; obwohl bereits zweimal selektiert – vom Korrespondenten und vom Redakteur der Nachrichtenagentur –, würden also mehr Informationen auf den Fernsehteilnehmer niederregnen, als er auch bei höchstem Interesse und äußerster Konzentration zur Kenntnis nehmen könnte und wollte; darunter (am 5. 1. 1984) Nachrichten wie diese:

FDP warnt vor medienpolitischer Kleinstaaterei
Griechen sprechen mit Sowjetunion über Maschinenkäufe für Militärdienststellen
Zum zweitenmal in sechs Monaten Vierlinge in Freiburg
Misslo will „Wohlstandsinseln" vermeiden helfen
Fuldaer Zeitung zu Gurtmuffeln

Für solchen Informationsmüll gilt, was Peter Sloterdijk feststellt:

Jeden Tag muß man von dem Naturrecht, Millionen Dinge *nicht* zu erfahren, erneut Gebrauch machen... Ich regi-

striere, als Hyperinformierter, daß ich in einer um das Tau-
sendfache zu großen Nachrichtenwelt lebe und daß ich über
das meiste nur die Achseln zucken kann, weil meine Kapazität
der Anteilnahme, der Empörung oder des Mitdenkens winzig
ist im Vergleich zu dem, was sich anbietet und an mich appelliert.[1]

Wie gern wir uns auf eine halbwegs gescheite Selektion verlassen, zeigt die geradezu erlösende Rolle, die die TAGESSCHAU
spielen kann, wenn sie um 20 Uhr in ein Chaos von hochge-
rechneten Wahlergebnissen und Interviews mit ein paar Sätzen
endlich Übersicht und Klarheit bringt oder wenn sie eine im
Fernsehen vollständig übertragene Bundestagsdebatte in vier
Minuten resümiert. Da beweist sich, wie schwer es dem nicht-
professionellen Zuhörer fällt, auf einer vielstündigen Diskussion die Struktur, die Kernaussagen, die Höhepunkte heraus-
zuschälen – und daß die Profis dies, mit all ihren Fehlern, im
Durchschnitt eben besser können.

Selektion ist also erstens unumgänglich und zweitens für den
Informationsbenutzer im großen und ganzen ein Gewinn. Nun
hängt alles davon ab, wie kompetent und wie redlich die Selek-
tierer sind, die das unendliche Gewoge der Wirklichkeit auf ein
paar Sätze für den Hausgebrauch reduzieren.

Da haben wir bereits unsere Zweifel angemeldet: Manche
Journalisten manipulieren, viele werden gegängelt, sehr vielen
gebricht es an kritischem Verstand; und weitere Einschränkungen folgen noch: Die eigentlich interessanten Informationen
bleiben meistens unter Verschluß; die Journalisten können
nicht abspringen vom Nachrichtenkarussell, und von Politikern, Pressechefs, Demonstranten und Terroristen werden sie
allesamt benutzt als Megaphone politischer Botschaften.

Was ist berichtenswert? Was läßt der „Schleusenwärter"
durch und was nicht? Die Auskünfte der Nachrichtenredakteure sind meist nicht sehr erhellend. D. M. White bekam in
seiner Fallstudie folgende Gründe für die Nichtverwendung
vorliegender Nachrichten zu hören (in der Reihenfolge der
Häufigkeit): nicht interessant, nicht wichtig – hatten wir zu oft
– schlecht geschrieben – so was bringen wir nie – dummes Zeug
– nicht gut – zu vage – Propaganda.[2]

---

[1] Peter Sloterdijk, Kritik der zynischen Vernunft, Frankfurt 1983, Band 2, S. 573f.
[2] The „Gate Keeper", in: JOURNALISM QUARTERLY, 27 (1956), S. 386

Die meisten Journalisten ziehen sich, wenn man sie nach ihren Auswahlkriterien fragt, auf einen eigenen journalistischen Instinkt zurück: auf Gespür, Intuition, eine spezielle Begabung, *a nose for news*[1]. So wird die Erkundigung nach den Auswahlkriterien gern mit dem Hinweis auf etwas Unsagbares beschieden – den sechsten Sinn des Journalisten, den einer eben hat oder nicht.

Ein wenig konkreter beschreiben lassen sich die Kriterien schon; auch wenn den Nachrichtenredakteuren von Funk und Presse wenig Spielraum für ausdrückliche Abwägungen bleibt zwischen den Zwängen und Zufällen des vorgegebenen Agentur-Angebots und den Zwängen und Zunftregeln eines in steter Hetze betriebenen Geschäfts.

Mehr Zeit zum Abwägen haben sich andere lange vor den Zeitungsredakteuren genommen: der Agentur-Korrespondent, dem es durchaus Kopfschmerzen macht, aus den zwanzig Aspekten einer Wahlrede die zwei oder drei herauszufischen, die allenfalls eine Nachricht lohnen; und noch vor ihm der Politiker, der ja meistens weiß, welche Köder er auslegen muß, damit Journalisten anbeißen: Ein Meer aus Nebel und Watte muß er zu ein paar griffigen Aussagen verdichten, und die sollten möglichst so beschaffen sein, daß man sie von ihm *nicht* erwartet hätte. Da hat der damalige FDP-Bundesgeschäftsführer Günther Verheugen 1977 eine *Rangliste für Presseerfolg* aufgestellt:

1. Kritik an der eigenen Partei: gewaltiges Interesse.
2. Kritik am Koalitionspartner (damals der SPD): starkes Interesse.
3. Wohlwollen für die CDU: Interesse.
4. Wohlwollen für die Koalitionspartner, Kritik an der CDU: laues Interesse.
5. Positive Mitteilungen über die eigene Partei: Desinteresse.[2]

Das ist eine treffliche Formel für den *Überraschungswert*, die Dominanz des Unerwarteten und Regelwidrigen. *News is*

---

[1] Vgl. Max Freyd, A Test Series for Journalistic Aptitude, in: JOURNAL OF APPLIED PSYCHOLOGY, 1921; Berufsbild des Journalisten, in: JOURNALIST, 10/1969; Winfried Schulz, Die Konstruktion von Realität in den Nachrichtenmedien, Freiburg 1976, S. 7–9; Robert Rohr, Auf Abruf bereit. Lokaljournalisten bei der Arbeit. In: Kepplinger, Angepaßte Außenseiter, Freiburg 1979, S. 85

[2] DIE ZEIT, 8. 4. 1977

what's different – „das Ausgefallene, Absonderliche, Elitäre, Exzentrische, Ausgestoßene, Anomale"[1].

Was beim Boulevardjournalismus Sensationsgier heißt, ist zugleich ein Auswahlkriterium, dem seriöse Redakteure sich keineswegs entziehen können: Wer den Vorsitzenden der eigenen Partei verunglimpft, *muß* einfach größer ins Blatt als einer, der ihn lobt. Aus verschiedenen Motiven können auf unterschiedlichem Niveau durchaus ähnliche Wirkungen entstehen. Fassen wir die Selektionskriterien zusammen, wie sie sich in der Erfahrung, in der publizistischen Literatur und den vorangegangenen Kapiteln dieses Buches darstellen:

A) Illegitime Auswahlkriterien

1. Manche Redakteure versuchen, die Tagesordnung selber zu bestimmen: Sie betreiben Kampagnen-Journalismus; sie wollen die Welt verändern, indem sie vorgeben, sie zu beschreiben (Kap. 4).
2. Manche Redakteure helfen den Ereignissen nach, sie arrangieren die Realität zum Zweck der Berichterstattung über sie (Kap. 5).
3. Viele Redakteure stellen sich auf die erklärten oder vermuteten Wünsche ihres Verlegers, Chefredakteurs, Ressortleiters oder auf die von Politikern und Inserenten ein (Kap. 7 bis 9).
4. Überraschend viele Journalisten geben, oft unwillkürlich, persönlichen Vorlieben, Abneigungen oder Marotten nach: Der eine mag keinen Schnee, der andere keine Schafe, Katholiken, Windsurfer oder Papuas. (Die Beispiele sind willkürlich – ihre Qualität ist typisch für etliche den Autoren bekannte Chefredakteure.)

B) Typische Auswahlkriterien des Boulevard-, Illustrierten- und Fernsehjournalismus (Kap. 14):

5. Das Brandneue
6. Das Dramatische und Katastrophische
7. Der Rekord
8. Die Prominenz

---

[1] Eckart Spoo, Die Tabus der bundesdeutschen Presse, München 1971, S. 120

C) Die kaum vermeidbaren Selektionskriterien fast aller Journalisten:

9. Der Überraschungswert, das Regelwidrige (s. oben)
10. Das, was Leser und Hörer *betrifft*
11. Das, was sie *betroffen macht*
12. Das Geradlinige, Überschaubare, Eindimensionale.

Was Leser und Hörer betrifft: Abtreibung freigegeben, Benzinpreis erhöht – unter allen Kriterien das einleuchtendste und simpelste.

Was sie betroffen macht, was ihr Gemüt in Wallung versetzt (die Fachliteratur spricht hier von „Nähe" oder „Identifikation"): ein Mord nebenan; aber falls das Ereignis den Leuten unter die Haut geht, darf es auch in fernen Weltgegenden spielen – Urgroßmutter wegen sieben Pfennig ermordet. Rudi Carrell wird die satirische Formel für den Inbegriff einer Nachricht zugeschrieben, die ein deutsches Publikum mitten ins Herz treffen würde: Blinder deutscher Schäferhund leckt Inge Meysel Brustkrebs weg.

Geradlinigkeit, Überschaubarkeit, klare Struktur: Das ist jenes Auswahlkriterium, das Reportern und Redakteuren vermutlich am seltensten bewußt wird, obwohl es die Selektion so stark steuert wie nur noch das Regelwidrige und das Dramatische.

Damit der Agenturreporter ein Ereignis als Nachricht begreift und es dem Nachrichtenredakteur schmackhaft machen kann, soll es möglichst eindeutig sein, eindimensional, eingrenzbar, klar strukturiert: „Invasion" im Kanonendonner – und nicht das Einsickern von Partisanen; „Putsch" – und nicht eine lautlose Machtverschiebung mit demselben Effekt; „Revolte" – und nicht Marsch durch die Institutionen; ein Schlagwort – und nicht ein klug differenzierter Katalog von Forderungen; Ja und Nein, nicht Zwar und Aber; Gut und Böse, Schwarz und Weiß. Der Rekord, die Prominenz, die Katastrophe kommen auch unter diesem Aspekt gelegen.

Wenn aber ein Hergang einer zweigliedrigen Aussage bedarf, um angemessen dargestellt zu werden, mehr also als der einen Facette, mehr als jenes Knalleffekts, die die typische Nachricht ausmachen – dann beginnen sofort die Schwierig-

185

keiten. In den vierzig Zeilen eines Textes mag das Einerseits und Andererseits noch zu bewältigen sein; die Institution „Überschrift" mit ihren vierzig Anschlägen steht dem Problem oft hilflos gegenüber, zum Beispiel in den Schlagzeilen vom 20. 10. 1978:

Südafrika bleibt in Namibia-Frage hart
FRANKFURTER RUNDSCHAU

Südafrika lenkt im Namibia-Streit ein
FRANKFURTER ALLGEMEINE

Südafrika hatte eben zweierlei getan: Es war hart geblieben, indem es auf Wahlen unter seiner Aufsicht bestand, der UNO-Resolution zuwider; und es hatte eingelenkt, indem es der UNO die Wahlen unter ihrer Aufsicht auch noch gönnen wollte. Ein wenig List und double talk – und schon ist der Überschriftenredakteur überfordert. Ähnlich am 21. 5. 1982:

DGB gegen *neue* Atomwaffen (FRANKFURTER RUNDSCHAU)
DGB dringt auf Abbau *aller* Raketen (DIE WELT)

Die Nachricht: „*Alle* in Europa stationierten und auf Europa gerichteten Mittelstreckenraketen müssen abgebaut werden. Es darf keine Stationierung *neuer* Mittelstreckenwaffen in Europa geben."

Da ist es verständlich, wenn die „Schleusenwärter" das mögliche tun, fehlende Einfachheit durch Vereinfachung herzustellen, ein vielschichtiges Ereignis auf Einschichtigkeit zurückzustutzen, von zweien, die im Grunde beide recht haben, dem einen das Etikett des Schuldigen, des Bösen aufzukleben. „Reduktion von Komplexität" heißt das Fachwort der Kommunikationswissenschaft dafür: Die Nachricht soll sich durch eben das auszeichnen, was die Verworrenheit der irdischen Verhältnisse uns schuldig bleibt.

Walter Lippmann, einer der ersten großen Infragesteller der Nachrichtentechnik, nennt diesen Vorgang *Stereotypisierung* – die Herstellung von klischeehaften Vereinfachungen, ohne die der Journalist gar nicht existieren könne: „Er arbeitet unter ungeheurem Druck, jede Meldung erfordert ein rasches, aber komplexes Urteil ... Ohne Stereotypen, ohne Routine-Urteile, ohne eine ziemlich rücksichtslose Vernachlässigung der Feinheiten stürbe der Redakteur bald an Aufregung."[1]

Lassen wir ihn leben. Wenn er nur die Notwendigkeit einsähe und die Kraft aufbrächte, die Fallgruben seiner Arbeit immer wieder auszuleuchten, zum Wohle derer, für die er schreibt!

Einen Schritt auf dem richtigen Weg hat die STUTTGARTER ZEITUNG getan – in einem kühnen, wenn auch einmaligen Musterfall. Ist nicht die Überschwemmung des Individuums mit Informationsfluten frei Haus nur das Pendant zur Ignoranz der Massen vergangener Zeiten – mit dem bösen Unterschied, daß jetzt auch noch die Illusion umfassenden Wissens erweckt wird?[2]

Also wagte die STUTTGARTER ZEITUNG am 22. 9. 1983 das Experiment, ihren Lesern auch Nicht-Information vorzusetzen, einen weißen Fleck inmitten des geheiligten, informationsstrotzenden Graukörpers. Drei Zentimeter auf der Lokalseite – Mut zur Lücke. Die nächste Seite zeigt, wie das aussah.

---

[1] Walter Lippmann, Public Opinion, New York 1922; deutsch: Die öffentliche Meinung, München 1964, S. 240
[2] Ben H. Bagdikian, The Information Machines, New York 1972

Stuttgarter Zeitung Nr. 219

Für Notizen

Eine neue, seltsame Tendenz bei der Gestaltung von Druckschriften: weiße Seiten. Solche also, auf denen absolut nichts steht, außer – ganz oben – diese beiden Wörtlein: Für Notizen. Man findet das in letzter Zeit überall, vor allem aber in Büchern und Zeitschriften, die der Leser bisher nicht im Traum für ein Notizheft gehalten hätte. Ein Führer durch die schwäbischen Besenwirtschaften, ein Handbuch über Alternativprojekte, sogar ein Autoatlas – seitenweise „Für Notizen". Gibt es wirklich so viel zu notieren? Wollen die Jungs der neuen deutschen Verlegerwelle einfach nur ihre Wälzer ein bißchen dicker machen? Ist das nur der Anfang und steht am Ende das völlig weiß-jungfräuliche Buch, die gänzlich vom Text befreite Zeitschrift, bei der nur noch Titel und vielleicht eine lockere Rahmenhandlung vorgegeben sind – den Rest notieren wir selbst?

Sei's drum. Möglicherweise besteht ein echtes Bedürfnis des modernen Menschen nach mehr weißer Fläche und weniger Lektüre. Die „Stuttgarter Zeitung", dem Neuen stets aufgeschlossen, wagt deshalb als erste deutsche Zeitung ein Experiment und stellt ihren Lesern Raum „Für Notizen" zur Verfügung. Nicht viel Raum, zugegeben, aber vom journalistischen Munde abgespart. Und weil in Stuttgart täglich eine ganze Menge passiert, muß das Experiment ein einmaliges bleiben. Sollte sich aber der eine oder andere Leser auf den Arm genommen fühlen, so macht das gar nichts, sagen die Erfinder dieser Idee. Er kann ja alles notieren. Harald Martenstein
Für Notizen:

Am kommenden Sonntag
Eine Stunde

16. Informationen werden ihnen vorenthalten

> Was in der Zeitung steht, ist nicht halb so
> wichtig wie das, was nicht drin steht.
> *Kurt Tucholsky*

Alles, was Journalisten selektieren, ist leider nicht halb so interessant wie das, woraus sie nicht selektieren können, weil sie es nicht erfahren. Aus manchen Ländern kann überhaupt nichts berichtet werden; die große Mehrheit aller Staaten der Erde übt eine mehr oder weniger krasse Zensur; und in der Minderheit der freien Länder findet durchaus kein freier Fluß von Informationen statt:

● Das meiste wirklich Wichtige aus der Politik wird entweder nie bekannt oder allenfalls nach fünfzig Jahren, wenn sich die Archive öffnen. Journalisten können nun einmal nicht Mäuschen spielen, wenn in Kabinetten oder Fraktionsvorständen oder an Frühstückstischen die Weichen gestellt werden.

● Diesen legitimen Spielraum fürs Geheime weiten die meisten Politiker ins Illegitime aus, weil es bekanntlich nicht ihr Ehrgeiz ist, sich der Presse anzuvertrauen mit all ihren Plänen, Motiven und Hintergedanken, sondern die Presse zu benutzen (dies wiederum mit Hintergedanken, versteht sich).

● Viele Politiker und andere einflußreiche Leute haben etwas Illegales zu verbergen; wenn ihnen das mißlingt, ist der Skandal da; aber vermutlich ist die Zahl der anstößigen Handlungen, von denen nie ein Journalist erfährt, erheblich größer als die Zahl derer, die er aufdecken kann.

Ganze Länder sind unzugänglich

Der nordkoreanische Diktator Kim Il Sung braucht keine ausländische Presse – er hat seine eigene: „Journalisten" die ihrem Herrscher nichts als jubelnde Huldigungen und Elogen schreiben. Ausländische Reporter, die möglicherweise mit dieser Sitte brechen könnten, kommen kaum ins Land. Afghanistan ist für westliche Reporter nur auf Schleichwegen erreichbar.

Auch Albanien schließt seine Grenzen vor professioneller Neugier aus anderen Staaten, ebenso Laos und der marxistische Südjemen. Der Iran ist großzügiger: Er verweigert nur Journalisten aus bestimmten Ländern Zutritt und Auskunft – natürlich den Amerikanern und zum Beispiel den Deutschen. (Die lassen dann recherchieren von Reportern anderer, willkommenerer Nationalität.)

Die meisten Staaten üben Zensur

Die Jahresberichte des *Internationalen Presse-Instituts* (IPI) in London über den Stand der Pressefreiheit klingen von Jahr zu Jahr beklemmender. 1977: „Pressefreiheit verliert weltweit an Boden – Folterung von Journalisten keine Seltenheit mehr".[1] 1983:

> Nur in einem kleinen Teil der Welt wird das Recht auf freie Meinungsäußerung noch respektiert; in den meisten Ländern dagegen wird sie geknebelt. Zeitungsverbote in Kenia und Liberia, Ausweisungen von Auslandskorrespondenten in Malawi und Uganda, wachsender Regierungsdruck auf die Presse in Zimbabwe, Tansania, Kamerun und Gabun sowie Verurteilungen von Journalisten und Verlegern in Sambia und Sierra Leone... Iraks Zeitungen werden völlig von der herrschenden Baath-Partei kontrolliert, sie gehören seit 1958 dem Staat. Gleiche Verhältnisse gelten in Syrien.[2]

In der Türkei wurden zahlreiche Journalisten mit Geld- und Freiheitsstrafen belegt, und zwar für Vergehen, die in den westlichen Demokratien nicht als solche angesehen würden. Auch in Südafrika wurde mit immer neuen Gesetzen und Verordnungen versucht, die Presse der Opposition in ein noch dichteres Netz von Beschränkungen zu hüllen.

1984 rügte das IPI Angriffe auf die Freiheit der Presse in Nigeria, Ghana, Guinea, Uruguay, Costa Rica und Nicaragua. Dort verfolge das sandinistische Regime die Zeitung LA PRENSA, die einzige noch vorhandene oppositionelle Stimme,

---

[1] HANDELSBLATT, 16. 3. 1977
[2] Zit. nach: Zv + Zv, 12. 1. 1984

und es stehe im Begriff, die elektronischen Medien zu Instrumenten der Regierung zu machen und die Zensur gesetzlich einzuführen. Weniger als ein Viertel der Länder der Erde läßt ausländische Journalisten ungehindert reisen.[1] In anderen Ländern sind es die Zustände, die manchen Reporter entmutigen:

> Überall in der Welt finden Journalisten den Tod im Einsatz an den Fronten und in anderen Gefahrenzonen. Zur Zeit gelten lateinamerikanische Länder als die härtesten Einsatzräume für Reporter... So kamen beispielsweise im Januar 1983 acht Journalisten in Peru ums Leben; links- und rechtsgerichtete „Todesschwadronen" brachten in Mittel- und Südamerika einheimische und ausländische Journalisten zum Schweigen.[2]

1979 stoppte in Nicaragua ein Mitglied der Nationalgarde den Korrespondenten der amerikanischen Fernsehgesellschaft ABC, William Steward, zwang ihn, auf Hände und Knie niederzugehen, und ermordete ihn mit einem Feuerstoß. Die Fernsehkamera hielt den Vorgang fest.[3]

Für Mord und Folter gibt es keine Rechtfertigung. Für die vielerlei Behinderungen und Schikanen haben jedoch einige westliche Journalisten ein gewisses Verständnis aufgebracht, soweit es sich um Entwicklungsländer handelt.

> Zwei Drittel des täglichen Nachrichtenanfalls in der Welt kommen direkt oder indirekt aus New York. Zwei Drittel der Journalisten der großen Nachrichtenagenturen sind Amerikaner oder Europäer... Die vier großen Weltagenturen AP und UPI der USA, Reuters aus Großbritannien und AFP aus Frankreich beherrschen zu 75 Prozent den Nachrichtenmarkt. Anders ausgedrückt, was in Indien oder Vietnam passiert, in Südamerika oder Afrika, wird nach Ansicht der Kollegen aus der Dritten Welt nur durch britische, amerikanische und französische Augen gesehen.[4]

---

[1] Vgl. SÜDDEUTSCHE ZEITUNG, 19. 6. 1984; INTERNATIONAL HERALD TRIBUNE, 28. 7. 1984
[2] Zit. nach: Zv + Zv, 12. 1. 1984. Vgl. FRANKFURTER RUNDSCHAU, 29. 10. 1983
[3] Vgl. INTERNATIONAL HERALD TRIBUNE, 19. 1. 1980
[4] DER TAGESSPIEGEL, 27. 4. 1978

Und der Londoner GUARDIAN meint:

> Daß der Westen sich auf schlechte Nachrichten – Krieg, Hunger, Korruption – konzentriert, ja von ihnen besessen scheint, hat auf simple Weise den Ausschluß westlicher Korrespondenten aus solchen Staaten beschleunigt, die nicht viel Kritik vertragen.[1]

Der GUARDIAN zitiert dazu den pakistanischen Presseattaché in London, Kahlid Hasan, der sich über die Arroganz und das Desinteresse vieler Auslandskorrespondenten beklagt:

> Gescheite, wohlmeinende Leute stoßen auf das Thema „Pakistan", halten sich drei Tage dort auf, fahren nie über Land, um mit wirklichen Menschen in Kontakt zu kommen. Dann schreiben sie einen Artikel von großer Entschiedenheit, der mit Hilfe von Kooperationsverträgen um die Erde läuft.

Der GUARDIAN äußert sogar Verwunderung, daß eine solche Berufsauffassung und die unüberbrückbare Verschiedenheit der Weltsicht nicht längst zu einer gemeinsamen Aktion der Entwicklungsländer gegen die Presse der Industriestaaten geführt habe.

Nun, ein paar Aktionen gibt es: Auf Initiative und unter der Koordination der jugoslawischen Nachrichtenagentur TANJUG haben die Agenturen der „blockfreien Länder" 1976 einen Pool gegründet, und die UNESCO versucht eine *Neue Internationale Informationsordnung* voranzutreiben, die den Interessen der Dritten Welt gerecht werden soll.

Die Informationsordnung des Ostblocks sieht so aus, daß die Presse der westlichen Industriestaaten von den kommunistischen Industriestaaten als Gegner, wenn nicht als Feind behandelt wird – nach den Informationen des IPI vor allem in der DDR, der Sowjetunion und der Tschechoslowakei. Die KSZE-Vereinbarungen von Helsinki sehen die ungehinderte Arbeit von Journalisten im Ausland vor, aber sie haben „die internationale Pressefreiheit nicht verbessert", resümierte die SÜDDEUTSCHE ZEITUNG (4. 10. 1983).

In der DDR ist den ausländischen Fernsehkorrespondenten das spontane Befragen von Bürgern seit 1979 ausdrücklich verboten, und wo es doch gelegentlich stattfinden kann wie bei der

---

[1] John Cunningham, Bad news is good news is bad news, in: GUARDIAN, 18. 3. 1977

Leipziger Messe, entscheiden zumal westdeutsche Journalisten nicht selten, die Filmaufzeichnung nicht zu senden, damit der Freimut der DDR-Bürger keine üblen Folgen für die Beteiligten hat. Solche freiwillige Selbstkontrolle wird noch ergänzt durch die verständliche Neigung vieler westlicher Korrespondenten, die Wahrheit in solcher Dosierung zu sagen, daß sie noch ein Weilchen im Lande bleiben dürfen.

Über die Methoden und Vorgaben der Zensur in Polen veröffentlichte DER MONAT ein Interview mit „K-62", einem ehemaligen polnischen Zensor, der sich nach Schweden abgesetzt hat und seinen bürgerlichen Namen nicht preisgeben will. Nach den Schilderungen des K-62 ist die Zensur in seinem Land ein hochorganisierter und erstaunlich offen handelnder Apparat.

> Wenn ein Journalist im guten Glauben schrieb, weil er dumm war – und es gibt unzählige dumme Journalisten –, dann fühlte sich der Zensor nicht verpflichtet, ihn eines Besseren zu belehren. Aber wenn er schrieb, um zu spotten, um sich aufzubauen, dann wurde dem ein Riegel vorgeschoben. Da konnten wir schon unterscheiden.[1]

K-62 reihte den Beruf des Zensors ein in die völlig normalen bürgerlichen Berufe, stellte ihn zumindest neben den des Journalisten – um nichts weniger ehrbar und um nichts geheimnisvoller. Zensur ist im übrigen nicht auf Diktaturen beschränkt: Der israelische Militärzensor verfügte im April 1984 eine viertägige Stillegung der Druckerei, in der die Boulevardzeitung CHADDASCHOT hergestellt wird – weil sie die später unbestrittene Wahrheit aufgedeckt hatte, daß zwei palästinensische Terroristen nicht im Kampf erschossen, sondern nach ihrer Überwältigung erschlagen wurden.[2]

Der Skandal

Natürlich ist auch bei uns nicht alles zum besten bestellt. Hätte nicht der SPIEGEL einem Informanten eine horrende Summe bezahlt, so wüßten wir nichts davon, auf welche Weise sich die Bosse der „Neuen Heimat" bereichert haben. Daran ist

---

[1] Barbara Lopienska, Die polnische Kunst des Rotstifts, in: DER MONAT, 1/1982
[2] Vgl. FRANKFURTER ALLGEMEINE, 30. 4. 1984

positiv, daß bei uns keiner vor der Enthüllung illegaler Machenschaften sicher ist und keine Institution die Macht hat, die Presse am Aufdecken des Skandals zu hindern.

Für unser Thema überwiegt indes das Negative: Keine deutsche Redaktion ist mit großen Netzen auf die Suche nach diesem dicken Fisch gegangen, kein Rechercheur hat ihn geangelt, sondern ein gekränkter ehemaliger Angestellter der „Neuen Heimat" hat sein Wisssen zu Geld gemacht. Weniger Gekränktheit beim Angestellten oder weniger Geld beim SPIEGEL, und die Öffentlichkeit hätte die Wahrheit vermutlich nie erfahren.

Woraus man leider folgern muß: Die Mehrzahl aller Verfehlungen von öffentlichem Interesse bleibt unbekannt.

Die Geheimniskrämerei

Das kann nicht heißen, daß die Mehrzahl aller Großkopfeten illegale Handlungen zu vertuschen hätten. Ihre typische Handlungsweise ist vielmehr die, daß sie auf der Lauer liegen, Informationen lediglich in solcher Dosierung und mit solcher Schattierung durchzulassen, wie sie dies im Interesse der Durchsetzung ihrer politischen oder persönlichen Ziele für erstrebenswert halten.

Juristisch bewegen sich viele von ihnen dabei auf schwankendem Boden. In den Pressegesetzen aller deutschen Länder heißt es ausdrücklich und annähernd wortgleich: „Die Behörden sind verpflichtet, den Vertretern der Presse die der Erfüllung ihrer öffentlichen Aufgabe dienenden Auskünfte zu erteilen", und außer Bayern setzen alle Länder hinzu: „Anordnungen, die einer Behörde Auskünfte an die Presse allgemein verbieten, sind unzulässig."

Welche Auskünfte aber sind es, die die Presse zur Erfüllung ihrer öffentlichen Aufgabe braucht? Wenn eine Panne oder eine Katastrophe vertuscht werden soll, ist dies ein Verstoß gegen das Pressegesetz; doch in welchem Stadium der Erwägungen, der Weichenstellungen, der Vorbereitungen setzt das öffentliche Interesse ein? Einerseits muß es in einem Ministerium möglich sein, Sandkastenspiele zu machen, ohne sich dafür öffentlich rechtfertigen zu müssen; andererseits muß es der Presse möglich sein, sich in etwas einzuschalten, was sie für eine Fehlentwicklung hält, *ehe* sie vollzogen ist.

Die Pflicht, Informationen herauszugeben, und das Bedürfnis, dies dosiert und kontrolliert zu tun, schaffen neue Zuständigkeiten – und vor allem: Nichtzuständigkeiten. Zuständig für die überprüfbare Informierung der Öffentlichkeit sind die Pressestellen.

> Behörden haben nicht zuletzt deshalb eine Pressestelle, weil die damit bewirkte Kanalisation am ehesten verhindert, daß ein unmittelbar mit der Sache befaßter Referent aus Objektivität, Naivität oder Ehrgeiz Dinge ausplaudert, die nicht (oder noch nicht oder so nicht) an die Öffentlichkeit gelangen sollen.[1]

Nicht zuständig für die Information der Presse also sind die für die Sache zuständigen Sachbearbeiter. Das legt den Verdacht nahe, daß der Informationshunger der Journalisten ganz ausdrücklich *nicht* befriedigt werden soll. Denn nur selten sind deutsche Pressestellen so beschaffen wie die meisten in den Vereinigten Staaten, die sich schier zerreißen, den Journalisten die Arbeit zu erleichtern, ja auf Wunsch ihr Innerstes nach außen zu stülpen.

Mit Ausnahmen: Die Schlüsselfiguren der hohen Politik sind großenteils auch und gerade in Amerika auf die Presse schlecht zu sprechen. Präsident Reagan ging so weit, allen Bundesangestellten, die Zugang zu Staatsgeheimnissen haben, einen Test am Lügendetektor zuzumuten, wenn sie im Verdacht stehen, geplaudert zu haben.[2]

In der Schweiz ist die Rechtsstellung der Presse schwächer als in der Bundesrepublik; Artikel 293 des Strafgesetzbuchs besagt:

> Wer, ohne dazu berechtigt zu sein, aus Akten oder Untersuchungen einer Behörde, die durch Gesetz oder durch Beschluß der Behörde im Rahmen ihrer Befugnis als geheim erklärt worden sind, etwas an die Öffentlichkeit bringt, wird mit Haft oder mit Buße bestraft. Die Gehilfenschaft ist strafbar.

---

[1] Walther von La Roche, Einführung in den praktischen Journalismus, München 1982, S. 53
[2] Vgl. DER SPIEGEL, 12/1983, S. 118; TIME, 12. 12. 1983

Die Behörde kann also selbst beschließen, was geheim ist, und die NEUE ZÜRCHER ZEITUNG rügte 1980, der Staat gebärde sich, als ob er eine Intimsphäre hätte.[1]

Das legitime Geheimnis

Daß Journalisten juristisch verpflichtet sind, die Privatsphäre natürlicher Personen zu respektieren und die Intimsphäre im allgemeinen zu ignorieren, läßt sich nur bejahen. Sogar freiwillige Selbstbeschränkung sollte ausnahmsweise stattfinden dürfen: Als der Arbeitgeberpräsident Hans Martin Schleyer entführt worden, aber noch am Leben war, ersuchte der Bonner Krisenstab die Presse um eine stark eingeschränkte Berichterstattung, und die Presse richtete sich danach. Auch bei Kindesentführungen ist solche Rücksichtnahme üblich.

Überdies muß es Politikern möglich sein, sich über anstehende Sach- und Personalentscheidungen vorläufige Gedanken zu machen, ohne sich bereits in diesem Stadium gedruckt zu sehen – auf die Gefahr hin, daß sie nicht Pläne, sondern Ränke schmieden. Im Parlament wird gerade genug zum Fenster hinausgeredet; wir können uns nicht ernstlich wünschen, daß auch in Kabinettssitzungen bei jeder Äußerung vor allem die Außenwirkung bedacht würde.

Was aus all dem folgt oder folgen sollte, ist wiederum nur: mehr journalistische Bescheidenheit, planmäßige Aufklärung von Lesern und Hörern über die Vorläufigkeit und Hinfälligkeit alles Berichtens. Wer den Minister vor dem Kanzleramt aus dem Mercedes steigen sieht, hat sozusagen *nichts* erfahren; auch dann nicht, wenn der Minister in das ihm vorgehaltene Mikrofon ein paar Gemeinplätze murmelt. Es fragt sich also, ob nicht jedes Türenschlagen der Ministerlimousine mit einem ironisch-relativierenden Text versehen werden – wenn nicht vom Bildschirm ganz verschwinden sollte, weil es ein falsches Gefühl des Bescheidwissens begünstigt.

„All the news that's fit to print" steht im Kopf der NEW YORK TIMES – auch dies eine Übertreibung; es müßte ja heißen: alles das, dessen Abdruck uns angemessen schien – ausgewählt aus dem, was wir in Erfahrung bringen konnten.

---

[1] Hat der Staat eine Intimsphäre? In: NEUE ZÜRCHER ZEITUNG, 26. 10. 1980

196

Zwischenspiel:
Auf der Erde knien
die Vertreter der Weltpresse

Die Rede des Präsidenten Ronald Reagan zur Lage der Nation vor dem Kongreß ist angesetzt auf 21 Uhr ostamerikanischer Zeit – in Westeuropa zeigt die Uhr die dritte Morgenstunde des Mittwochs an. Damit die beim Weißen Haus in Washington akkreditierten Journalisten sich vorbereiten können, ist für die „White House Press" um 17 Uhr ein politisches Hintergrundgespräch angesetzt mit Vergabe des Redetextes, einer zusätzlichen Dokumentation sowie mit vier hochgradigen Interpreten: Finanzminister Donald Regan, des Präsidenten Budgetdirektor David Stockman, dem Präsidentenberater für Innenpolitik Edwin Harper und Reagans Sicherheitsberater William Clark.

Im Presseraum des Weißen Hauses stehen 48 Klappstühle, versehen mit Messingschildchen; sie sind reserviert für die Vertreter der publizistischen Institutionen der USA: die großen Zeitungen, Funk- und Fernsehstationen und die Nachrichtenagenturen. Ringsum gibt es Platz für vielleicht 50 Stehende. Aber schon eine Viertelstunde vor der Zeit drängen sich schätzungsweise 350 Journalisten in dem Raum, der die Größe eines Klassenzimmers hat. Um 17 Uhr knarrt eine Stimme aus dem Lautsprecher: Alles werde sich um eine Viertelstunde verzögern.

Längst hat man Mäntel und Jacken ausgezogen und sich das zehnte Mal für unbeabsichtigtes Rempeln entschuldigt. Die Tür zum Garten steht offen, denn draußen wartet eine weitere Traube von Journalisten. Es ist zu eng, um richtig mitschreiben zu können. Um 17.15 Uhr betritt Larry Speakes, Ronald Reagans Pressesprecher, ein Podium, vor blauem Samt und unter dem präsidialen Siegel. Er verliest einige Passagen aus der Rede Reagans, die bereits für die 18-Uhr-Nachrichten freigegeben sind. Die Journalisten machen Witze, die nur mit Mühe die dicke Luft durchdringen.

Larry Speakes wirft einen bangen Blick über die nervöse, auf ihre Dokumente wartende Menge und verkündet dann: „Im Interesse Ihrer Sicherheit und Ihres Wohlergehens werden wir die Texte an beiden Seiten des Saales verteilen." Dann warnt er: Falls es zu einem gefährlichen Drauflosstürmen kommen sollte – er sagt fachmännisch „stampede" –, werde die Manuskriptverteilung sofort eingestellt. Aus der Journalistenmasse – sogar an den zur ebenen Erde liegenden dunklen Fenstern sieht man von außen plattgedrückte Nasen – kommen einige unfreundliche Bemerkungen.

Es folgt der Auftritt der eingangs genannten Experten. Das Hauptinteresse richtet sich auf Budgetdirektor Stockman, der sehr schnell ins Schwimmen gerät, wütende Zusatzfragen ablehnen muß und schließlich an seinem Taschenrechner herummanipuliert, während Regan die Beantwortung der Fragen übernimmt.

Kurz nach 18 Uhr ist das „Briefing" zu Ende. Die Journalisten versuchen, soweit das der Platz erlaubt, ihre Mäntel wieder anzuziehen, und stellen sich an zum Empfang der Manuskripte. Aber es sind keine da, und der Zorn steigt.

Dafür klingt es aus dem Lautsprecher: „Die Redetexte gibt es beim Rausgehen." Die Presse drängt nach draußen, aber da ist auch nichts. Im dunklen White-House-Garden steht man Schlange, „wie vor dem Arbeitsamt", sagt einer. Schließlich: die Manuskripte. Aber es sind zu wenige, und so ist es kein Wunder, daß einer der Sicherheitsbeamten in sein Walkie-Talkie jammert: „Das gibt eine Stampede." Klar, jeder will seine Arbeitsunterlagen, auf dem Rasen haben die US-Fernsehteams bereits Scheinwerfer und Mikrophone aufgebaut und wollen für die ersten Abendnachrichten anfangen.

Dann kommt noch einmal eine Ladung Texte. Es gibt kein Halten mehr. So um die hundert Journalisten stürmen fluchend los. Die White-House-Sekretärinnen versuchen erst, in Ruhe zu verteilen, dann bekommen sie Angst vor der „Stampede", schmeißen die Packen auf den Rasen und machen sich aus dem Staub, nein, aus dem Matsch. Auf der Erde drängeln und knien Vertreter der Weltpresse und suchen nach den Seiten der „Lage der Nation" nebst Erläuterungen.

Lutz Krusche (Washington), in: FRANKFURTER RUNDSCHAU, 27. 1. 1983

17. Sie sitzen im Nachrichtenkarussell

> Die Politiker müssen sich hauptsächlich mit
> dem beschäftigen, was die Medien für aktu-
> ell halten. *Bundespräsident Scheel (1977)*

Nichts ist so alt wie die Zeitung von gestern. So behaupten es Zeitungsredakteure, bevor sie sich beladen mit Archivmaterial daranmachen, brandneue Trends aufzuspüren. So sagen es Agenturjournalisten, bevor sie einen Politiker mit den gestern veröffentlichten Angriffen seiner politischen Gegner konfrontieren. Und Tageszeitungsreporter, die ihre Verachtung für die Nachricht von gestern wie ein Markenzeichen vor sich hertragen, lesen nichts verbissener als die Konkurrenzblätter. Nein, die Wirklichkeit sieht anders aus: Ohne die Zeitungen von gestern würde die Zeitung von heute nicht erscheinen können.

Im Kapitel 15 war davon die Rede, daß die Arbeit eines typischen Nachrichtenredakteurs darin besteht, den überwiegenden Teil des täglichen Nachrichtenangebots wegzuwerfen. Hier ist nun eine Differenzierung fällig: Dieses Nachrichtenangebot ist keineswegs aus dem Nichts entstanden, sondern seinerseits Ergebnis einer Selektion – zum überwiegenden Teil eine Reaktion auf bereits Gemeldetes, auf die Nachricht von gestern. Der Journalist hat oft genug keine Wahl. Er sitzt auf dem Karussell der Nachrichten und provoziert mit seiner Arbeit Reaktionen und Ereignisse, über die er selber dann berichten muß. Dieser nicht zu bremsende Kreislauf engt nicht nur die Zahl der Themen noch weiter ein, die schließlich in das Bewußtsein der Öffentlichkeit vordringen, sondern produziert seinerseits Desinformation:

● Er suggeriert den Lesern und Zuschauern, worüber sie in welcher Reihenfolge der Dringlichkeit nachzudenken haben.
● Er zwingt Personen öffentlichen Interesses, in erster Linie Politiker, im Wege der Rückkopplung, sich hauptsächlich zu den Themen zu äußern, die von der Presse verbreitet worden sind.
● Die Berichterstattung provoziert häufig erst jene Stimmungen, die sie zu konstatieren behauptet (*self-fulfilling prophecy*).

● Im Extremfall löst sie *Anschlußhandlungen* der Medienbenutzer aus.

Kurz: Nicht nur Lügen, Schlampereien, Fehlselektionen und willkürlich zu „Schwarzen Serien" gebündelte Ereignisse – auch die korrekte Nachricht schafft eine neue Realität, an der dann auch der sorgfältigste und vorsichtigste Journalist nicht mehr vorbeikommt. Das Nachrichtenkarussell hält ihn gefangen.

> So drehen wir uns alle im Kreise. Erst verändert das Fernsehen den Charakter der Kommunikation zwischen Volk und Regierung; als Folge davon verändern Politiker, Interessentengruppen und alle anderen Mitspieler auf der Bühne der Politik ihr Verhalten den Medien gegenüber. Darauf wiederum reagieren die Medien, so daß am Ende jedermann einbezogen wird in dies Ringelspiel, das Tagesordnungen verändert und Prioritäten verschiebt.[1]

Tagesordnungen verändern: Hier hat O'Neill im amerikanischen Original den Ausdruck „sets the agenda" verwendet, der seit etwa zehn Jahren die Medienwirkungsforschung dominiert. Die *agenda-setting-function*, im Deutschen unzulänglich als „Thematisierungsfunktion" oder „Scheinwerfer-Effekt" bezeichnet, hat die landläufige Einschätzung ersetzt, Massenmedien würden ihren Benutzern eine Meinung vorschreiben. Der Schlüsselsatz, der den Anstoß gab: „Die Presse mag überwiegend erfolglos sein, wenn es darum geht, den Leuten zu sagen, *was* sie zu denken haben. Aber sie sagt den Lesern enorm erfolgreich, *worüber* sie nachzudenken haben."[2]

„Agenda-setting-function" bedeutet also: Die Leser halten genau die Themen für wichtig, die in der Presse behandelt werden. Seit der ersten ausführlichen Analyse dieser Theorie durch McCombs und Shaw 1972[3] ist das Konzept wiederholt empi-

---

[1] Michael O'Neill, Wenn die Regierung zum Feind wird, in: FRANKFURTER ALLGEMEINE, 8. 9. 1982. Vgl. Heinrich Oberreuter, Übermacht der Medien, Zürich 1982, S. 63

[2] Bernhard C. Cohen, The Press and Foreign Policy, Princeton 1963, S. 13

[3] McCombs/Shaw, The Agenda-Setting Function of Mass Media, in: PUBLIC OPINION QUARTERLY, 36 (1972). Vgl. G. R. Funkhouser, The Issues of the Sixties. An Exploratory Study in the Dynamics of Public Opinion. In: PUBLIC OPINION QUARTERLY, 37 (1973). McLeod/Becker u. a., Another Look at the Agenda-Setting Function of the Press, in: COMMUNICATION REVIEW, 1/1974. Hans Mathias Kepplinger, Realkultur und Medienkultur, Freiburg

risch überprüft und theoretisch differenziert worden, und statt einer einheitlichen Lehrmeinung gibt es einen Zettelkasten von Behauptungen. Einigkeit herrscht aber darüber, daß die Massenmedien nicht nur entscheidend dafür verantwortlich sind, welche Themen auf der Tagesordnung (agenda) stehen, sondern auch festlegen, in welcher Rangfolge der Dringlichkeit diese Themen behandelt werden.

Die Schlüsselrolle spielen dabei die Nachrichtenagenturen, und sie sind sich überraschend und fast erschreckend einig. Der dpa-Chef sagt:

> Es gibt nämlich so etwas wie einen internationalen oder nationalen nachrichtenjournalistischen Konsensus über das, was vorgestern oder gestern oder heute wesentlich und interessant war bzw. ist.[1]

Wenn dpa eine Vorrangmeldung klingeln läßt, läßt eine ähnliche von AP nicht lange auf sich warten; was *alle* Agenturen unter „Vorrang" oder mit mehreren Tages- und Abendzusammenfassungen melden, das stellt kein Zeitungsredakteur auf Seite 7 – und umgekehrt: Die Auslandskorrespondenten renommierter Tageszeitungen haben es oft schwer, einen Exklusivbericht oder eine von den Agenturen abweichende Informationsgewichtung bei ihrer Heimatredaktion loszuwerden. So stark ist unter Journalisten die Überzeugung verwurzelt, die *agenda* hätten die Agenturen zu setzen, und wenn es denn der SPIEGEL war, dann ist es wiederum der dpa-Bericht über die SPIEGEL-Story, dem die meisten Zeitungs- oder Rundfunkredakteure ihr Urteil über die Bedeutung der SPIEGEL-Geschichte entnehmen.

Ist das nicht unheimlich? Da doch „Medien-umzingelte Menschen" gewöhnt sind, die Bedeutung einer Sache an der

1975, S. 28–36. Benton/Frazier, The Agenda Setting Function of the Mass Media at three Levels of „Information Holding", in: COMMUNICATION RESEARCH, 3 (1976). Shaw/McCombs (Hrsg.), The Emergence of American Political Issues, St. Paul 1977. Hans-Jürgen Weiss, Die Thematisierungsfunktion der Tagespresse, in: MEDIA-PERSPEKTIVEN, 9/1980. Ulrich Saxer, Publizistik und Politik als interdependente Systeme; Klaus Schönbach, Agenda-Setting im Europa-Wahlkampf 1979; beide in: MEDIA-PERSPEKTIVEN, 7/1981. David Weaver, Media-Agenda-Setting in a Presidential Campaign, New York 1981.

[1] Hans Benirschke, Struktur und Aufgaben einer Nachrichtenagentur, Vortrag 1969; zit. nach: Winfried Schulz, Die Konstruktion von Realität in den Nachrichtenmedien, Freiburg 1976, S. 8

Häufigkeit ihrer Erwähnung zu messen?[1] Und da die Kriterien, an denen die Agenturen ihre Tagesordnung orientieren, ihren Abnehmern so unbekannt sind wie vermutlich ihnen selber? In Amerika hätten die wichtigen Zeitungen mit ihrer an Elite-Interessen orientierten Nachrichtenordnung Wahlkämpfe beeinflußt, behaupten Entman/Paletz:[2]

> Die Bevölkerung kann heftig daran interessiert sein, ob ein bestimmtes Mittel Krebs heilt oder nicht, verordnet werden sollte oder nicht; sie kann sich Gedanken machen über die Kosten des privaten Schulsystems oder beunruhigt sein über die schnell steigende Selbstmordrate in den USA... Aber die Berichterstattung in den Medien behandelt vor allem Afghanistan, die Geiselnahme im Iran, die möglichen Siegeschancen der Kandidaten bei der Präsidentschaftswahl. Dieses Setzen von thematischen Prioritäten hat Folgen, z. B. für das Wahlverhalten... Die Medien ermöglichen es den Wählern nicht nur nicht, die Kandidaten anhand der ihnen wichtigen Fragen zu prüfen, sie strukturieren mit ihrer an Elite-Interessen orientierten Nachrichtenordnung auch die für die Wahlentscheidung wichtige Problem-Rangfolge.

Die besondere Bedeutung der Fernseh-Debatten der Präsidentschaftskandidaten für die öffentliche Meinung in den USA wird von TIME herausgestellt: „Abgesehen von ihrer direkten Wirkung auf die Zuschauer erscheinen die Debatten auszugsweise in den Nachrichten und helfen der Presse dabei, eine Rangfolge der wichtigsten Themen festzulegen."[3]

In Deutschland zog die Medienwirkungsforschung Aufmerksamkeit auf sich, als Elisabeth Noelle-Neumann 1974 ihre Theorie von der „Schweigespirale"[4] veröffentlichte. Die Massenmedien schafften einen *Konformitätsdruck* der öffentlichen Meinung; bei übereinstimmender Berichterstattung eilten sie der öffentlichen Meinung voraus, heißt es dort. Wer nun anderer Ansicht sei, erliege dem möglicherweise irrigen Eindruck, einer Minderheit anzugehören. Aus Angst vor Isolation äußere

---

[1] Nachrichten-Recycling, in: DIE TAGESZEITUNG, 16. 2. 1983
[2] Eliten, Massenmedien und Meinungsklima, in: MEDIA-PERSPEKTIVEN, 9/1980
[3] TIME, 16. 4. 1984
[4] Die Schweigespirale. Über die Entstehung der öffentlichen Meinung. In: Standorte im Zeitstrom, Festschrift für Arnold Gehlen, Frankfurt 1974.

er seine Meinung nicht. In einem sich aufschaukelnden Prozeß werde so diejenige Meinung unterdrückt, die von der Mehrzahl der Massenmedien nicht geteilt werde.

Auf scharfe methodische und politische Kritik stieß allerdings der Versuch, diese Theorie als Munition im Kampf um die Vorherrschaft in den Rundfunkanstalten zu verwenden und dabei zu unterstellen, eine mehrheitlich linke Orientierung der Journalisten habe bei der Bundestagswahl 1976 die CDU/CSU um ihre demoskopisch nachweisbare Mehrheit gebracht.[1]

Weit plausibler ist die Annahme, daß es Zeitungen und Agenturen, Sendern und Illustrierten erst einmal darauf ankommt, den ihnen zur Verfügung stehenden Raum mit Anstand zu füllen. In Deutschland entstehen deshalb in den nachrichtenarmen Zeiten, etwa in den Parlamentsferien, immer wieder politische Debatten, deren Substanz selbst eifrigen Lesern verborgen bleiben muß – weil sie nicht da ist. Wie man trotzdem das Karussell anwirft, wird in der schon zitierten internen Anweisung der ASSOCIATED PRESS geschildert: „Rückkopplungen, die Kommunikation schaffen, müssen wir oft selbst in Gang setzen." (Kap. 5)

Ereignisse, die einmal zu Nachrichten definiert sind, (bekommen) ein zunehmendes Maß an Eigengewicht und Kontinuität, auch wenn das Folgegeschehen – im Vergleich zu anderen Ereignissen – längst wieder erheblich an Intensität verloren hat.[2]

Was dabei herauskommen kann, zeigt das folgende Beispiel: Im Januar 1981 wurde der FDP-Bundestagsabgeordnete Ronneburger, Vorsitzender des Innerdeutschen Ausschusses, von einem Reporter des BAYERISCHEN RUNDFUNKS gefragt: Ob die von der DDR wieder einmal aufgebrachte Forderung nach Anerkennung einer eigenen DDR-Staatsbürgerschaft der Deutschlandpolitik eine Wende bescheren könne? Ronneburger antwortete, was niemand seit Unterzeichnung des Grundlagenvertrags bestreitet: Die DDR-Staatsbürgerschaft gebe es bereits, und jeder, der sich auf sie berufe, könne sie wahrnehmen.

---

[1] Elisabeth Noelle-Neumann, Öffentlichkeit als Bedrohung. Über den Einfluß der Massenmedien auf das Meinungsklima. Freiburg 1977, S. 204 ff.

[2] Winfried Schulz, Die Konstruktion von Realität in den Nachrichtenmedien, Freiburg 1976, S. 14

An dieser Stelle passierte zunächst nichts. Der Fragesteller, berichtete die STUTTGARTER ZEITUNG, zeigte sich „überhaupt nicht alarmiert und fuhr in seinem Fragekonzept ungerührt fort. *Nachrichtenagenturen* aber pickten sich Ronneburgers Gedanken aus dem Text und jubelten sie hoch."[1] Schlagartig war Ronneburger zum gefragten Gesprächspartner geworden. Bereits einen Tag nach der Ausstrahlung konterte Olaf von Wrangel (CDU), Ronneburgers Stellvertreter, eine solche Diskussion wecke nur „kommunistische Begehrlichkeit"[2]. Zwischen Regierung und Opposition entwickelte sich ein heftiger Schlagabtausch. Nach einigen Tagen, in denen jeder nur erdenkliche Politiker um seine Meinung befragt wurde, kam auch der Urheber wider Willen noch einmal zu Wort: „Ronneburger fühlt sich unberechtigter Kritik ausgesetzt" konstatierte die FAZ in einer Schlagzeile.[3] War irgend etwas passiert? Hatte sich in der Deutschen Frage irgend etwas bewegt? Kaum. Aber das Nachrichtenloch um Neujahr, das alljährlich Journalisten aller Art in Panik versetzt, war mit reichlich „Kommunikation" gefüllt.

Daß Franz Josef Strauß ein ganzes Karussell jahrelang fast allein bewegen kann, ist nicht neu, aber doch immer wieder des Studierens wert. „Langsam kann es kein fühlender Mensch mehr ertragen", schrieb die SÜDDEUTSCHE ZEITUNG 1984, wie die Tandler, Stoiber, Waigel, Zimmermann seit zwei Jahren Straußens Anspruch auf ein Ministeramt in Bonn bekräftigten und wie die Zeitungen darauf „zahllose hochinteressante Hinter- und Vordergrundberichte" stützten:

> Wer den Ursachen und Konsequenzen dieses nervtötenden Zeremoniells nachgeht, kommt erst einmal nicht an einer melancholischen Betrachtung der bundesdeutschen Medienlandschaft vorbei. Es hat ja inzwischen nachgerade etwas Lächerliches, mit welch blindem Automatismus der politische Journalismus hierzulande auf bestimmte Themen reagiert, von denen er irgendwann einmal beschlossen hat, sie seien für immer spannend. Und natürlich hat es auch sehr viel Verführerisches für die Politiker: Wenn ein CSU-Funktionär wieder einmal in die Zeitung oder in die Tagesschau will und wenn ihm

---

[1] STUTTGARTER ZEITUNG, 16. 3. 1981
[2] WELT AM SONNTAG, 4. 1. 1981
[3] FRANKFURTER ALLGEMEINE, 13. 1. 1981

nichts Besonderes dafür einfällt, braucht er nur mit dem Namen Strauß zu rasseln – schon apportieren die Pawlowschen Hunde ihren nächsten Artikel.[1]

In solchen Affären fällt die Klage von Journalisten, Politiker gäben in aller Regel nur substanzlose Sprechblasen von sich, auf die Journalisten selbst zurück. „Die Journalisten können es den Politikern nicht verargen, wenn die sich zunächst um die Dinge kümmern, die die Presse als wichtig herausstellt, und die liegenlassen, von denen in der Presse nicht oder kaum die Rede ist", bemerkte Walter Scheel 1977.[2]

Schlimmer als das Aufbauschen von Belanglosigkeiten und das Beharren auf den immer selben Themen ist die Geschwindigkeit, mit der gelegentlich Falschmeldungen den Globus umrunden. Am 12. 5. 1984 berichtete der BOSTON HERALD aus der Feder seiner Klatschkolumnistin, Jimmy Carter, 39. Präsident der USA, sei aus dem Restaurant eines vornehmen Bostoner Hotels gewiesen worden, weil er keine Krawatte trug. AP und UPI übernahmen die Meldung (die keine Zeitangabe enthielt) mit dem Zusatz, dies sei „kürzlich" geschehen. Hunderte von Zeitungen in aller Welt druckten das Histörchen nach – auch die ZEIT vom 18. 5. 1984: „Wie der Mann aus Georgia aussieht, scheinen manche Amerikaner indes vergessen zu haben. Jedenfalls wurde er in diesen Tagen..."

Die INTERNATIONAL HERALD TRIBUNE, die die Nachricht ihrerseits am 14. 5. 1984 gedruckt hatte, rollte am 28. 5. 1984 die Geschichte auf: Die Klatschkolumnistin gab auf Befragen zu, sie habe lediglich ihr Notizbuch von 1980 ausgefleddert. Der Direktor des Hotels gab an, Jimmy Carter, damals Bewerber um die Nominierung als Präsidentschaftskandidat, sei in der Tat 1976...

Am 11. 4. 1983 meldete BILD eine scheinbare Sensation: Der ehemalige SPD-Minister Matthöfer („Aussteiger des Jahres") wolle die deutsche Politik verlassen. Er sei in Gran Canaria der spanischen Sozialistischen Partei (PSOE) beigetreten, wolle vorerst dort leben und ein politisch-wissenschaftliches Forschungsinstitut gründen.

---

[1] Herbert Riehl-Heyse, Das Theater um Strauß, in: SÜDDEUTSCHE ZEITUNG, 17. 7. 1984
[2] Rede vor dem Bundesverband Deutscher Zeitungsverleger, 12. 10. 1977

Die FRANKFURTER RUNDSCHAU, die die auf einer AFP-Meldung basierende Nachricht ebenfalls am 11. April brachte, wenn auch klein und mit deutlicher Distanz, fragte einen Tag später nach. Matthöfers Kommentar: „Quatsch". Nach seinen Angaben machte er Urlaub auf Gran Canaria und hatte den dortigen Ortsverein der PSOE bereits 1976 gegründet. Und von einer geplanten Institutsgründung könne keine Rede sein. Trotzdem meldeten noch weitere Zeitungen die ursprüngliche AFP-Version, inzwischen mit dem Quellenvermerk AFP/AP.[1]

Was wirklich passiert war, konnte die FR hinreichend aufklären: Matthöfer und seine Frau hatten an einer Sitzung des Ortsvereins der PSOE teilgenommen. Eine Provinzzeitung berichtete darüber, die Madrider EL PAIS griff diesen Bericht vergröbert auf, und AFP übernahm, wahrscheinlich ohne die ursprüngliche Quelle noch zu kennen. BILD schließlich strickte daraus seinen Aufmacher.

Manchmal ist bei obskuren Meldungen aus dem Ausland nicht Schlamperei, sondern Vorsatz im Spiel. „Es gibt Erfahrungswerte, daß... in gewissen Gegenden fünfzig, sogar zehn Dollar genügen, eine dortige Zeitung zu bewegen, eine bestimmte Behauptung als Nachricht zu drucken. Sie läuft, als Folge davon, als Information möglicherweise um die ganze Welt, weil als Quelle eine ortsansässige, also wohlinformierte Zeitung angegeben ist."[2]

Die meisten deutschen Nahost-Korrespondenten schwören inzwischen, daß so etwas im Frühjahr 1983 im Irak passiert sein muß. Damals teilte die iranische Regierung mit, bei Bombardierungen im Verlauf des iranisch-irakischen Krieges seien drei iranische Bohrinseln zerstört worden. Flugs wurde hochgerechnet, daß sich in wenigen Monaten ein Ölteppich von der Größe Belgiens ausbreiten und den Persischen Golf biologisch töten werde. Die Welt hielt, wie man so sagt, den Atem an. Allerdings wurde trotz heftiger Bemühungen der Journalisten nichts gesichtet, was einem Ölteppich geähnelt hätte. Es gab lediglich ein undeutliches Satellitenfoto, das mangels anderer Beweise als Beleg akzeptiert wurde. Macht nichts, hieß es, die Katastrophe kommt schon noch. Indessen blühten die Ge-

---

[1] So der TAGESSPIEGEL am 12. 4. 1983
[2] Karl-Alfred Odin, Das Recht auf Irrtum ist Menschenrecht, in: FAZ, 13. 12. 1983

schäfte der Spezialfirmen, die vorsorglich und für hundert Millionen Dollar die Küsten der Anliegerländer abriegelten. Das Thema kam aus der Mode. Im Spätherbst endlich wurden die westlichen Korrespondenten mißtrauisch. In einem Bericht der Agentur REUTER hieß es lakonisch: „Auf den klaren Fluten des Golfs von Bahrein kreuzen kleine Boote, und an den Stränden finden Grillpartys statt mit fangfrischen Fischen."[1] Einige Tage später zog SZ-Korrespondent Buchalla mit ähnlichen Beobachtungen nach, orakelte aber sicherheitshalber: „Das schwarze Gespenst hat sich versteckt."[2]

Als der WELT-Korrespondent Hornung im April 1984 wieder einmal nachsah, war das schwarze Gespenst immer noch auf Tauchstation. Dafür erschien ein Marineoffizier aus einem der Golfstaaten, der nach eigenem Bekunden überhaupt nie einen Ölteppich gesehen hatte. Hornungs wohl plausible Vermutung: Hinter der ursprünglichen Panikmache habe das politische Kalkül der kriegführenden Parteien gestanden.

> Bagdad wollte gemeinsam mit den Golfstaaten das Khomeini-Regime zum Waffenstillstand bewegen, um eine angeblich drohende Naturkatastrophe abzuwenden. Teheran ging es darum, der Welt zu demonstrieren, zu welcher Barbarei der Irak fähig ist, mit Raketenangriffen die ganze Region zu vergiften.[3]

Fast ist es zum Lachen: Die größte Gefahr für den Golf drohte offenbar von Tankerkapitänen, die die Nachrichten gehört hatten. Sie spülten ihre Tanks aus in der Hoffnung, die daraus resultierende Verschmutzung werde den iranischen Öllecks angelastet.

Hintergrund der enormen Resonanz, die solche Katastrophenmeldungen in den letzten Jahren verstärkt finden, ist das allgemein stark angestiegene Umweltbewußtsein, ein „Krisenbewußtsein, das sich als höchste Tugend versteht und ständig nach Bestätigungen sucht – nicht nach Abwiegelung oder Dementi"[4]. Diesem Bewußtsein entspricht die *Krisenpublizistik*:

---

[1] FRANKFURTER ALLGEMEINE, 12. 11. 1983
[2] SÜDDEUTSCHE ZEITUNG, 24. 11. 1983
[3] DIE WELT, 10. 4. 1984
[4] Ernst-Otto Maetzke, Lüstern auf Tataren-Nachrichten, in: FRANKFURTER ALLGEMEINE, 21. 12. 1983

> Bemühte Forscher entdecken mit akribischen Methoden in eigens geschaffenen Instituten immer mehr Schädliches und Bedrohliches; im Falle von allzu geringen Befunden läßt sich zumindest eine Zuwachsrate ermitteln, die bei Zugrundelegung ungünstiger Annahmen zur Fürchterlichkeit „hochgerechnet" werden kann. Falls auch dieses noch nicht genügt, können die Toleranzgrenzen nach Belieben gesenkt werden, so daß jede Tatarennachricht mit wissenschaftlichem Anspruch verkündet werden kann.[1]

Daß die Krisenpublizistik ohne Mühe die Wissenschaftler findet, mit denen sie sich schmücken möchte, kommt durch eine weitere Drehung des Medienkarussells zustande:

> Natürlich überlegen sich viele Wissenschaftler, welche Strategie sie befolgen müssen, um an Forschungsmittel heranzukommen. Wenn sie aus der grauen Masse ihrer Kollegen herausragen wollen, dann ist es nützlich, mit den Medien zusammenzuspielen, sich der Medien-Gesetzlichkeit anzupassen: Die Medien suchen die Sensation und nicht die Normalität.[2]

Als ein schwedischer Forscher im Februar 1984 in Muttermilch Dioxin-Rückstände von einem milliardstel Gramm pro Liter entdeckte, kamen im Ping-Pong der Schreckensmeldungen von MONITOR, SPIEGEL, STERN und ZEIT keine Wissenschaftler zu Wort, die in der Lage gewesen wären, den Fund zu bewerten und fundierte Aussagen über die tatsächliche Bedeutung der überall zitierten Grenzwerte zu machen. Unklar blieb ebenfalls, um welchen der 210 als „Dioxin" bezeichneten Stoffe es sich handelte. Erst nach einem Monat ging die ZEIT auf Distanz.[3]

Der Kreislauf der einheimischen Krisenpublizistik geht noch einen Schritt weiter. Seit nun die durch solche Horrormeldungen verschreckten Eltern beginnen, dem Problem auf den Grund zu gehen, schießen überall Eltern-Initiativen aus dem Boden. Der routinierte Reporter sieht so etwas mit Vergnügen, denn jetzt hat er „Betroffene", die auf unverzügliches Befragen bereitwillig das wiedergeben, was sie kurz zuvor der Presse entnommen haben. Bitte, sagt der ebenfalls ungewöhnlich be-

[1] Ernst-Otto Maetzke, ebenda
[2] Heinrich Oberreuter, Interview in MEDIEN-KRITIK, 36/1983
[3] Mathias Hacker, Die Milch der bösen Rückstände. Wie Mütter durch Horrormeldungen verunsichert werden. In: DIE ZEIT, 30. 3. 1984

troffene Journalist, da haben wir den Beweis! „Betroffenen-Journalismus" heißt diese Modeerscheinung, die dem Nachrichtenkarussell noch eine Drehung mehr gibt.

Dabei rutschen gelegentlich auch Aussagen durch, die den Mechanismus durchschaubar machen. In einer Sendung des SENDERS FREIES BERLIN sagte die Sprecherin einer Initiative, die sich anläßlich der im Frühjahr 1984 heftig diskutierten Kinderkrankheit „Pseudo-Krupp" gegründet hatte: „Es kommen immer mehr Leute zu uns, weil ja jede Woche irgend etwas veröffentlicht wird." In der Initiative gebe es auch Eltern, deren Kinder nicht eigentlich krank seien, sondern nur öfter Husten und Schnupfen hätten.[1]

Wie war das mit der Grippe? „Wenn morgen in der Zeitung steht, eine Grippewelle sei im Anrollen, dann steigt der Krankenstand auf 12 bis 14 Prozent, selbst wenn es gar keine Grippe gibt."[2] Wir befinden uns nun dort, wo die Berichterstattung im Wege der *self-fulfilling prophecy* eben die Erscheinungen hervorruft, deren Herannahen sie ursprünglich nur behauptet hat.

Unmittelbar einleuchtend ist der Zusammenhang zwischen einer Prognose und ihrem alsbaldigen Eintreffen auf dem Gebiet der Umfrage-Ergebnisse vor Wahlen. Kommen nämlich Demoskopen zu dem Schluß, eine Partei werde voraussichtlich an der Fünf-Prozent-Hürde scheitern, dann springen auch von den noch verbliebenen Anhängern dieser Partei viele aus taktischen Gründen ab. Sie geben ihre Stimme, damit sie nicht verfällt, der großen Partei, die sie für das kleinere Übel halten. Der „Fallbeil-Effekt" läßt die bedrohte Partei also auch dann scheitern, wenn die Umfrage frei erfunden war.[3]

Eine ähnliche Wirkung haben „Bestseller-Listen", die mit dem Anspruch veröffentlicht werden, ein treues Abbild des Literaturmarkts zu liefern. Nun gibt es Bestseller natürlich auch ohne Bestseller-Liste, doch wäre es kurios, wenn aus ihrer millionenfachen Publizierung keine Rückkopplung auf den Umsatz folgte. Daß die wöchentlich im SPIEGEL abgedruckte Liste

---

[1] SFB, Zeitpunkte, 25. 4. 1984
[2] Max Grundig, zit. nach DER SPIEGEL 20/1978
[3] vgl. Kurt Reumann, Gibt es den Fallbeil-Effekt für die kleinen Parteien? In: FRANKFURTER ALLGEMEINE, 9. 3. 1983

überdies nicht den geringsten Informationswert hat, ist von
Georg Ramsegger überzeugend nachgewiesen worden.[1]
All diese Beispiele sind Variationen auf die in Kap.
2 erwähnten roten Socken der Alpenbewohner: Die Realität hat
sich gefälligst nach ihrem Abbild in den Medien zu richten. Für
den Beobachter, der einen eventuellen Urzustand nicht mehr
rekonstruieren kann, fließen „Realkultur" und „Medienkultur" zusammen:

> Die Medienkultur wird gerade deshalb, weil sie kein objektives Abbild der objektiven Realität ist, auf dem Wege der selffulfilling prophecy zu einem Element der Realkultur . . . Politische, wirtschaftliche und literarische Konflikte, Krisen und Karrieren, deren Verlauf u. a. durch die Vorstellungen der von den Konflikten, Krisen und Karrieren in ihren Interessen betroffenen Individuen mitbeeinflußt wird, entwickeln daher besonders bei einer konsonanten Berichterstattung der Massenmedien über die vermeintlichen Ursachen, Zustände und Folgen der Konflikte, Krisen und Karrieren zuweilen eine Dynamik, die sie ohne diese konsonante Berichterstattung nicht besessen hätten.[2]

Kurz: „Die Stimmung ist schlechter als die Lage. Aber die Lage
beeilt sich, der Stimmung mehr und mehr zu entsprechen."[3]

Doch der Einfluß des gedruckten und gesendeten Wortes
geht über das Verbreiten von Stimmungen weit hinaus, bis hin
zu *Anschlußhandlungen* durch die Mediennutzer.

Legendär ist die Welle von Morden und Selbsttötungen mit
dem Pflanzenschutzmittel E 605, die 1954 die Bundesrepublik
erschütterte. Pressemeldungen über eine Frau, die in Worms
eine Freundin mit einer vergifteten Praline umgebracht hatte,
zogen eine Serie von Folgetaten nach sich – es gab mindestens
fünfzig Tote. Nicht ohne Lüsternheit berichtete der STERN:
„Als gehorchte sie einem Befehl, so tritt sie nach einer durchtanzten Nacht an den Kühlschrank, öffnet eins der Röhrchen

---

[1] Bestsellerlisten – zynische Verhöhnung des Lesers. In: Heinz-Ludwig Arnold (Hrsg.), Literaturbetrieb in der Bundesrepublik Deutschland, München 1981

[2] Hans Mathias Kepplinger, Realkultur und Medienkultur. Literarische Karrieren in der Bundesrepublik. Freiburg 1975, S. 35

[3] Hermann Josef Abs, Perspektiven der Weltwirtschaft aus der Sicht eines Bankiers, Vortrag in Zürich, zit. nach: DIE WELT, 23. 3. 1977

und trinkt es aus."[1] Die Welle der Anschlußhandlungen ebbte erst ab, als die Berichterstattung einschlief.

Klassischer Ausgangspunkt einer solchen Welle ist seit Goethes „Werther" regelmäßig der unnatürliche Tod eines fiktiven oder realen Prominenten. Als Rainer Werner Fassbinder im Frühjahr 1982 im Alter von 36 Jahren starb, wurde allenthalben gerätselt: Kokain? Aufputschmittel? Alkohol? Von jedem etwas? Kokain, das wußte man, hatte er immer gern gemocht – folglich löste sein Tod nicht nur Erschütterung, sondern auch eine SPIEGEL-Story aus.

> Dann war Fassbinders tristes Ende doch nur wieder der passende Aufhänger für eine schicke Titelgeschichte, in der durchaus ein wenig abgeraten wurde vom unvernünftigen Gebrauch des Rauschgifts, vor allem aber auch sehr präzise beschrieben, mit welcher Rasierklinge man die „Königin" Kokain am besten zerhackt. Service muß sein. Abschreckung? Aufklärung? Klar doch, im Erfinden von Ausreden sind Journalisten schon immer groß gewesen. Und den kleinen Nebeneffekt des Ganzen müssen sie eben in Kauf nehmen: daß sie zu Handlangern einer Werbekampagne werden, die von den Herstellern und Händlern gar nicht bezahlt werden könnte.[2]

Wie schnell wird sich das Nachrichtenkarussell erst drehen, wenn jeder Haushalt ein computergesteuertes Informationssystem besitzt? fragte 1983 „Imma" in der TAZ. Dann sei

> der Weg frei zum Informationsdurchsatz in Lichtgeschwindigkeit: Unter Umgehung von Auge, Ohr und Großhirnrinde überspielen die Informationssysteme der Medien, der Mitteiler, ihre neuen Infos in die angeschlossenen Informationssysteme. Richtig so: Lassen wir das Informationskarussell allein kreiseln, die Tagesschau automatisch auf die Videokassette überspielen, die elektronische Zeitung Börsenkurse, Wetterbericht und Fußballergebnisse in den Heimcomputer einfüttern, während wir auf dem Kamm blasen.[3]

---

[1] STERN 13/1954
[2] SÜDDEUTSCHE ZEITUNG, 23. 6. 1982 (Das Streiflicht)
[3] Nachrichten-Recycling, in DIE TAGESZEITUNG, 16. 2. 1983

211

E. Alle Journalisten werden benutzt

18. ...von Politikern und Pressechefs

Lieber ein stadtbekannter Chaot bei den Grünen als ein anonymer Alkoholiker bei der SPD.

Aus einem offenen Brief hessischer Mitglieder der Grünen an ihre Fraktion im Bundestag

Dinge geschehen, und Journalisten berichten darüber. So klingt es plausibel, und natürlich gibt es Fälle, in denen gedruckte und gesendete Nachrichten so und nicht anders entstehen: Naturkatastrophen, Flugzeugabstürze, Verkehrsunfälle, Kriege. Kriege? Seit der amerikanischen Invasion auf Grenada (Kap. 13) ist auch beiläufigen Beobachtern wieder einmal klargemacht worden, daß es zum Kalkül moderner Kriegsführung gehört, die Berichterstattung zu steuern – bis hin zu offener Zensur, von der im Kapitel 16 die Rede war. Passieren Dinge, *damit* Journalisten darüber berichten? Davon, daß dies häufig so ist, handelt dieses Kapitel: Wie Politiker und Pressechefs auf dem Medienklavier spielen – wie sie das betreiben, was in England und Amerika ganz selbstverständlich *news management* heißt.

Manfred Buchwald unterscheidet vier Hauptkategorien von Nachrichten:

1. Jene, „die sozusagen von selbst entstehen": Verbrechen, Katastrophen.

2. Meldungen über geplante und vorsehbare Ereignisse, *Kalendernachrichten:* Sportveranstaltungen, Gedenktage, Parlamentsdebatten.

3. Berichte, die nur durch *Recherche* zustande kommen: „Sie sind die interessantesten, weil sie auf Vorgänge hinweisen, die ohne journalistische Bemühungen unentdeckt und unveröffentlicht geblieben wären."

4. Die Nachrichtenexplosion aber spiele sich vor allem im vierten Sektor ab:

Hier werden Nachrichten bewußt und mit der Erwartung auf bestimmte öffentliche Wirkungen produziert ... Selbst Politiker, die nicht miteinander reden, stehen dank ihrer Nachrichtenpolitik in heimlichem Dialog, und der Arbeitstag aller Regierungen beginnt überall auf der Welt mit der Presseanalyse ... Am allgemeinen Nachrichtenaufkommen der Welt wächst der Anteil dieser Zweckmeldungen ständig, der Verlautbarungsjournalismus dominiert; die Medien werden – bewußt oder unbewußt – zum Dienstleistungsgewerbe der Mächtigen.[1]

Von aufmerksamen Beobachtern wurde dieses Phänomen schon zu einer Zeit gesichtet, als Politik ausschließlich von kaiserlichen Hofschranzen in geheimen Kabinetten betrieben wurde. Bürgerliche Revolutionäre kämpften darum, gegen diese Geheimdiplomatie Publizität durchzusetzen, und aufgeklärte Monarchen begegneten dieser Strategie ihrerseits durch Steuerung des Nachrichtenflusses in ihrem Sinn. Die Kanonade von Valmy 1792, nach den Worten des Kriegsberichterstatters Goethe Beginn einer neuen Epoche der Weltgeschichte, hat zumindest eine neue Ära der politischen Öffentlichkeitsarbeit begründet:

> Von jenem Tag an haben wir eine Überfülle geschichtlich denkwürdiger Augenblicke, und die Regierungen ... haben es sich zur Aufgabe gemacht, sie künstlich herzustellen oder vorzutäuschen, unter massivem Einsatz vorausgehender Propaganda und anhaltender Publizität. Dergleichen merkwürdige Momente, denen der Einfluß des Filmkönigs Cecil B. DeMille anzumerken ist, haben weniger mit der Geschichte zu tun als mit dem Zeitungswesen; ich hege den Verdacht, daß die Geschichte, die eigentliche Geschichte, schamhafter ist und daß ihre entscheidenden Daten eben darum auf lange Zeit hin geheim bleiben können.[2]

„Vorausgehende Propaganda und anhaltende Publizität" – wie auf Grenada oder gar auf den Falkland-Inseln, „dem Gipfel der Nachrichtensteuerung"[3]. Es scheint, als habe Margaret Thatcher von David Lloyd George gelernt, dem britischen Pre-

---

[1] Manfred Buchwald, Die Nachrichtenexplosion, in: Lutz Franke (Hrsg.), Die Medienzukunft, Frankfurt 1983, S. 77f.

[2] Jorge Luis Borges, Die Schamhaftigkeit der Geschichte (1952) in: Essays, Band 2, München 1979

[3] Cockerell/Hennessy u. a., Sources close to the Prime Minister: Inside the hidden world of the news manipulators, London 1984

mierminister von 1916 bis 1922, der nach Meinung des Großen Meyer von 1927 „Englands bedeutendster Demagoge" war und nach dem Urteil der Encyclopaedia Britannica „einen Zug von Rücksichtslosigkeit" und „eine Vorliebe für unredliche Methoden" hatte; von ihm stammt das Wort: „Was man nicht zurechtbiegen kann, soll man unterdrücken; was man nicht unterdrücken kann, biegt man zurecht."[1]

Beginnen wir ganz bescheiden mit einer konstruierten Ausgangssituation: keine Pressekonferenz, die zuständige Pressestelle befindet sich auf Tauchstation. So etwas kommt bisweilen in den aus vielerlei Gründen abgeschotteten Bereichen unserer Gesellschaft vor. Aber die Folgen sind meist schlimmer, als die Polizei erlaubt, findet die Polizei:

> So habe ich schon wiederholt miterleben müssen, wie exzellent geplante und präzise durchgeführte Polizeieinsätze, die eigentlich verdient hätten, daß man sie gebührend feiert, als Erfolge in der Öffentlichkeit verschenkt wurden, einzig und allein deshalb, weil die Führung die Parole ausgegeben hatte: „Mit der Presse läuft heute nichts." Die durch die Aussperrung frustrierten Pressevertreter reagierten sich durch entsprechende Berichterstattung ab.[2]

Laden wir also zu einer Pressekonferenz ein. Sie ist legitim, weil der Veranstalter wahrscheinlich etwas Wesentliches vorzutragen hat, und sie ist praktisch, weil die Anfragen der Journalisten nicht stundenlang die Telefone blockieren. Ein Geschäft auf Gegenseitigkeit, denn besonders die politische Presse wäre ohne das vom politischen System gelieferte Rohmaterial kaum arbeitsfähig.

Dann aber, wenn sich die Journalisten zerstreut haben, beginnt das Problem des Veranstalters: Fällt das Echo aus wie gewünscht? Schließlich hängen besonders die Karrieren von Politikern maßgeblich von der Aufmerksamkeit ab, die ihnen von den Medien gewidmet wird.

Zufrieden sind sie nie. Die Klage der Politiker ist alt und be-

[1] „What you can't square, you squash; what you can't squash, you square." Zit. nach: Norman Shrapnel, Crumbs from the horse's mouth, in: THE TIMES LITERARY SUPPLEMENT, 15. 6. 1984

[2] Horst Grimminger, Polizeigewalt als Sozialisationsfaktor, in: Schriftenreihe der Polizei-Führungsakademie 3/83, S. 218, Münster 1983

kannt. Die Journalisten, so sagen sie, brächten kein politisch informierendes Material in die Öffentlichkeit, sondern beschränkten sich darauf, willkürlich ausgewählte Ausschnitte des öffentlichen Lebens zu verbreiten. Richard von Weizsäcker fühlt sich „redigiert, moderiert, bewertet". Bisweilen, sagt er, nehme diese Praxis den Charakter einer „Zensurierung" an.[1] Als Reaktion auf diesen für die Durchsetzung politischer Interessen unbefriedigenden Zustand „entwickelt das politische System . . . eine ganze Reihe von Gegenstrategien, um eine aus der Sicht der Politiker optimale Publizitätszuteilung zu erwirken."[2]. Regierungen lancieren Indiskretionen, um die Reaktion der Öffentlichkeit auf ihre Pläne zu testen, oppositionelle Gruppen schleusen Geheiminformationen in die Medien, um die Regierung zu diskreditieren. Kurz: Journalisten werden benutzt, indem man Material so aufbereitet, daß es den bekannten journalistischen Selektionskriterien entgegenkommt.

Über das dazu nötige Know-how verfügen die Pressestellen. Ihre Strategie der Meinungspflege geht dabei weit über die simple Form der Reklame hinaus. „Sie greift in den Prozeß der öffentlichen Meinung ein, indem sie planmäßig Neuigkeiten schafft oder Aufmerksamkeit erregende Anlässe ausnutzt."[3] Zwei Techniken sind es also, die von PR-Managern zur öffentlichen Einflußnahme eingesetzt werden:

> Entweder gelingt es den Public-Relations-Managern, entsprechendes Material direkt in die Kanäle der Kommunikation einzuschleusen, oder sie arrangieren in der Öffentlichkeit spezifische Anlässe, die in vorhersehbarer Weise die Kommunikationsapparate in Bewegung setzen.[4]

Naturgemäß sind bei der Benutzung dieser „Kommunikationsapparate" die politischen Parteien im Vorteil, die die Regierung stellen: „Nachrichten informieren über Ereignisse zum ‚Danachrichten'. Solche Ereignisse setzen in der Regel die Re-

[1] Richard v. Weizsäcker: Der Anspruch des Politikers auf Vermittlung seiner politischen Überzeugung durch das Fernsehen, in: Heygster/Lange (Hrsg.), FERNSEHKRITIK 9, Mainz 1977, S. 22

[2] Ulrich Saxer, Publizistik und Politik als interdependente Systeme, in: MEDIA-PERSPEKTIVEN, 7/1981

[3] Jürgen Habermas, Strukturwandel der Öffentlichkeit, Darmstadt 1978, S. 231

[4] Habermas, ebenda

gierungen in die Welt. Sie können die Termine für solche Ereignisse, Staatsbesuche, Konferenzen... so legen, daß sie in die Wahlkampfzeit fallen."[1] Die Wahl des richtigen Zeitpunkts spielt also bei der professionellen Nutzung der Medien eine erhebliche Rolle – allerdings ist bisweilen schon Minutenpräzision erforderlich, um am nächsten Tag zu den erwünschten Schlagzeilen zu kommen.

Wie genau man dabei arbeiten muß, hat Bundeskanzler Kohl demonstriert, als er zum 3. Februar 1983 zur ungewohnten Zeit, um 16 Uhr, vor die Bundespressekonferenz trat:

> ...Kohl verdrängte mit seiner vor der Bundespressekonferenz verkündeten Initiative für mehr Ausbildungsplätze die Horrornachricht des Tages über fast 2,5 Millionen Arbeitslose, und die Pressevertreter hatten kaum Zeit, so kurz vor Redaktionsschluß noch sorgfältig zu recherchieren. Der Erfolg in den abendlichen Fernsehnachrichten gab den Wahlkampfstrategen der CDU/CSU recht. Tenor: Kanzler Kohl – Freund und Helfer der Jugend.[2]

Durch dieses geschickte Timing fiel vorerst unter den Tisch, daß es sich bei dieser als neu verkauften Initiative um einen Plan der sozialliberalen Bundesregierung handelte, der im Haushaltsplan des Jahres 1983 bereits vorgesehen war.

Natürlich haben auch Oppositionspolitiker und karrierebewußte Einzelkämpfer genügend Möglichkeiten, den Zeitfaktor für ihre Ziele einzusetzen. Dies geht besonders gut in den Zeiten absoluter Nachrichtenflaute – um die Jahreswende, während der Karnevalszeit oder in den Sommerferien befindet sich Bonn im politischen Tiefschlaf. Routinierte Politiker wissen, daß in solchen Zeiten die geringste Abweichung von der Routine zur Sensation aufgeblasen werden kann. Und sie setzen dieses Wissen bewußt ein, nicht nur in den großen Sommerlöchern, sondern auch an schlichten Sonnabenden irgendwann im Jahr. Dann sind die meisten Bundestagsabgeordneten in ihrem Wahlkreis und kaum erreichbar. Weicht einer von dieser Übung ab und versorgt die gelangweilten Bonner Journalisten, die keinen Wahlkreis, aber viel Platz zum Schreiben haben, mit

---

[1] Kurt Reumann, Nachrichtenbonus, in: FRANKFURTER ALLGEMEINE ZEITUNG, 10. 9. 1982
[2] Rolf Dietrich Schwartz, Wie Kohl einen alten Hut verkaufen wollte, in: FRANKFURTER RUNDSCHAU, 5. 2. 1983

einigen wohldosierten Informationen, so stößt er allemal auf offene Ohren. Wirkliche Spitzenpolitiker wissen noch einen anderen Weg, am Wochenende für Wirbel zu sorgen. Schließlich gibt es auch in der Provinz Zeitungen, kleine Blätter zumeist, die für ein Gespräch mit Genscher, eine Kolumne von Wehner oder eine Sottise von Helmut Schmidt ihre erste Seite hergeben. Warum sollte der jeweilige Chefredakteur auf eine solche Delikatesse verzichten, warum nicht einen Durchschlag des Manuskripts an dpa weitergeben? So ist der Ruhm zu erklären, den sich die NORDSEE-ZEITUNG, die HARBURGER ANZEIGEN UND NACHRICHTEN oder die NEUE OSNABRÜCKER ZEITUNG erwerben.

Nicht nur um am nächsten Tag zu den gewünschten Schlagzeilen zu kommen, läßt sich der Zeitfaktor einsetzen; noch wichtiger ist die richtige zeitliche Abstimmung dann, wenn Wirkungen erzielt werden sollen, die über den PR-Aspekt hinausgehen. Als Egon Bahr im November 1982 für den schwedischen Ministerpräsidenten Palme den Entwurf einer Note zur Einrichtung einer atomwaffenfreien Zone in Nordeuropa vorformulierte, fügte er gleich einen Zeitplan zur Veröffentlichung bei: „Ich empfehle, die Tatsache der Note, nicht ihren Wortlaut, sowie eine Aufzählung der Regierungen, an die sie gegangen ist, 48 Stunden nach Übergabe veröffentlichen zu lassen, um einen gewissen Druck auszuüben."[1] 48 Stunden nach Übergabe: Das war der 10. Dezember, an dem in Bonn eine sicherheitspolitische Debatte begann.

Natürlich jonglieren nicht nur die Pressestellen von Politikern und Parteien mit dem Faktor Zeit. Über die Praktiken der pharmazeutischen Industrie berichtet der Chemiker Peter Sichrovsky:

Nach neuesten Erkenntnissen macht er (der Arzneimittel-Hersteller) sich sogar die Laienpresse zu eigen, wie das Beispiel des fatalen Rheumamittels Coxigon zeigt. Da wurde die Laienpresse vor der Fachpresse informiert mit dem Hintergedanken, daß der Patient über dieses Mittel etwas liest, zu seinem Arzt läuft und ihm sagt, da gibt's was Neues, das ist gut, ich brauch das unbedingt, verschreib' mir das.[2]

[1] Zit. nach: FRANKFURTER ALLGEMEINE, 7. 3. 1983
[2] In einem Interview der Zeitschrift TIP, 24/1983, S. 62

Aus den bisher angeführten Beispielen ist schon hervorgegangen, daß es sich bei dem, was die Nachrichtenspalten der Zeitungen füllt, selten um das handelt, was nach allgemeiner Überzeugung ein Ereignis charakterisiert, nämlich faktisches Geschehen. Der überwiegende Teil der Nachrichten besteht aus Berichten über Äußerungen, aus Spekulationen und Interpretationen – aus *Pseudo-Ereignissen,* die zu *Medien-Ereignissen* werden sollen.

Wer in diesem Informations- und Desinformations-Wirrwarr zu Wort kommen will, muß neben dem erwähnten geschickten Einsatz des Faktors Zeit auch in der Lage sein, Überraschungen anzubieten. Keine echten inhaltlichen Überraschungen natürlich, denn besonders Politiker müssen sich innerhalb der Grenzen bewegen, die Partei und Fraktionen ihnen setzen. Formale Überraschungen aber garantieren ebenfalls große Resonanz.

Musterbeispiel: Jürgen W. Möllemann, FDP, der 1972 zu einer Wahlveranstaltung mit dem Fallschirm einschwebte. Der Politiker, unbestrittener deutscher Meister der PR-Arbeit, hat sich vom Hauptschullehrer zum Staatsminister emporgearbeitet, obwohl (weil?) Bonner Journalisten ihn für ein „Phänomen" halten: „... die geniale Fortentwicklung des traditionellen Politikerbegriffs – bis zur Grenze der Absurdität", schrieb Rolf Zundel in der ZEIT. Und dieses Phänomen, so Zundel, könne auch „Persil, Black & Decker oder HB heißen"[1].

Als über der Friedensdemonstration in Bonn im Herbst 1981 ein Flugzeug mit dem Transparent „Und wer demonstriert in Moskau?" kreiste, hieß der Auftraggeber natürlich Möllemann. Große Publizität verschaffte er sich oft dadurch, daß er sich dezidiert zu Themen äußerte, über die seine Fraktion noch nicht nachgedacht hatte – und stets ließ er kunstvoll in der Schwebe, ob er dabei eine private Ansicht, eine Stellungnahme der Partei oder einen geheimen Plan Genschers bekanntmachte. Gab es hinterher Krach, so war der Vorstoß allemal privat gemeint, ob es sich um ein Ja zur Neutronenbombe, zu deutschen Waffenexporten nach Saudi-Arabien oder zur immer wieder diskutierten Entsendung deutscher Soldaten an den Persischen Golf handelte.

---

[1] DIE ZEIT, 20. 11. 1981

Wie man Pseudo-Ereignisse nach dem Geschmack von Deutschlands Journalisten schafft, haben die Grünen besonders gründlich begriffen. Es ist ja so, daß jede „Krisenpublizistik", ob von ihnen ausgehend oder nicht, daß alle berechtigten oder überzogenen Klagen über die Zerstörung unserer Umwelt ein Quantum Aufmerksamkeit auf die Grünen lenken und ihre Wahlchancen mehren; es wäre ein Wunder, wenn die Grünen der Versuchung widerstünden, die daraus unausweichlich folgt: jede Krisenmeldung genüßlich auszubeuten und ihrerseits Umwelt und Zukunft so schrecklich wie möglich darzustellen. Es gibt in Deutschland eine nunmehr etablierte Partei, die an jeglicher Katastrophen-Berichterstattung ein Interesse hat; möchten die selektierenden Journalisten und ihre Kunden dies immer gegenwärtig haben.

Aber natürlich wünschen die Grünen, ebenso wie die anderen Parteien, auch als Institution in die Medien zu kommen. So lieferten sie im Frühjahr 1983 den Medien unentwegt Variationen des parteitypischen Dauerkrachs zwischen „Basis", Bundesvorstand und Fraktion. Jedes nur denkbare Gremium forderte zeitlich abgestuft den Rücktritt des Bundesgeschäftsführers Lukas Beckmann, der das besonders bei der „Basis" geschätzte Rotationsprinzip kritisiert hatte. In der SÜDDEUTSCHEN ZEITUNG fragte Herbert Riehl-Heyse: „Warum hat Bundesvorstandssprecher Trampert ausgerechnet zwei Tage vor der Regierungserklärung die eigene Fraktion dafür gemaßregelt, daß sie zuviel Geld verdienen wolle?" Die naheliegende Antwort gab er gleich dazu: „Es wird wohl daran liegen, daß er auf diese Weise sicherer in die Zeitung kommt."[1]

Nun nützten auch altväterliche Ermahnungen nichts mehr. „Ein erster Prüfstein für die Grünen ist, ob sie genügend spröde sind gegenüber den Versuchungen, die für die erste Zeit von den elektronischen Medien ausgehen"[2], aber die Abgeordneten der Grünen schleppten in der ersten Sitzung des neuen Bundestags allerlei Grünzeug in den Plenarsaal – Bilder entstanden, die immerhin Weltkarriere gemacht haben, weil nämlich im Plenarsaal Fernsehkameras stehen. Die sind deshalb wichtig, weil auch eine zum richtigen Zeitpunkt mit der richti-

---

[1] SÜDDEUTSCHE ZEITUNG, 6. 5. 1983
[2] FRANKFURTER ALLGEMEINE, 30. 3. 1983

gen Dosis Überraschung präsentierte PR-Kampagne nichts nützt, wenn die Multiplikatoren fehlen. Einige Lokalreporter sind das absolute Minimum, die Anwesenheit von dpa ist gut, und wenn das Fernsehen kommt, kann nichts mehr schiefgehen. Vor allem in Wahlkampfzeiten gelingen den Politikern manchmal ideale Kombinationen. Die WELT berichtete im Juni 1983 aus England:

> So fuhren die Wahlkampf-Regisseure der Tories ihren Star Frau Thatcher... ins menschenleere, entfernte Cornwall. Nicht um Wähler zu sehen oder Reden zu halten, sondern um ihr Gummistiefel anzuziehen und sie durch den Schlamm einer Farm waten zu lassen. Sie ließen sie am nächsten Tag einen gigantischen Bulldozer fahren und am Tag darauf in einem simplen „fish-and-chips-shop" zu Mittag essen. Das alles geschah nicht, um politische Botschaften loszuwerden, sondern allein, um das Image dieser Frau als strenge Schuldirektrice aufzulockern. Der wichtigste Begleiter auf diesen Trips waren die Kameramänner des Fernsehens.[1]

Aber auch in diesem Fall hatten die PR-Strategen noch das Problem des Umgangs mit selektierenden Reportern und redigierenden Redakteuren. Um diesen letzten Selektionsprozeß zu unterlaufen, bietet sich schließlich die Live-Übertragung im Fernsehen an. Die im deutschen Fernsehen typische Form ist die direkt und unkommentiert übertragene Bundestagsrede. Die Folge der Anwesenheit des Fernsehens im Bundestag ist nun, daß „der sein Wort ergreifende Abgeordnete längst nicht mehr verschämt nach innen in das Hohe Haus hineinredet, sondern über das elektronische Bildmedium Fernsehen ganz unverschämt nach draußen, mehr sich selbst plakatierend als argumentierend".[2]

Einer der ersten Deutschen, die dieses Phänomen im fernsehtechnisch höher entwickelten Amerika beobachteten, war der deutsche Botschafter Heinz Krekeler. Im Dezember 1955 berichtete er seinem Chef Konrad Adenauer:

---

[1] Fritz Wirth, in: DIE WELT, 2.6. 1983
[2] SÜDDEUTSCHE ZEITUNG, 6.5. 1983 (Das Streiflicht)

. . . sagte Herr Dulles folgendes: Man dürfe von der Presse nicht zu viel erwarten. Für die Zeitungen sei der Neuigkeitswert einer Nachricht entscheidend und nicht ihr Gehalt. Diesem inneren Gesetz folgten sie überall auf der Welt, nicht nur in Deutschland. Die amerikanische Regierung verlasse sich deshalb vor allem auf die Pressekonferenzen, von denen nachgewiesenermaßen eine große Wirkung ausgehe, wenn sie unmittelbar durch Fernsehen übertragen würden.[1]

Nun ja. Davon haben wir jetzt die verschiedenen „Bonner Runden" mit ihren ritualisierten Formen. „Bevor ich Ihre Frage beantworte, Herr Nowottny, lassen Sie mich erst . . ." Wenn aber alles nichts hilft und der Erfolg auch der am besten ausgeklügelten PR-Strategie ausbleibt, läßt man bisweilen wehklagen: Die parteiischen Kameramänner sind dann schuld, heißt es, weil sie die von ihnen favorisierten Politiker vorteilhafter ins Bild setzen.

Die Folge solcher Überlegungen wäre, daß die Parteien nicht nur vor Wahlen Werbespots ausstrahlen dürften, sondern jegliche journalistische Arbeit durch solche Spots ersetzten. Davon sind wir, gottlob, noch ein Stück entfernt.

---

[1] Heinz Krekeler am 22.12. 1955 an Konrad Adenauer; zit. nach Adenauer, Erinnerungen, Band 3, Stuttgart 1967, S. 98

Die perfekte Irreführung von Williamsburg

Weißes Haus, Washington
Wirtschaftsgipfel Williamsburg
28. Mai bis 30. Mai 1983
Rahmen für die Strategie der Öffentlichkeitsarbeit.

1. *Ziele/Vorstellungen*
   Erste Zielvorstellung:
   Der Präsident als politischer Führer mit Weitsicht, dessen Politik den Aufschwung der USA bewirkte und den Westen insgesamt stärkt (Bestätigung der Führungsrolle der USA).
   Zweite Zielvorstellung:
   Gemeinsame Werte und Ziele der demokratischen Industrieländer überwiegen bei weitem ihre Differenzen;
   reichlich Gründe für internationalen Optimismus trotz der andauernden wirtschaftlichen Schwierigkeiten;
   Williamsburg als nützliche Konsultationsbrücke zwischen wirtschaftlichen Sorgen des Westens und Notwendigkeiten der Sicherheit (...)

3. *Thematische Prioritäten* (Tagesordnungspunkte des Gipfels)
   Dauerhafter wirtschaftlicher Aufschwung, Wohlstand und Arbeitsplätze sind erreichbar durch: antiinflationäre Politik, beständiges Wachstum;
   freien fairen Handel, langfristiges Schuldenmanagement;
   ein funktionierendes internationales Finanzsystem;
   solide Ost-West-Wirtschaftsbeziehungen.

4. *Wichtige Gebiete der Öffentlichkeitsarbeit*
   zur Unterstützung der thematischen Prioritäten
   Williamsburg ist ein Gipfel, der sich „am Menschen orientiert";
   vom Volk gewählte Politiker bestimmen die Tagesordnung, nicht Bürokraten;
   Betonung liegt auf Arbeitsplätzen, auf ganz praktischen Fragen, die jeden einzelnen angehen;
   lockere Atmosphäre und schlichte Umgebung werden offenere Diskussionen begünstigen;
   Williamsburg findet zu einer Zeit statt, da sich die amerikanische Wirtschaft erholt; (...)
   hervorragende logistische und administrative Organisation des Gipfeltreffens von Williamsburg zeigt dynamische amerikanische Führungsstärke.

5. *Einige erwünschte Schlagzeilen:* „Reagans Innenpolitik ist Höhepunkt der Gipfelberatungen"
   „Reagan: Arbeitsplätze zentrales Thema in Williamsburg"
   „Williamsburg: Gipfelteilnehmer beraten gemeinsame Wirtschaftsfragen"

„Gipfelteilnehmer bekräftigen starke antiinflationäre Haltung"
„Gipfelteilnehmer sehen gesunde Binnenwirtschaft als Schlüssel für weltweiten Aufschwung"
„Führer des Westens kämpfen gegen Handelsprotektionismus"
„Alliierte wollen gemeinsam Gasförderung in der Nordsee vorantreiben"
„Partner beim Gipfel loben Organisation in Williamsburg"
„Gipfel von Williamsburg endet im Geist der Einheit".

Aus einem vertraulichen Memorandum von William Clark, Sicherheitsberater Präsident Reagans; zit. nach:
DER SPIEGEL, 24/1983

Nichts, wirklich nichts bei diesem Gipfel-Spektakel hat Amerikas Präsident dem Zufall überlassen. Das Ereignis ist mit unendlicher Sorgfalt wochenlang vorbereitet worden. Die dabei erreichte Irreführung der Öffentlichkeit kann als perfekt bezeichnet werden.

Hans-Ulrich Kempski,
SÜDDEUTSCHE ZEITUNG, 31.5. 1983

Die gelegentliche Irreführung durch Harald Juhnke

Frage: Wollen Sie, daß Ihnen das ZDF den Hahn zudreht?
Juhnke: Ich drehe ihn selbst ab. Ich will meine Ruhe haben.
Frage: Würden Sie es überhaupt aushalten in dieser Ruhe?
Juhnke: Ganz ruhig wird es ja nie sein. So berühmt kann ich gar nicht mehr werden. Die absolute Ruhe habe ich erst, wenn ich tot bin. Nur diese Massenpopularität will ich jetzt schon abbauen. Wenn Juhnke heute Ärger hat mit dem Sender Dingsbums, steht darüber morgen in der Bildzeitung eine Geschichte. Das war früher nicht so. Nehmen Sie zum Beispiel einen Mann wie Hans Albers. Das war ein richtiger Alkoholiker. Der hat im Atelier beim Schminken schon eine halbe Flasche Cognac getrunken. Aber kein Mensch hätte sich erlaubt, den in die Klatschspalten zu schieben.
Frage: Der hat auch nicht ständig die Zeitungen mit dem neuesten Klatsch beliefert.
Juhnke: Was soll ich denn tun, wenn die Bildzeitung anruft? Soll ich sagen: Leckt mich am Arsch? Das kann ich nicht sagen.
Frage: Warum nicht?
Juhnke: Weil das Leute sind, mit denen ich sehr gut ein Glas Wein trinken kann. Aber es ist doch so, daß ich die Presse letzten Endes nur auf die Schippe nehme, denn ich tue Dinge, wo die Leute am Anfang der Woche nicht wissen, ob sie es schreiben sollen, weil am Ende der Woche schon wieder etwas ganz anderes der Fall ist. Das gefällt mir. Ich erzähle denen immer Weibergeschichten, die sie dann schreiben. Aber die stimmen überhaupt nicht.
Frage: Nie?
Juhnke: Doch, manchmal schon.

PLAYBOY, 3/1983

Der Mißbrauch der Medien durch den Papst

Kürzlich (am 27. 12. 1983) gab es ein Ereignis, das an sich pastoral groß-herzig und zutiefst christlich war: Der Papst besuchte in einem italienischen Gefängnis seinen potentiellen Mörder. Das erinnert an Jesus, der vielen Missetätern vergeben hatte – bis zu dem Wort: „Vater, vergib ihnen, denn sie wissen nicht, was sie tun!"

Die seelsorgerische Intention des Papstes war gewiß gut – hätte gut sein können, wenn sie pastoral verborgen geblieben wäre, geheim wie das Beicht-geheimnis. Jedoch: das pastorale Ereignis wurde qualitativ zu einer der gro-ßen Shows des Jahres. Alle TV-Sender der westlichen Welt haben diese Spitzennachricht gebracht.

Welche Vorbereitungen, welcher Aufwand war vorausgegangen. Das Staatsoberhaupt des Vatikan-Staates, Papst Johannes Paul II., mußte sich mit der italienischen Regierung und deren höchsten Strafvollzugsbeamten ver-ständigen.

Dann mußte ein Fernsehteam angefordert und instruiert werden. Das „ge-heime" Gespräch mit dem Attentäter blieb akustisch ausgeblendet. Natürlich. Aber alle konnten das Phänomen der Verschwiegenheit sehen.

Dieser Papst mag gütig, sehr menschlich und guten Willens sein, aber die Art, wie er seit Beginn seines Pontifikats die Medien strapaziert und miß-braucht, ist bedenklich. Er produzierte schon durch seine permanenten Reisen unaufhörlich Nachrichten weltweit. Wo bleibt da der pastorale Inhalt, die seelsorgerische Würde? Sind am Ende die Nachrichten über ihn sein eigent-licher Inhalt?

Ekkehard Roth, Nachfolge Christi via TV,
in: MEDIUM, 2/1984

Zwischenspiel:
Allein gegen Dallas

Der Sitz Nummer 504 im Plenarsaal des Bonner Bundestags ist keine erste Adresse. Er befindet sich in der letzten Reihe, unter der Zuschauertribüne, und wer dort sitzt, ist ein Hinterbänkler – ein „Schubidubidu-Komparse", wie der SPD-Abgeordnete Rudi Schöfberger solche Leute nennt: jene nämlich, die „die Worte ihrer Vordenker mit einem Refrain abrunden"[1].

Als der SPD-Abgeordnete Hans Wallow, fünfzehn Jahre lang Mitarbeiter im Bundespresseamt, dort im September 1981 Platz nahm, wurde er keineswegs sehnlich erwartet. Er war für den ausgeschiedenen Klaus von Dohnanyi ins Parlament nachgerückt, und der Fraktionsvorstand erteilte ihm die Anweisung: „Benimm dich bloß anständig."[2] Für einen Presse-Profi eine Zumutung. Wie es Wallow schaffte, mit kleinen Anfragen in die Schlagzeilen der großen Zeitungen zu kommen, ist ein Lehrstück effektvoller Pressearbeit.

1. *Wer anschauliche Zitate liefert, wird zitiert.* „Wenn das so weitergeht, müssen demnächst in jedem Auto besondere Ablagen für Broschüren eingebaut werden", sagte Wallow und meinte den Drang von acht verschiedenen Bonner Ministerien, unabhängig voneinander Broschüren zur Urlaubsplanung zu verteilen. Dieser erste vorsichtige Versuch, in die Presse zu kommen, war dem STERN immerhin eine Personalie wert.[3]

2. *Die Hundert-Tage-Methode.* Wenn eine neue Regierung im Amt ist, hat sie in der Regel zunächst nichts Nennenswertes zustande gebracht. Journalisten nehmen darauf Rücksicht, indem sie einen „Hundert-Tage-Bonus" gewähren und dann unter dem Motto „Jetzt wird es ernst" ihre alten Leitartikel noch einmal in Satz geben. Hans Wallow machte sich diesen Mechanismus zunutze: Am 12. Januar 1982, rund drei Monate nach

---

[1] Zit. nach: DER SPIEGEL, 15/1984, S. 27
[2] Zit. nach: BUNTE ILLUSTRIERTE, 25.2.1982
[3] STERN, 15.10.1981

seinem Amtsantritt, war er in der WELT plötzlich zweispaltig „im Gespräch". Ein aktueller Aufhänger für diese Erwähnung ist im Text nicht aufzufinden. Zwei Wochen später war dann auch die BUNTE bei Wallow zu Besuch. Eine Seite „Szenen aus dem Leben eines Hinterbänklers" versprach die Überschrift.[1] Quintessenz: „Der Parlamentsneuling kommt aus dem Staunen nicht heraus." Wahrscheinlich hat er sich über die Resonanz auf seine PR-Aktionen in eigener Sache gewundert.

3. *Einen Spitzenpolitiker ärgern.* In der Türkei wird massiv gegen die Menschenrechte verstoßen. Zu seinem einjährigen Parlamentsjubiläum forderte Wallow Außenminister Genscher auf, gegen diese Verstöße vorzugehen. Sein Vorschlag: Das Auswärtige Amt möge das Kultur-Austauschprogramm mit der Türkei kürzen. Von dieser Kürzung wären die Frankfurter Kantorei und das Jagdblasorchester Wangen betroffen gewesen, teilte der STERN mit[2].

4. *Der Volksseele auf den Nerv.* Im Dezember 1982 schließlich landete Wallow seinen größten Coup. Er fragte den neuen Bundeskanzler Kohl, wie er die in seiner Regierungserklärung genannten Tugenden Liebe, Toleranz, Vertrauen und Rücksichtnahme gegen die Wirkung von 92 Folgen der Fernsehserie „Dallas" durchsetzen wolle. Und: Verschärfe nicht die zwischenmenschliche Niedertracht der Familie Ewing aus Dallas die von Kohl beklagte Sinnkrise junger Menschen? Ein AP-Redakteur verbreitete Wallows Anfrage am 9. Dezember, und kaum eine Zeitung ließ sich das Thema entgehen. Dezent auf Seite 24 die FRANKFURTER RUNDSCHAU: „Kohls Tugenden und Dallas", mit Schwung BILD auf Seite 1: „SPD-Mann will Dallas verbieten!"

Wenn ein Politiker die Lieblingsbeschäftigung von 25 Millionen Deutschen so hart annimmt, kommt das Medienkarussell in Schwung. Die Agenturen berichteten in den folgenden Tagen akribisch, daß Kohl seinen Familienminister Geißler beauftragt habe, die Anfrage zu beantworten, und daß Bundespräsident Carstens sein allerhöchstes Wohlgefallen äußern ließ. Auch QUICK war natürlich dabei. „Politiker will Dallas abschießen!" verkündete das Blatt und zitierte Wallow: „Ich

---

[1] BUNTE, 25. 2. 1982
[2] STERN, 16. 9. 1982

kämpfe weiter!" Kommentar von QUICK: „Ein deutscher Abgeordneter gibt nicht so leicht auf. Erst recht nicht, wenn er von der Hinterbank nach vorn will."[1] Trotzdem muß Wallow irgend etwas falsch gemacht haben: Zum Jahresende saß er immer noch auf Sitz 504, und die Popularität von „Dallas" war weiter gestiegen. Nun beging er den Fehler, Anfragen zu formulieren, die so kompliziert waren, daß ihr Inhalt nicht mehr in eine BILD-Schlagzeile paßte. Er wollte erfahren, ob Franz Josef Strauß' Kritik an der Null-Lösung für Mittelstreckenraketen die westliche Verhandlungsposition schwäche, er klagte beim Bundesverfassungsgericht erfolglos gegen eine Anzeigenserie der Bundesregierung. Und die überregionale Presse widmete ihm nur noch lustlose Pflichtübungen.

Im 1983 gewählten Bundestag war Hans Wallow nicht mehr vertreten. Damit teilte er das Schicksal von Hans-Jürgen Doss (CDU), Sibylle Engel (FDP) und Reinhard Bühling (SPD), die zusammen mit ihm im September 1981 in den Bundestag nachgerückt waren. Die aber hatten zwischendurch bestimmt nicht so viel Spaß.

---

[1] QUICK, 16. 12. 1982

19. ...von Demonstranten und Terroristen

> Wenn Sie es mit Gewalt versuchen, stehen Sie auf Seite 1, und das Fernsehen ist mit Ihnen.
> *Alfred Grosser*

Nicht nur Politiker, Verbandsvertreter und Firmensprecher drängeln in die Medien. Die PR-Profis haben unerwünschte Nachahmer gefunden: Friedliche Demonstranten, aber auch politische Gewalttäter wollen nicht länger nur Objekt der Berichterstattung sein; sie versuchen, selbst die Richtung zu bestimmen, wenn es darum geht, ihren Aktionen die gewünschte Öffentlichkeit zu verschaffen.

Die Gefahr, daß politische Aktivisten sich die Chronistenpflicht der Medien für ihre Zwecke zunutze machen, ist erst allmählich in das Bewußtsein der Journalisten gedrungen. In Italien bedurfte es der besonderen Kaltschnäuzigkeit der „Roten Brigaden" bei der Entführung des römischen Richters Giovanni d'Urso, um den Verantwortlichen in Presse und Funk die Augen zu öffnen.

Die Roten Brigaden machten die Freilassung des am 12. Dezember 1980 entführten Richters davon abhängig, daß Zeitungen, Hörfunk und Fernsehen ihre „Kommuniqués" und „strategischen Dokumente" im Wortlaut verbreiteten. Die Mehrheit der Medien allerdings wollte sich nicht zum Propagandainstrument der Terroristen degradieren lassen: Sie stellte jegliche Berichterstattung über die Entführung ein.

Lediglich der MESSAGERO und das Parteiorgan der Sozialisten AVANTI durchbrachen die „Schweigemauer der Massenmedien"[1]. Die übrigen Zeitungen und die Rundfunkstationen begriffen, daß die Terroristen „nicht die Staatsführung, sondern die Presse unter Druck" setzen wollten[2], und reagierten mit einer freiwilligen Nachrichtensperre.

„Italien ist nicht wehrlos" kommentierte der Korrespondent

---

[1] FRANKFURTER RUNDSCHAU, 7. 7. 1981
[2] NEUE ZÜRCHER ZEITUNG, 18. 1. 1981

der SÜDDEUTSCHEN ZEITUNG in Rom die konsequente Haltung der italienischen Medien. „Es scheint sich herumgesprochen zu haben, daß es für einen Terroristen keine tiefere Befriedigung gibt, als die Wirkung seiner Verbrechen auf dem Fernsehschirm, in Schlagzeilen oder auch im Vierfarbendruck beobachten zu können."[1] Auf einer Sondersitzung verabschiedete der Rat der italienischen Journalistenkammer eine Resolution, in der es hieß:

> Die Zeitungen, die Nachrichtenagenturen sowie Hörfunk und Fernsehen dürfen auch nicht teilweise der passive propagandistische Lautsprecher des Terrorismus werden. Damit würden sie nämlich ihre Natur und historische Funktion verleugnen und gleichzeitig die Grundlagen für deren zukünftige Zerstörung legen. Die Bereitschaft, sich infamen Ultimaten und Erpressungen zu beugen, würde unvermeidlich die dunkle Kette des Nachgebens immer länger werden lassen . . . Andrerseits würde man sich damit gleichzeitig keinerlei wirkliche Garantie für die Rettung des Lebens derjenigen sichern, die unmittelbar in Gefahr und bedroht sind.[2]

Die Verweigerung der italienischen Presse traf die Roten Brigaden an einer empfindlichen Stelle: ihrer Publizitätssucht. Zwar verbrämten sie den Versuch, die Massenmedien für ihre politischen Ziele einzuspannen, ideologisch – es gehe darum, „die Kanäle gesellschaftlicher Kommunikation nicht länger dem Monopol des imperialistischen Bürgertums (zu) überlassen"[3] –, aber die Wahrheit war wohl schlichter. SZ-Korrespondent Carlos Widmann schrieb: „Es gibt für europäische Terroristen keine schmerzlichere Erfahrung als die, unbeachtet zu bleiben."[4]

Als der Berliner CDU-Vorsitzende Peter Lorenz im Frühjahr 1975 der „Bewegung 2. Juni" in die Hände gefallen war, die als Gegenleistung für die Freilassung des Politikers die Ausreise inhaftierter Gesinnungsgenossen in den Südjemen verlangte, da wurde das Fernsehen zum Kontaktmedium zwischen den Terroristen und der Polizei. Verschlüsselte Botschaften an

---

[1] SÜDDEUTSCHE ZEITUNG, 9. 1. 1981
[2] Zit. nach: Zv + Zv, 13. 2. 1981
[3] Zit. nach: SÜDDEUTSCHE ZEITUNG, 12. 1. 1981
[4] SÜDDEUTSCHE ZEITUNG, 27. 7. 1981

die Entführer sowie Verlautbarungen der im Austausch für Lorenz genannten Gefängnis-Insassen (Horst Mahler wollte nicht befreit werden) flimmerten vor einem verwirrten Publikum über die Fernsehschirme. Der SPIEGEL empfand das dramatische Geschehen als „Krimi verkehrt" mit ungewohnter Rollenverteilung: „Unterwelt und Staat, sonst die Objekte eines kritischen TV-Journalismus, hatten das Medium fest in der Hand."[1]

Die Fernsehstationen fühlten sich mißbraucht: als Transmissionsriemen sowohl für revolutionäre Bekenntnisse wie auch für undurchsichtige Polizeimanöver. Heinz Werner Hübner, ARD-Koordinator für Politik, der die Sendeverantwortung trug, ahnte voraus, was sechs Jahre später in Italien Realität werden sollte: „Eines Tages verlangen irgendwelche Entführer vielleicht einen ganzen Abend zu bester Sendezeit zur Verkündung ihrer politischen Parolen."[2]

Die offenkundige Gefahr eines Mißbrauchs der Medien durch Terroristen veranlaßte den Deutschen Presserat, in seinen „Richtlinien für die redaktionelle Arbeit" zu fordern, „bei der Berichterstattung über Gewaltandrohungen aller Art Zurückhaltung zu üben, ohne die grundsätzliche Informationspflicht zu vernachlässigen". Weiter heißt es in den Empfehlungen des Presserats:

> Insbesondere sollten Einzelheiten über laufende Fahndungen und von Krisenstäben eingeleitete Maßnahmen in Fällen von erpresserischem Menschenraub, Flugzeugentführungen, Bomben- und Entführungsandrohungen sowie über Zeit und Ort von angedrohten Terroraktionen möglichst nur nach Absprache mit den Strafverfolgungsbehörden veröffentlicht und unangemessen sensationelle oder detaillierte Darstellungen, die die Arbeit der Ermittlungsbehörden beeinträchtigen könnten, vermieden werden.[3]

Die zynischen Gewalttäter aus der Terrorszene lieferten den Anschauungsunterricht; andere ahmten sie, wen wollte es wun-

---

[1] DER SPIEGEL, 11/1975, S.142
[2] Zit. nach: DER SPIEGEL, 11/1975, S.142
[3] Richtlinien für die redaktionelle Arbeit nach den Empfehlungen des Deutschen Presserats. Stand: 31. Dezember 1979

dern, nach. Ein Lehrstück war die spektakuläre Aktion des arbeitslosen Elektroschweißers und politisierenden Schriftstellers Raphael Keppel. Am 12. September 1979 brachte Keppel, bewaffnet mit zwei Spielzeugpistolen, die Lufthansa-Boeing 727 „Münster" auf dem Flug von Frankfurt nach Köln/Bonn in seine Gewalt.

Keppels Forderung: Der Kanzler solle mit ihm sprechen, ARD und ZDF sollten eine vom Flugkapitän zu verlesende fünfseitige Erklärung ausstrahlen. Hörfunk und Fernsehen, so plante es der irregeleitete Weltverbesserer, sollten durch Verbreitung seiner Vorstellungen von einer menschlichen und sozialen Gesellschaft – mehr Geld für Krankenhäuser, Spielplätze und Kindergärten, Abschaffung der Akkordarbeit, Herabsetzung des Rentenalters, Hilfe für Behinderte, Umweltschutz als Schulfach und vieles Wünschenswerte mehr – Politiker und Bevölkerung zum Nachdenken zwingen, wie sich humanere Lebensbedingungen für die Menschen in der Bundesrepublik verwirklichen ließen.

Nach zweieinhalbstündiger Diskussion per Funk mit Kanzleramtsminister Hans-Jürgen Wischnewski, der anstelle des Bundeskanzlers zum Kölner Flughafen geeilt war, gab Keppel auf. Seine Erklärung wurde zwar nicht übertragen, aber sein Buch „Entführung zur Menschlichkeit" fand umgehend einen Verleger, und die Presse berichtete in großer Aufmachung über die Anliegen des „sanften Entführers", wie der STERN ihn nannte.

Friedliche Demonstranten, die ein Grundrecht der freiheitlichen Demokratie, das der freien Meinungsäußerung, in Anspruch nehmen, dürfen nicht mit politischen Gewalttätern in einen Topf geworfen werden. Eines jedoch ist beiden Gruppen gemein und hier von Interesse: der Drang nach Publizität. Dabei ist bei den Protestgruppen eine wachsende Bereitschaft zu beobachten, die Medien durch spektakuläre Aktionsformen als Verstärker für ihre jeweilige Botschaft zu benutzen.

Denn eines haben die Demonstranten inzwischen begriffen: Die Aufmerksamkeit der Journalisten ist ihnen allemal sicher, sobald sie durch „Regelverletzungen" die Spielräume der traditionellen politischen Auseinandersetzung verlassen (Kap. 14). Alfred Grosser verdeutlicht an einem Beispiel den Mechanismus, der bei den Medien Erfolg garantiert:

Studenten der Londoner School of Economics hatten überhaupt keine Lust, sich zu hauen. Sie riefen anonym beim
Fernsehen an und sagten: „Wir haben erfahren, daß es um 16
Uhr wahrscheinlich eine harte Demonstration geben wird."
Um 15.45 Uhr kamen ein paar Studenten, zogen sich rasch
um, simulierten eine Schlägerei. Sobald die Kamera nicht
mehr filmte, war alles wieder friedlich. Am Abend erfuhr
ganz England etwas von der Londoner School of Economics.[1]

Die Londoner Studenten hatten mit Erfolg auf die Sensationsgier der Medien gesetzt. Um ihrem Anliegen Publizität zu verschaffen, inszenierten sie speziell für das Fernsehen Krawall.
Ohne die Anwesenheit der TV-Journalisten hätte es vermutlich
überhaupt keine Demonstration gegeben. Die Studenten schu-
fen ein Medienereignis, und Journalisten, die Demonstranten
solcherart auf den Leim gehen, laufen Gefahr, ihr Publikum
mit Pseudo-Ereignissen zu desinformieren.

Die Organisatoren von Demonstrationen und die Organisatoren der Ordnungskräfte haben die Journalisten längst in ihre
Generalstabsüberlegungen eingeplant; sie haben längst entschieden, was unbedingt gefilmt werden muß und was keineswegs gefilmt werden darf, und versuchen ihre Interessen
durchzusetzen. So, wie die Anwesenheit des Fernsehens die
Debatten des Parlaments verändert hat, verändert die Anwesenheit des Fernsehens auch den Ablauf von Demonstrationen. Die Medien müssen versuchen, der Veränderung von
Wirklichkeit durch ihre pure Anwesenheit, soweit das geht,
entgegenzuwirken, statt auf der Suche nach spannenden Bild-
folgen die Wirklichkeit zu verzerren.[2]

Zu Recht heben Peter Glotz und Alfred Grosser die besondere
Rolle des Fernsehens hervor. Denn in der Zeit optischer Reiz-
überflutung haben sich auch die Formen des Protests gewan-
delt. Beispielhaft demonstriert dies die Umweltschutzorganisa-
tion „Robin Wood", die in der Bundesrepublik gegen das
Waldsterben kämpft. Mitglieder von Robin Wood kletterten
auf die Schornsteine mehrerer Kohlekraftwerke und ließen
vom Hamburger „Michel" Transparente flattern – in Absprache mit dem Fernsehen, das stets zur Stelle war.

---

[1] Alfred Grosser, Kommunikation statt Konfrontation. Rede auf dem 1. Deutschen Kommu-
nikationstag 1979 in Berlin.
[2] Peter Glotz, Journalisten heute. Rede auf den „Hamburger Medientagen" 1981

Die Kamera lief, als sich am 21. Februar 1983 Robin-Wood-Leute bei der Werkleitung des Braunkohlekraftwerks in Frimmersdorf bei Köln telefonisch meldeten: „Guten Tag, wir sind von der Umweltschutzgruppe Robin Wood, das ist eine Aktionsgruppe, und diese Aktionsgruppe hat seit heute nacht drei Uhr einen Ihrer Schornsteine besetzt, das ist Ihnen wahrscheinlich noch nicht aufgefallen. ... Aber wenn Sie einmal aus dem Fenster gucken, können Sie das vielleicht sehen."[1]

Die Nachrichtensendungen von ARD und ZDF berichteten am Abend ausführlich von der abenteuerlichen Schornsteinbesteigung. Robin Wood hatte ein klassisches Medienereignis inszeniert. „Das Ereignis war ausschließlich zum Zwecke seiner Verbreitung als Nachricht geschaffen worden."[2]

Die Westberliner TAGESZEITUNG, den Aktionen von Robin Wood mit Sympathie gegenüberstehend, ließ erkennen, daß die Instrumentalisierung der Medien inzwischen zum Kalkül der Protestler gehört: „War früher die Reihenfolge Initiative – Handlung/Wirkung – Medien, so heißt es heute: Initiative – Medien – Wirkung."[3]

Auf Dauer, darüber ist sich Robin Wood im klaren, hängt die Wirkung derartiger Aktionen vom Einfallsreichtum seiner Mitstreiter ab. Denn man könne nicht, so Klaus Scheerer von der Hamburger Robin-Wood-Sektion, „unentwegt Schornsteine besteigen, da läßt das Interesse schnell nach"[4].

Auch Monika Griefhahn, deutsche Geschäftsführerin von „Greenpeace", weiß, wie schnell die Aufmerksamkeit der Medien erlahmt. Ihr Gegenrezept: „Alle unsere Sachen müssen einen speziellen Pfiff haben." Und da Greenpeace nicht allein für eine saubere Umwelt kämpft, sind ständig neue Ideen gefragt: „Wir stehen unter starkem Kreativitätsdruck."[5]

Nun sollte man den Umweltschützern ihren Einfallsreichtum nicht zum Vorwurf machen. Vorwerfen kann man es Journalisten, wenn sie sich ungewollt zum Sprachrohr von Protestgruppen machen lassen. Manfred Buchwald, ehemals Chefredakteur der ARD-Tagesthemen, berichtet von einer explosiv

[1] Zit. nach: MEDIEN-KRITIK, 14. 2. 1983
[2] FRANKFURTER ALLGEMEINE, 10. 3. 1983
[3] Zit. nach: FRANKFURTER ALLGEMEINE, 10. 3. 1983
[4] Zit. nach: DER SPIEGEL, 36/1983, S. 58
[5] Zit. ebenda

wachsenden Zahl „lancierter Nachrichten, die uns aus einer anderen inszenierten Wirklichkeit zugetragen werden". Es bestehe die Gefahr, daß Journalisten „immer stärker eingebunden werden in Fremdinszenierungen, deren Instrumente wir werden, ohne es in vielen Fällen selbst zu wissen"[1]. Wie nun erst, wenn ein Fernsehteam eine solche „Fremdinszenierung" nicht nur filmt und multipliziert, sondern wenn es währenddessen ein Unglück geschehen läßt, statt es zu verhindern – den Filmaufnahmen vom Unglück zuliebe! So geschehen am 4. März 1983 in Jacksonville im US-Staat Alabama. Am Abend jenes Tages rief der 37jährige arbeitslose Dachdecker Cecil Andrews bei der Fernsehstation WHMA im benachbarten Anniston an und verlangte nach einem Kamerateam: Um 10 Uhr werde er sich auf dem Marktplatz von Jacksonville aus Protest gegen die Arbeitslosigkeit in den USA verbrennen. Die TV-Station informierte die Polizei. Als die Reporter in Jacksonville auftauchten, hatten Polizisten und Feuerwehrleute das Gelände um den Marktplatz bereits ergebnislos abgesucht und waren wieder abgezogen. Doch dann tauchte Andrews auf, übergoß sich mit Benzin und zündete sich an. Die Fernsehleute filmten. 37 Sekunden lief die Kamera, erst dann eilte einer der beiden Kameraleute dem von Flammen eingehüllten Andrews zur Hilfe. Der überlebte trotz schwerer Brandverletzungen.

Das Verhalten des Fernsehteams rief in Amerika blankes Entsetzen hervor. Wie konnte es die Verzweiflungstat aufnehmen, statt zu versuchen, Andrews von seinem Vorhaben abzubringen? Der Kameramann sagte zu seiner Rechtfertigung: „Mein Job ist es, Ereignisse so darzustellen, wie sie geschehen."[2] Dagegen meinte der Polizeichef von Jacksonville: „Ich weiß nicht, ob Andrews dies getan hätte, wenn die ihm keine Bühne gegeben hätten."[3]

Edward Loyce, Vizepräsident von CBS-News, erklärte nach dem Vorfall: „Wir haben Richtlinien, daß Kameras dort, wo sie Unheil provozieren könnten, wegzulegen sind."[4] Solche

---

1 Zit. nach: MEDIEN-KRITIK, 14. 2. 1983
2 Zit. nach: TIME, 21. 3. 1983
3 Zit. nach: THE NEW YORK TIMES, 10. 3. 1983
4 Zit. nach: TIME, 21. 3. 1983

Richtlinien gab es bei der Fernsehstation WHMA nicht. Das Nachrichtenmagazin TIME schrieb, die Tragödie von Jacksonville werfe zahlreiche Grundsatzfragen auf:

> Die Nachrichtenkamera des Fernsehens ist zur Bühne für terroristische Theateraufführungen und für krankhafte persönliche Melodramen geworden. Die Richtlinien, die die Stationen brauchen, müßten ihnen sagen, wann sie eine Story nicht bringen sollen, wann sie nicht mit einer verwirrten Person verhandeln, wann sie ein entsetzliches, aber bedeutungsloses Ereignis nicht behandeln dürfen, als wäre es eine Nachricht.[1]

Die Selbstverbrennung von Jacksonville markiert eine unheimliche Verstrickung, die Komplizenschaft zwischen dem Veranstalter eines Medienereignisses und dem dafür notwendigen journalistischen Partner, von dem in Kap. 5 die Rede war. Hätte das Fernsehteam seiner staatsbürgerlichen und humanitären Pflicht genügt, den Selbstverbrenner an seiner Tat zu hindern, so wäre ein von beiden Seiten begrüßtes Medienereignis nicht zustande gekommen; da fiel dem Team die Wahl nicht schwer.

Was verdient heute noch „Wirklichkeit" zu heißen? Viel zu harmlos fand der Kulturphilosoph Günther Anders schon 1956 den polemischen Satz von Karl Kraus, der hier als Motto über dem 6. Kapitel steht: „Im Anfang war die Presse, und dann erschien die Welt" – zu harmlos, „denn heute müßte es heißen: Im Anfang war die Sendung, für sie geschieht die Welt". Die Wirklichkeit sei *zum Gespenst ihrer Reproduktion* geworden, wie jene Hollywoodstars, die im realen Alltag vergeblich versuchten, „ihren Großaufnahmen gewachsen zu bleiben".[2]

---

[1] TIME, ebenda

[2] Günther Anders, Die Welt als Phantom und Matrize. Philosophische Betrachtungen über Rundfunk und Fernsehen. In: Die Antiquiertheit des Menschen, München 1980, Band 1, S. 191

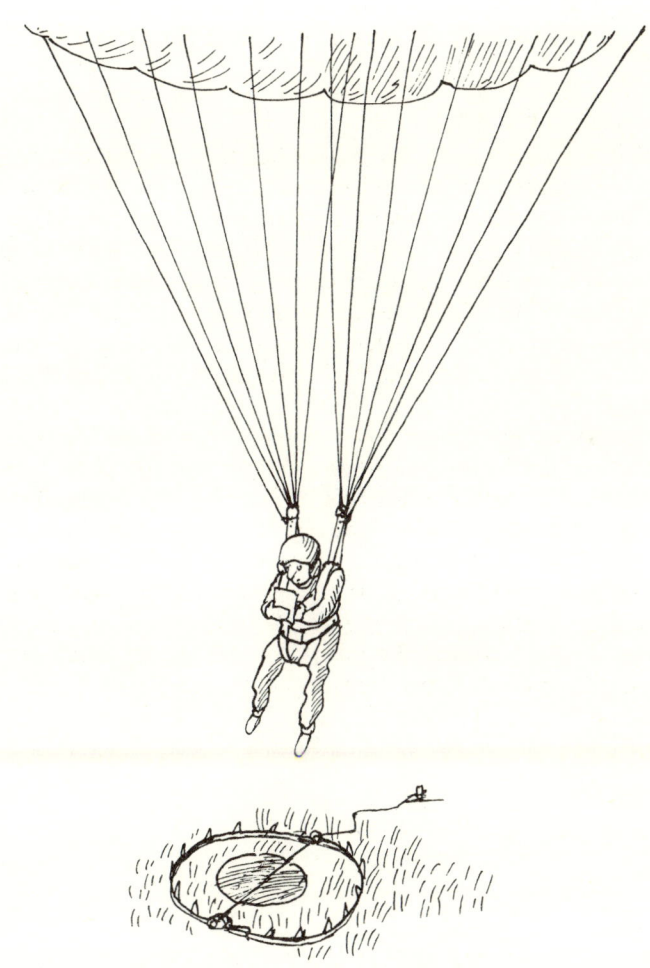

F. Was sie besser machen könnten

20. Einordnen und niedriger hängen

> Die Medien können alles geben, weil sie den
> Ehrgeiz der Philosophie, das Gegebene auch
> zu verstehen, restlos haben fallen lassen. Sie
> umfassen alles, weil sie nichts erfassen; sie
> bringen alles zur Sprache und sagen über
> alles nichts. *Peter Sloterdijk,*
> *Kritik der zynischen Vernunft*

Viele Journalisten könnten mutiger, andere könnten red-
licher und die meisten könnten mißtrauischer sein – das ist
eine Generalthese dieses Buches. Freilich, Appelle helfen nicht
viel. Höchstens, daß die Fülle der hier zusammengetragenen
Gründe zu einem tieferen Mißtrauen gegenüber dem Rohstoff
„Nachricht" einige Kollegen stutzig macht, die im Drang der
Geschäfte vielleicht nicht die Ruhe fanden, das Mosaik der
Manipulationsversuche insgesamt zu überschauen.

Und der Rest – das wären die Zwänge des Berufs? Nicht
ganz. Nicht alles, was als Gesetz einherschreitet, ist auch eines.
Vieles, was sich in den Medien als Zwang maskiert, ist nur ein
Brauch, und Bräuche lassen sich abschaffen oder durch andere
Bräuche ersetzen.

Läßt nicht dasselbe Medium Fernsehen die gedrechselte
Nachrichtenverkündigung der TAGESSCHAU ebenso zu wie das
Informationsgeplauder von RADIO LUXEMBURG und dasselbe
Medium Zeitung die FRANKFURTER ALLGEMEINE ebenso wie
BILD? Liegt es im Wesen des Mediums, daß das Fernsehen seinen Wetterbericht für ganz Deutschland ausstrahlt, während
der Hörfunk nur regionales Wetter anbietet (bestenfalls mit einer Ausnahme pro Tag)? Daß die meisten Hörfunkprogramme
regional empfangen werden, ist wahrlich kein Einwand: Als ob
noch nie ein Hamburger, der morgens ins Auto oder ins Flugzeug steigt, hätte wissen wollen, welches Wetter ihn in München erwartet! Das Informationsbedürfnis liegt ganz klar vor;
es zu befriedigen, würde wenige Sekunden kosten; es nicht befriedigen heißt: nicht nachgedacht zu haben. Und Denken ist
immer erlaubt, ja in den meisten Redaktionen willkommen.

Wenn 1966 selbst die TIMES aufgehört hat, ihre erste Seite den Kleinanzeigen vorzubehalten wie bis dahin üblich – könnten dann nicht auch andere renommierte Blätter erwägen, ihre starre Seite 1 mit Leben zu erfüllen? Die ZEIT zum Beispiel, auf deren erster Seite kulturelle und soziale Themen ein Schattendasein fristen; oder die SÜDDEUTSCHE ZEITUNG, deren *dritte* Seite sich durch einen vorbildlich niedrigen Gehalt an Desinformation auszeichnet, während auf der ersten Seite (vom „Streiflicht" abgesehen) hundert journalistische Standard-Sünden durcheinanderpurzeln. Warum nicht die beste Reportage auf Seite 1 ? Bloß weil es nicht so ist, noch nie so war und da ja jeder kommen könnte?

Vieles also ließe sich bewegen, ohne daß Hierarchien und Strukturen verändert, Zwänge gesprengt, Gesetze gebrochen werden müßten – wenn man es wollte. Daß man es wollen sollte, was mindestens man wollen sollte und warum Leser, Hörer und Zuschauer vermutlich dankbar dafür wären, wenn man wollte, wie man sollte: das versuchen wir mit den folgenden „Einladungen" anschaulich zu machen.

Einladung 1: Reden verschweigen

Grußadressen, Wahl-, Fest- und Sonntagsreden könnten und sollten im allgemeinen schlechter plaziert, stärker gekürzt und häufiger weggelassen werden. Wen würde es ärgern außer die Politiker, wenn aus ihren allzu vielen Sprechblasen die Luft herausgelassen würde? Der Anteil von Lüge, Manipulation und Irreführung am Nachrichtenangebot wäre automatisch vermindert, der Anteil an schlechtem Deutsch und hohlen Phrasen ebenso, und daß dem Bürger dabei interessante oder staatsbürgerlich wertvolle Informationen vorenthalten würden, müßte im Einzelfall bewiesen werden. „Der FDP-Vorsitzende Bundesaußenminister Hans-Dietrich Genscher hat die Rolle der FDP als liberale Partei unterstrichen" (TAGESSCHAU, 8. 4. 1984) – so recht ein Satz, um sich informiert zu fühlen.

Eine Herabstufung aller rhetorischen Pflichtübungen ließe sich ziemlich einfach schon durch zwei Bräuche erreichen, deren Einführung jede Redaktion jederzeit beschließen könnte.

Der eine: In Wahlkampfzeiten erscheinen alle Wahlreden unter einer gemeinsamen Dachzeile wie *Die Wahlreden von gestern*. Mit einer solchen Sammelüberschrift würde sich die Plazierung auf Seite 1 schon fast verbieten – noch ein Gewinn. Oder finden wir es dringend, ein allzeit willfähriges Vehikel für die Werbebotschaften und Sprachblähungen der Politiker zu sein?

Die andere Sitte: Jeder Politiker, der etwas sagt, wird mit dem schönen, unmißverständlichen, unaufgeblähten deutschen Wort *sagen* eingeführt. An die Stelle der ewig überlauten Agentur-Trompete „Als einen Skandal bezeichnete Bundeskanzler Helmut Kohl..." würde also der schlichte Auftakt treten: „Bundeskanzler Helmut Kohl sagte gestern abend in Oggersheim ..." Und so immer, bei jeder Rede – mit drei Ausnahmen im Jahr. In der Regel aber und mit einer gewissen Hartnäckigkeit würden Politiker in Funk und Presse nur noch *sagen* – nicht verkünden, versprechen, hervorheben, betonen, unterstreichen, fordern, protestieren, anprangern, sich verwahren oder gar Entschlossenheiten bekräftigen, die gänzlich unbewiesen sind.

Der Erfolg wäre von doppelter Art: Da die Aufnahmefähigkeit für uns das Interesse an Nachrichten, die mit „Kohl sagte" oder „Brandt sagte" beginnen, naturgemäß begrenzt sind, würde es davon weniger geben als bisher, und der Rang des Gesagten, so fernab aller Verkündigung, würde sinken. Genau dies sollten Journalisten anstreben, wenn sie Besseres im Sinn haben, als apportierende Pawlowsche Hunde zu sein.

Erst recht wäre es um jene Festreden nicht schade, deren Aussage sich allzu häufig darauf beschränkt, daß sie überaus festlich seien, die also in die Kategorie „erhabenes Nichts" oder „kurzlebiger Unsinn" gehören.

Nichts an dieser Einladung ist sensationell oder abseits aller Sitten der Branche. So rügte Peter Coulmas 1973 die Selbstverständlichkeit, mit der Nachrichtenredakteure alles als „veröffentlichenswert" akzeptierten, was von Pressestellen oder Politikern komme, auch wenn es die pure Wiederholung von Altbekanntem sei:

> Nun ist hämmernde Wiederholung fraglos ein Element der
> politischen Willensbildung. Die muß publizistisch registriert

werden – jedoch als Wiederholung und nicht als Neuigkeit. Es müßte also heißen: „Im gleichen Sinn wie schon in mehreren Interviews dieser Woche erklärte der Abgeordnete X ..."[1]

Klaus Besser glossierte 1982 die „nervtötenden Banalitäten" in den meisten Informationsangeboten, und seine Forderung bleibt richtig, auch wenn sie nicht an einem überzeugenden Platz erhoben wurde[2]:

> Ich wünsche mir neue Nachrichtenprogramme von Redaktionen, die das Banale, das Mißverständliche, das phrasenhafte Sprücheklopfen der Politiker aussondern und die nur substantielle Nachrichten senden, die informieren und interessieren.

Doch es gibt nicht nur *Bekundungen* gegen die „Inzucht-Nachrichten der Massenmedien"[3]; es kommt auch immer wieder zur *Aktion*. Wenn Roswin Finkenzeller in der FRANKFURTER ALLGEMEINEN über eine Rede von Franz Josef Strauß berichtet, so werden dessen Sprüche nie als bloße Verkündigung weitergegeben. Wenn Herbert Riehl-Heyse in der SÜDDEUTSCHEN ZEITUNG die Wahlreden von Lothar Späth analysiert, so kommt er dem Ideal, mitzuteilen, „wie es eigentlich gewesen", ziemlich nahe.[4]

Bestünde nun in vielen Redaktionen eine Nachfrage nach solchen Texten, so würden die Agenturen sie liefern. Sie sind kommerziell orientiert, leben in harter Konkurrenz und versuchen das anzubieten, was ihre Kunden wünschen. Zwar müßten sie im Hinblick auf die Verschiedenartigkeit ihrer Abnehmer auf etliche Glanzlichter verzichten, die der Korrespondent einer einzelnen Zeitung seinem Bericht aufstecken kann; so trocken und uninformativ sein wie die herkömmlichen Nachrichten müßten sie nicht.

Schon jetzt bieten ja die Agenturen, zumal aus dem Ausland, Namensartikel mit den meisten Vorzügen eines guten Korrespondentenberichts an (dpa: 15 bis 20 Stück pro Tag); nichts spräche dagegen, auch die Berichterstattung über deut-

---

[1] Peter Coulmas, Nachrichten machen passiv, in: DIE ZEIT, 2. 11. 1973
[2] BILD AM SONNTAG, 21. 11. 1982
[3] MEDIEN-KRITIK, 30. 5. 1983
[4] Ein Sanfter, der kein Pardon gibt, in: SÜDDEUTSCHE ZEITUNG, 22. 3. 1984

sche Wahlkämpfe zu zwei Dritteln auf Agenturkorresponden-
zen zu stützen, also an die Stelle des Leipziger Allerleis ein oder
zwei gründlich vorgestellte Reden pro Tag zu setzen – wenn die
Redaktionen es nur wollten.

Auf einem Teilgebiet geht dpa von sich aus längst viel weiter. Die dpa-Redaktion, die den TELEPRESS-SERVICE für die
Anbieter von Bildschirmtext herausgibt, arbeitet nach der
Dienstanweisung: „Ereignisse und Fakten kommen vor Stellungnahmen, Reaktionen oder Forderungen." In der zentralen
Berliner VIDEOTEXT-Redaktion von ARD und ZDF werden
ohne ausdrückliche Anweisung ähnliche Konsequenzen aus
dem Umgang mit einem Medium gezogen, das zu verschärfter
Selektion und besonderer Kürze zwingt.

Für das Niedrigerhängen des Politgeflunkers gibt es im übrigen immer wieder Einzelbeispiele, die möglichst viele Redaktionen zur Nachahmung ermutigen sollten; so, wenn die
FRANKFURTER ALLGEMEINE drei Tage vor der Bundestagswahl vom 6. März 1983 über einen Dreispalter auf Seite 5
(einem schönen Platz) die Überschrift setzte:

Tage vor der Wahl fordert die FDP eine „Waldabgabe"

Wirklich nicht streiten sollte man sich über die Unsinnigkeit
eines typischen Nachrichtenstoffs, wie er vorzugsweise morgens um sechs oder um sieben aus dem Radio tönt, ein richtiger
Aufwecker und Hochreißer: Der Bundespräsident hat also
richtig bemerkt, daß Gert Fröbe im In- und Ausland seit lan-
gem geschätzt und gewürdigt werde, Eugen Jochum zu den
großen deutschen Dirigentenpersönlichkeiten dieses Jahrhunderts gehöre und Luis Trenker ganzen Generationen die Schön-
heit seiner Bergheimat nahegebracht habe; und nun verspürt
der Bundespräsident das Bedürfnis, diese seine Einsichten den
Genannten zu einem runden Geburtstag auf telegrafischem
Wege mitzuteilen. Ja doch, ja! Aber könnte der Inhalt dieser
Glückwunschtelegramme nicht das süße Geheimnis von Ab-
sender und Empfänger bleiben? Was hält der Nachrichtenredakteur von seinen Hörern, wenn er ihnen unverlangt rosa
Wattebäusche in die Ohren stopft?

Gewiß, es könnte sein, daß die bloße Tatsache des Telegramms eine Nachricht abgäbe (wie im Fall des Beileids, das Bundespräsident Lübke der „Witwe" des berühmten Homosexuellen Jean Cocteau aussprach). Es könnte sogar sein, daß ein solches Telegramm einen bemerkenswerten Gedanken enthielte (nichts ist ausgeschlossen) – *dann* wäre es eine Nachricht. Wie auch die Wahlrede natürlich, wenn sie ein dramatisches Wahlversprechen gibt oder eine politische Weichenstellung verkündigt („Nicht mehr gegen die CSU – jetzt mit ihr!"). Wir sprechen schließlich nur von Einladungen, über ein paar neue, vielleicht bessere Zunftregeln nachzudenken, und erst die Ausnahme macht die Regel rund.

Einladung 2: Medien-Taktiker ausmanövrieren

Das Mißverständnis, Journalisten seien dazu da, Verlautbarungen sowie Wahl- und Sonntagsreden wiederzukäuen, ließe sich durch einen einmaligen Willensakt, einen einfachen Redaktionsbeschluß verhältnismäßig leicht aus der Welt schaffen; schwerer ist die Einladung zu befolgen, die Fülle der *Pseudo-Ereignisse* als solche zu entlarven und ebenfalls entsprechend niedriger zu hängen. Denn während die Grenze zwischen einer bloßen Wahlrede und der Ankündigung eines Koalitionswechsels im allgemeinen leicht gezogen werden kann, sind die Übergänge zwischen Ereignissen und Pseudo-Ereignissen fließend, und in höherem Grade als Wahlreden wirken viele Pseudo-Ereignisse in die Welt.

Zur Erinnerung: Pseudo-Ereignisse sind Veranstaltungen, die nicht oder nicht so stattfänden, Reden, die nicht oder nicht so gehalten würden, Krawalle, die nicht losbrächen, wenn der Veranstalter nicht hoffte, damit in die Zeitung oder ins Fernsehen zu kommen (weshalb sie auch Medien-Ereignisse heißen). Typische Veranstalter sind Politiker und Pressestellen (Kap. 18) sowie Demonstranten und Terroristen (Kap. 19). Auch Journalisten schaffen häufig Nachrichten, um einen interessanten Stoff zu haben – als Arrangeure der Wirklichkeit, Provokateure von Wirklichkeit oder Erfinder angeblicher „Trends" (Kap. 5), und oft sind sie notgedrungen oder fahrlässig Mitschöpfer von Pseudo-Ereignissen, weil ihr Arbeitsplatz das Karussell der Medien ist (Kap. 17).

247

Nun sind Demonstrationen, Protestumzüge, Volksaufläufe viel älter als Zeitungen und können weiterhin jederzeit stattfinden, ohne daß über sie berichtet wird. Wer mit Transparenten durch die Straßen zieht, beeindruckt damit Anwohner und Passanten seiner Stadt; ein Recht, ein paar Stunden später in hundert weiteren Städten beachtet zu werden, hat er nicht. Aber natürlich schätzt er es ungemein, wenn Journalisten ihm dazu verhelfen. Bis dahin ist alles in Ordnung.

> Indessen erleben wir in unseren Tagen zunehmend auch Versammlungen unter freiem Himmel und Aufzüge, deren Veranstaltern es nichts ausmacht, daß der Ort ihrer Schaustellung irgendwo auf dem platten Lande, ja geradezu in Einöden liegt, wo das unbeteiligte Publikum an den Fingern abzuzählen ist. ... Bei dem gänzlichen Mangel an örtlichem Publikum müßte man sich fragen, was hier eigentlich von Demonstration noch übrig sein könnte, wenn nicht das Medium des Fernsehens alle Wohnstuben unseres Landes mit dem kraft seiner immanenten Gewalttätigkeit besonders sehenswerten Spektakel versorgte und damit für die praktisch unmittelbare Öffentlichkeit den breitgesteuerten Ersatz einer mittelbaren Öffentlichkeit lieferte.[1]

Da nun wird der Redakteur stutzen dürfen. Daß Atomkraftwerke in einsamen Gegenden liegen, wäre noch lange kein Grund, in der Einsamkeit zu demonstrieren – schließlich protestierte die Friedensbewegung *in Bonn* gegen die Raketen, wo keine sind, und so bietet sich jede Landes- oder die Bundeshauptstadt für Aufmärsche an. Wer statt dessen die Einöde wählt, verläßt sich darauf, daß die Massenmedien ihm nacheilen werden, er plant ein Gesamtkunstwerk aus Demonstranten und Journalisten, er setzt die Reporter als Hilfsorgane ein oder hofft gar auf ihre Komplizenschaft. Niemand aber kann Journalisten zwingen, diese Rolle zu spielen. Sie stehen vor einem Zielkonflikt:

Berichten hieße, sich zum Handlanger einer Medienstrategie machen, seinem Publikum eine mediengerecht aufgeputzte Realität als Wirklichkeit ins Haus liefern und dramatisch agierenden Minderheiten den Bildschirm als Spielwiese freigeben.

---

[1] Günther Willms, Der falsche Heiligenschein ums Demonstrationsrecht, in: FRANKFURTER ALLGEMEINE, 20. 1. 1981

Rudolph Bernhard, Nachrichtenchef des SÜDWESTFUNKS, hat den Finger auf die Wunde gelegt: „Wir waren uns einig, daß die Medien nicht zur Werbeagentur der Friedensbewegung werden dürfen", schrieb er an seine Redakteure (19. 8. 1983).

Nicht berichten aber hieße: Lesern und Hörern eine Information vorenthalten, die sie eben doch etwas angeht, und sie überdies verwirren, wenn man als einziger nicht das registriert, wovon auf dem Medienkarussell die Glocken klingeln.

Die Lösung sollte mehrstufig sein. Zunächst könnten Reporter und Kameramänner sich so verhalten, wie Hans-Joachim Reiche es beschrieben und betrieben hat:

> Die Kameras bleiben so lange zurückgezogen wie nur möglich. Das Erscheinen von Kameras löst erfahrungsgemäß überhaupt erst Aktionen aus. Der Kameramann geht ohne Kamera mit dem Redakteur mit, und der Redakteur entscheidet: Jetzt hol' die Kamera. Da kann einem schon mal ein Bild verlorengehen, war der Einwand. Darauf habe ich gesagt: Es ist schlecht, wenn ein wertvolles Bild verlorengeht, aber noch schlimmer ist es, daß wir Aktionen erzeugen und nachher darüber berichten, als seien sie von selbst entstanden. ... Oft scheinen bei solchen Anlässen mehr Kamerateams als Demonstranten gewesen zu sein.[1]

Und dann könnten Nachrichtenredakteure *stutzen*: „Da ich bei dieser Demonstration spontan an drei Minuten oder einen Dreispalter gedacht habe – wie wäre es mit zwei Minuten oder einem Zweispalter?" Mit der Plazierung oder mit der Überschrift könnte der Redakteur eher ab- als aufwiegeln; er könnte auch einen Kommentar dazustellen, der die Taktik des Veranstalters und den Zwiespalt des Berichterstatters deutlich macht:

> Der arglose Konsument von Information ist noch viel zu selten darauf gefaßt, daß immer mehr derartigen „Nachrichten" künstlich zur Existenz verholfen worden ist. ... Zumal am Fernsehgerät sollte deshalb die Erwartungshaltung eingenommen werden: „Mal sehen, was sie veranstaltet haben, um mich rumzukriegen."[2]

---

[1] Interview im MEDIEN-TELEGRAMM, 5/1984. Reiche war von 1960 bis 1972 Chef der TAGESSCHAU, von 1973 bis 1984 Leiter des Bonner Studios des ZDF.
[2] FRANKFURTER ALLGEMEINE, 10. 3. 1983

Einladung 3: Rekorde vergessen

Man drucke und sende viel weniger Statistiken, und die man doch verbreitet, sollte man sorgfältig studiert haben und richtig servieren (Kap. 12). Falls man nicht ein Boulevardblatt macht, sollte man überdies behutsamer mit Superlativen und Rekorden umgehen (Kap. 12 und 14).

Dies ist allerdings schon zum drittenmal die Einladung, Platz oder Sendezeit einzusparen: weniger Statistik, weniger Medienereignisse, weniger Reden und Verlautbarungen; und gerade eine andere Einstellung den Reden gegenüber würde sich in erhebliche Freiräume umsetzen. Lassen die sich immer füllen?

Aber natürlich. Das wesentliche Ergebnis wäre eine Minderung des Selektionsdrucks, und der ist wahrlich hoch genug. Außerdem haben die Agenturen einen Horror vor einem Tikker, der nicht tickt. Nähmen ihre Kunden ihnen drastisch weniger verbale Bekundungen ab als bisher, so würden sie über kurz oder lang einen Teil der Reden durch andere Nachrichten ersetzen – zum Beispiel durch mehr Korrespondentenberichte mit ihren im Durchschnitt runderen Informationen: mehr Einordnung, Deutung, Gebrauchsanweisung, Orientierungshilfe als die typischen Nachrichtenfetzen – also genau das, worauf Leser und Hörer Anspruch haben.

Einladung 4: Fetzen aufheben

Einen Zustand zu beklagen und ihn *nicht* zu ändern, so daß man immer weiter klagen kann und muß – das ziehen überraschend viele Menschen der Chance vor, auf eine Änderung des beklagten Zustands hinzuarbeiten. Die Journalisten machen davon so wenig eine Ausnahme wie ihre Kritiker.

Eine der häufigsten und berechtigtsten Klagen ist die über die *Atomisierung* der Information, den *Fetzenjournalismus*, die Aneinanderreihung von Nachrichten über punktuelle Ereignisse, die weder in irgendeiner Beziehung zueinander stehen noch aus einem Hintergrund hervortreten: Steuerreform in Frankreich gescheitert, Mehr Zuwendung zur Jugend in Baden-Württemberg gefordert, Falscher Atomalarm in Pennsyl-

vania, Kein Bundesbahn-Nachlösezuschlag mehr für Blinde,
Fuldaer Zeitung zu Gurtmuffeln – oder, nach Tucholskys Beispiel:

> Die westliche Ostsee ziemlich bewegt;
> Pola Negri endgültig trockengelegt;
> Churchill gestürzt – die Kammer tobt;
> Der Papst mit Mary Wigman verlobt;
> Verfilmung des Dramas Ain und Kabels;
> Prämiierung des kleinsten Damennabels . . .[1]

Die Zeitung ist „von einer unermeßlichen Undurchsichtigkeit
erfüllt", klagte Robert Musil 1930; „da ist die Rede von so vielen Dingen, daß es das Denkvermögen eines Leibniz über-
schritte"[2]. Das Informationsgemengsel bricht über uns herein
„wie Vettern aus Oslo, die wir nie zuvor gesehen haben, nie
wieder sehen werden und die zwischen Landung und Start erklären, sie hätten nur mal ‚Hallo' sagen wollen".[3] *Dulden* die
Medien nur isolierte Berichte, wie Peter Sloterdijk behauptet?
„Wer Zusammenhänge herstellt, fliegt raus."[4]

Das ist eine Übertreibung von schöner Griffigkeit, die uns
helfen kann, von der Klage über den Zustand auf die Änderung des Zustands umzuschalten. Wer Zusammenhänge herstellt, wird zwar nicht gefeuert, aber bis zu einem gewissen
Grade verletzt er eine herrschende Sitte, und zwar eine der
schlechtesten. Nachrichtenredakteure denken in *takes* (der
Maßeinheit am Fernschreiber und auf dem Bildschirm), in hal-
ben Minuten, in Ein-, Zwei- und Dreispaltern, und deren Gegenstand ist *eine* Rede in Bonn oder *eine* Katastrophe in
Adelaide, ausnahmsweise auch einmal *drei* „Kältewellen",
wenn sie gleichzeitig Oberitalien, Unterfranken und New York
heimsuchen.

Ob ich aber die neueste Finte in den Verhandlungen zwischen Assad und Gemayel oder den jüngsten Protest von Ignaz
Kiechle gegen die Milchkontingentierung für Bergbauern in der
Europäischen Gemeinschaft mitgeteilt bekomme oder nicht –
das ist mir ebenso gleichgültig in der Sache wie unverständlich

---

[1] Gebet des Zeitungslesers (1927)
[2] Der Mann ohne Eigenschaften, I, 54; Reinbek 1960, S. 217
[3] Roger Rosenblatt, The News: Living in the Present Tense, in: TIME, 12. 12. 1983
[4] Kritik der zynischen Vernunft, Frankfurt 1983, Band 2, S. 572

in der Form, falls ich nicht unmittelbar betroffen bin oder mich nicht mit Hilfe anderer Quellen zum Experten gemacht habe. Ich kann ein politisch höchst interessierter Mensch sein und trotzdem guten Gewissens auf solche Informationsfetzen tagelang verzichten – wenn mir statt der fünf Bruchstücke, ruhig etwas später, eine fünfmal so lange Gesamtdarstellung, Einbindung, Gebrauchsanweisung geboten werden würde.

Das alles gibt es ja. Im AP-Handbuch von 1983 heißt es beispielsweise: „Von Ereignissen, bei denen die Berichterstattung sich über mehrere Stunden oder Tage erstreckt, werden Zusammenfassungen gesendet. Sie sollen einen *Gesamtüberblick* über das Geschehen geben und sind keine Aneinanderreihungen der zuvor gelaufenen Meldungen". Wobei die Zusammenfassung über *Tage* hin jedoch leider die Ausnahme bleibt und auch dann fast immer zu wenig Basisinformation anbietet.

Wer eine große *Zeitung* regelmäßig gründlich liest, der mag ja jenen Überblick besitzen, den eigentlich jeder Bürger haben sollte, da er doch mit seinen Wahlentscheidungen ein bißchen Schicksal spielt. Doch selbst die großen Zeitungen machen es ihren Lesern schwer: Systematische, fibelartige Übersichten etwa mit dem Arbeitstitel „Wer kämpft eigentlich gegen wen im Libanon?" sind nicht üblich, sie kosten Mühe und befriedigen den schreiberischen Impetus des Korrespondenten nicht – obwohl sie treuen Lesern meist eine willkommene Gedächtnisstütze und den ungetreuen, die die Regel sind, oft die überfällige Erleuchtung bieten könnten.

Wie viele *Fernsehteilnehmer* aber, die nahezu täglich mit den neuesten Hiobsbotschaften aus dem Libanon versehen werden, haben wirklich begriffen, wer dort wen warum verfolgt? Die eigentliche journalistische Aufgabe in einem solchen Fall wäre: Ursachen und Entwicklung des Bürgerkriegs von Null an in schlichten Sätzen zu erklären, „Volkshochschule" im besten Sinn des Wortes (obwohl Journalisten diesen Begriff gern als Spottwort gebrauchen, törichterweise).

Das müßte ein Sachbuch ergeben oder eine Doktorarbeit? Nein, damit würde der Rahmen des Mediums gesprengt und überdies gegen die alte Einsicht verstoßen: „Die Leute wollen alles genau wissen; aber so genau nun auch wieder nicht."[1] Es

---

[1] Rudolf Walter Leonhardt, Journalismus und Wahrheit, München 1976, S. 152

könnten zum Beispiel zwei bis vier Minuten im Fernsehen sein, und in diese dreißig bis sechzig Zeilen müßte viel Schweiß investiert werden – das Maximum an Transparenz auf einem Minimum von Raum. Dies sei eine Einladung zu einer nur etwas aufwendigeren Form von Oberflächlichkeit? Nein. Es ist lediglich die Behauptung, daß ein gutwilliger, kluger und gebildeter Mensch, wenn er das Problem erkannt hat, in vier Minuten ohne Aktualitätshascherei drastisch mehr Zusammenhang herstellen und Information überbringen kann als ein in Routine erstarrter Nachrichtenredakteur in einem typischen Fetzen von 30 Sekunden. Emil Obermann, langjähriger Fernsehchefredakteur des SÜD-DEUTSCHEN RUNDFUNKS, hat in den Einführungstexten zu seiner Sendung „Pro und Contra" dutzendfach bewiesen, wieviel Klarheit sich in 60 Zeilen in verschachtelte Probleme bringen läßt; sein Text über die Neutronenbombe ist diesem Kapitel als Beispiel angehängt.

Nun müßte nur noch einer kommen und entscheiden: Solche Vier-Minuten-Texte bringen wir auch und gerade in TAGESSCHAU und HEUTE – dort nämlich, wo die politische Information erwartet und durch die bekannte Fetzentechnik hundertfältig versaubeutelt wird. Dieser Vorschlag mag verblüffend klingen oder einfach unprofessionell; jedoch:

1. Zeit wäre vorhanden, in den 14 Minuten, die die TAGESSCHAU bis zum Wetterbericht verfügbar hat – selbst wenn man nur ein einziges Kriterium betrachtet: die nicht seltenen mehrminütigen Berichte über Theaterpremieren, Kunstausstellungen oder Modenschauen.[1] Nichts dagegen! Nur daß die Ausstellungen notfalls durchfallen sollten gegen einen instruktiven Überblick mit dem Arbeitstitel „Was ist eigentlich los im Libanon?" oder „Was spricht für und was gegen die 35-Stunden-Woche?" Könnte dergleichen nicht wichtiger sein als Sätze wie diese: „Während bei den französischen Kubisten die Form ausschlaggebend war, orientierten sich die Russen an der Farbausgestaltung."[2]

---

[1] TAGESSCHAU 1984: 2:15 über die Kurzfilmtage in Oberhausen (26. 3.); 1:30 über die Antiquitätenmesse in Hannover (31. 3.); 2:00 über DDR-Kunstausstellung in Worpswede (14. 4.); 2:15 über ein Bochumer Marionetten-Festival (5. 5.); 1:45 über die Ausstellung „Phänomena" in Zürich (15. 5.).
[2] TAGESSCHAU, 18. 4. 1984

2. Zeit wäre sogar reichlich vorhanden, wenn TAGESSCHAU und HEUTE die Empfehlung beherzigen würden, Medientaktiker auszumanövrieren, und vor allem: Reden zu verschweigen. Dadurch würde ein Bedarf an handfesten Informationen entstehen, geradezu ein Sog! Am 24. 3. 1984 begann die TAGESSCHAU mit vier Reden (Albrecht, Windelen, Ronneburger und Stolpe, der stellvertretende Vorsitzende des Evangelischen Kirchenbundes der DDR). Wie schön! Falls ein Redakteur abgewogen und entschieden hätte: „Diese Reden waren allesamt so wichtig, daß wir die geplante Basisinformation über den Libanon verschieben mußten." Aber solche Basisinformation plant eben keiner – da liegt der Hase im Pfeffer.

3. Werden Zusammenhang und Hintergrund denn nicht in Fernsehmagazinen, TAGESTHEMEN, Länderspiegeln, Auslandsjournalen hergestellt? Nur sehr bedingt. Solche Sendungen waren je enthalten in Bernward Wembers berühmter Untersuchung von 1975 über die Nordirland-Berichterstattung des ZDF: In 50 Berichten von zusammen mehr als fünf Stunden Dauer gingen, bei Berücksichtigung auch der winzigsten Hinweise, nur 3 Prozent aller Sätze auf historische Hintergründe und 1 Prozent auf soziale Zusammenhänge ein. „Was nützen tausend Einzelheiten, wenn der Zusammenhang untergeht?" fragt Wember, und er fordert:

> Rückbesinnung auf die tatsächliche Sprengkraft der Zusammenhänge, kompromißlose Darstellung logischer Ketten, Offenlegung von Interessen und Machtverhältnissen, und zwar ohne Sprachregelungen und ohne Verpackungs-Firlefanz... Nach-Denken als Abenteuer, das tatsächlich spannender sein kann als all der inhaltsleere optische Zauber.[1]

Soweit aber solche Sendungen eine Hintergrund-Information anbieten oder wenigstens anstreben – ihre Zuschauerquote liegt drastisch niedriger als die der TAGESSCHAU; und so wird man über einen durchschnittlichen TAGESSCHAU-Betrachter sagen dürfen: Er kennt die meisten Zusammenhänge *nicht*.

4. Da sich längst die Gewohnheit herausgebildet hat, die TAGESSCHAU für das maßgebliche Abbild der Welt zu halten,

---

[1] Bernward Wember, Wie informiert das Fernsehen? München 1983, S. 70, 173 f.

sollte sie das mögliche tun, um in ihren 14 Minuten dieser Erwartung zu entsprechen. Den aktuellen Fetzen zwei- oder dreimal in der Woche einen Block von zwei bis vier Minuten für Basisinformationen abzuzwacken, wäre ein Beitrag dazu.

Je nach Nachrichtenlage könnte dieser Block zweierlei zum Inhalt haben: Entwirrung eines Problems von schwebender Aktualität – oder Porträt einer Nation, einer Region, einer Person, einer Entwicklung abseits aller Aktualität: Wie lebt ein Omnibusschaffner in Zimbabwe?

Denn dergleichen gehört nicht minder zum Abbild der Wirklichkeit als die Nachricht, daß ein Omnibus in Zimbabwe in eine Schlucht gestürzt ist. Also gehört es auch in die TAGES-SCHAU: Damit wäre anschaulich zu machen, daß die Erde nicht nur ein Planet der Verlautbarungen, der abendländischen Haupt- und Staatsaktionen, der Kuriositäten und der Katastrophen ist.

> Vom Nachrichtenjournalismus, zumindest vom westlichen, möchte ich behaupten, daß er vorwiegend am Beispiel der Historik orientiert ist – der traditionellen Historik. Er ist fixiert auf das große Ereignis, auf die große Politik, auf die herausgehobenen, mit Macht ausgestatteten Akteure und Institutionen. Wie nahe die traditionelle Geschichtswissenschaft der historischen Realität kommen kann, ist längst fragwürdig geworden, und für Nachrichtenjournalismus nach diesem Muster muß derselbe Zweifel gelten.[1]

Im Hörfunk bestehen die typischen Vier-Minuten-Nachrichten, zumal an Wochenenden in der Ferienzeit, oft *nur* noch aus Reden, Forderungen und Protesten, in einer Häufung und Hohlheit, die auch hartleibigen Medienkonsumenten ans Zwerchfell gehen können.[2] Nach aller Vernunft bliebe da nur dreierlei:

1. die Ansage: „Zur Stunde, liebe Hörer, liegen keine Nachrichten vor – daher nur der Wetterbericht und etwas mehr Musik."

---

[1] Alexander v. Hoffmann, Was tun, wenn sich der Leitstern als Irrlicht erweist? in: FRANKFURTER RUNDSCHAU, 7. 4. 1983

[2] NDR II, 14. 4. 1984, 14 Uhr: Horst Ehmke, der stellvertretende DGB-Vorsitzende Muhr, die Vorsitzenden des Reichsbunds der Kriegs- und Zivilbeschädigten, der Deutschen Steuergewerkschaft und des Zentralrats der Juden in Deutschland bilden mit ihren Äußerungen den einzigen Inhalt der Nachrichten.

2. die Einbeziehung vermischter Nachrichten – aber da sei der Rundfunkrat vor, daß man in einer Hörfunkverkündigung etwas zu schmunzeln bekäme! Hörfunk ist, wenn man hören darf, welche Sprechblase der Politiker X bei der NEUEN OSNABRÜCKER ZEITUNG zu deponieren vermochte. 3. ein Korrespondentenbericht. Korrespondenten hat der Funk genug, und wenn einer gut ist, kann er mich durchaus vier Minuten lang für den Wolkenkratzerboom in Singapur und seine Hintergründe interessieren, vielleicht sogar für das Pro und Contra der Milliarden-Subventionen für die deutsche Landwirtschaft; und ich werde etwas schlauer geworden sein als durch die zweihundertste Anhörung der landesüblichen Proteste des Freiherrn von Heeremann gegen die schamlose Benachteiligung der deutschen Bauern.

Haben wir nicht den Vorzug, daß unser Wort *Nachricht* uns eben nicht zur Neuigkeit verdammt wie die Angelsachsen ihr Wort *news* (definiert als „frische Information über etwas, das kürzlich stattgefunden hat; alles Neue und Sonderbare"[1])? Auch das lateinische *informare* bedeutet nicht etwa „Neuigkeiten übermitteln", sondern „beschreiben, unterrichten, unterweisen, Auskunft geben".

Sollten wir nicht etwas daraus machen, daß *Nachricht* wie *Information* uns eine Erdbeschreibung ermöglichen, ja nahelegen, in der auch das Nichtneue seinen Platz bekommt? Wenn es legitim ist, kostbare TAGESSCHAU-Sekunden mit dem altbackenen Unsinn vollzustopfen, daß Genscher gesagt habe, daß seine Partei liberal sei, dann kann es nicht illegitim sein, den Fernsehteilnehmer nach und nach mit dem Planeten bekanntzumachen, auf dem er lebt.

Oder *soll* uns der Bildschirm nichts anbieten, was wir brauchen können, keinen Kern, kein Haar und keinen Knochen? fragt Günther Anders – wäre eben dies der Sinn des Fernsehens? „Nicht einmal das Produkt selbst bleibt (etwa wie das Buch nach der Lektüre). Das Konsumgut ist pillengleich im Konsum aufgegangen, also verschwunden... Nichts braucht fortgeräumt oder gewaschen zu werden; nichts ist geschehen,

---

[1] Britannica World Language Dictionary: „all new and strange". *Strange* heißt auch seltsam, merkwürdig, komisch, kurios, ungewöhnlich, unbekannt.

nichts geblieben, nichts bleibt; die Folgenlosigkeit ist vollkommen. Der Gefahr, daß dem Konsumenten eine unerwünschte Aufstapelung von Kulturgütern zugemutet werden könnte, ist jeder Riegel vorgeschoben. Keine Bildung droht."[1]

Zwei dpa-Nachrichten vom 5. 1. 1984

Würde man die folgende Nachricht mit *Liselotte Funke sagte* beginnen, so hätte man geradezu die Chance, verstanden zu werden:

> Bonn (dpa) – Der im Koalitionsstreit als möglicher Kompromiß angesehene CDU/CSU-Vorschlag, das Nachzugsalter für Ausländerkinder nicht generell von 16 auf sechs Jahre zu senken, bei Volljährigkeit aber nicht grundsätzlich ein Daueraufenthaltsrecht zu gewähren, ist bei der Ausländerbeauftragten der Bundesregierung, Liselotte Funke (FDP), auf Kritik gestoßen.

Muß man eine Partei heute so dringend „hervorheben" lassen, was sie morgen hervorzuheben gedenkt?

> Nürnberg (dpa) – Die Deutsche Kommunistische Partei (DKP) will sich auf ihrem am (morgigen) Freitag beginnenden 7. Parteitag in Nürnberg „erneut als eine Partei des Friedens, der Arbeit und des Sozialismus" darstellen. Das hob das Mitglied des Präsidiums und Sekretariats des Parteivorstandes, Kurt Fritsch, am Donnerstag vor Journalisten hervor.

---

[1] Die Antiquiertheit des Menschen, Band 1, S. 190

Pro und Contra „Neutronenwaffe"

Pro stimmt der Entscheidung Präsident Reagans zu, in der jetzigen Weltlage den Zusammenbau der Neutronenwaffe anzuordnen und diese Waffe als Trumpf in den USA zur Verfügung zu halten.
Contra lehnt grundsätzlich jede Ausweitung des atomaren Arsenals ab, speziell aber den Bau der Neutronenwaffe. Die NATO braucht diese Waffe nicht.

Verehrte Zuschauer! Zum zweitenmal seit den 50er Jahren diskutieren wir, hier im Westen Deutschlands, grundsätzlich und mit wachsender Erregung über unsere äußere Sicherheit, über das Ob und das Wie und Wie-lange-Noch „mit der Bombe leben". In Europa soll es endlich zu atomarer Abrüstung kommen. Wir Deutsche fragen, wie die amerikanische Entscheidung die Chancen für Abrüstungskontrollverhandlungen mit den Sowjets beeinflußt. Stellen wir uns den Fakten, sie sind vielschichtig und gehen unter die Haut.

Im Jahre 1958 fragte Carl Friedrich von Weizsäcker in der Vorbemerkung zu seiner berühmt gewordenen Schrift „Mit der Bombe leben": Müßte nicht echte politische Leidenschaft zunächst den Wunsch erzeugen, so genau wie möglich informiert zu sein? Genau das wollen wir versuchen. Was hat es mit der Neutronenwaffe auf sich?

Seit Hiroshima und Nagasaki denkt man bei Atomwaffen ausschließlich an Terrorwaffen, die ganze Städte zerstören. Die Nuklearmächte aber haben inzwischen Kernwaffen mit begrenzter Wirkung bauen lassen, gedacht als taktische Atomwaffen ausschließlich für das Gefechtsfeld, für den Kampf gegen Truppenkonzentrationen und Panzerkolonnen. In diesem Sinne ist die Neutronenwaffe Atom gegen Truppen, gegen Streitkräfte und nicht Atom gegen Städte. Aber Frage: Kann atomarer Einsatz überhaupt begrenzt werden? Die Sowjets, und nicht nur sie, bestreiten das.

Ein anderes Ziel peilt an, die drei Wirkungen der klassischen Atombombe besser zu beherrschen: Hitzewelle, Druckwelle und Strahlung.

Die meisten bei uns gelagerten Nuklearwaffen sind Dreiwirkungswaffen und haben einen totalen Vernichtungsradius von mindestens 2500 Metern.

Die Neutronen- oder Strahlenwaffe wird einige hundert Meter über dem Boden gezündet, reißt keinen Riesentrichter, wirbelt kaum atomaren Staub in die Luft, erzeugt also keinen „Fall-Out", zerstört nicht Häuser und alles andere ringsum – allerdings, unmittelbar unter ihrem Detonationspunkt erzeugt auch sie Brände und eine kleine Druckwelle. Ihre Hauptwirkung und ihre Gefährlichkeit besteht aus intensiver Strahlung, die in einem Umkreis bis zu 1200 Metern alles Leben abtötet. Angreifende Soldaten werden in ihren Panzern von den Strahlen getroffen und getötet. Alles andere bleibt heil. Egon Bahr nannte das eine Perversion des menschlichen Denkens.

Dritter und wohl wichtigster Punkt: Senkt diese kalkulierbare, begrenzte, minimisierte, nukleare Gefechtswaffe unter Umständen die Atomschwelle, erleichtert sie den Einfluß, zum Atom zu greifen? Macht sie die Eskalation zum totalen Atomkrieg nicht unvermeidlich? Oder umgekehrt, erhöht sie vielleicht die Abschreckung, mindert sie die Versuchung, konventionell mit Panzerübermacht anzugreifen; wird die Schwelle nicht höher? Die Experten streiten sich darüber.

Und noch etwas: Die Neutronenwaffe gehört nicht zur selben militärischen Kategorie wie die Mittelstreckenwaffen SS-20 oder Pershing II. Aber psychologisch und wohl auch politisch macht das wenig Unterschied, und die entscheidende Frage bleibt: Werden die Vorbereitungen zu Rüstungskontroll-Verhandlungen über Europa durch die amerikanische Entscheidung erleichtert oder erschwert?

Emil Obermann, SÜDDEUTSCHER RUNDFUNK, 27. 8. 1981

Die Bedeutung Jerusalems im Nahostkonflikt

Für alle drei monotheistischen Religionen ist Jerusalem die Heilige Stadt, die Stadt der Vollendung des Schöpfungswerkes.

Für alle drei monotheistischen Religionen ist Jerusalem der Ort, wo Abraham seinen Sohn Isaak Gott opfern wollte.

Für alle drei monotheistischen Religionen ist Jerusalem der Ort, an dem das Jüngste Gericht stattfinden wird.

Für die Juden ist Jerusalem (Yerushalayim = Stadt des Friedens) seit fast 3000 Jahren die Hauptstadt ihres Volkes (Pessach-Ruf der Diaspora: Nächstes Jahr in Jerusalem!), seit 1948 die Hauptstadt des Staates Israel. Schon König David residierte in Jerusalem. Sein Sohn, König Salomon, ließ dort den ersten Tempel bauen, das höchste Heiligtum; dort wurde die Bundeslade aufbewahrt. Die Juden fordern den Verbleib eines ungeteilten Jerusalem im israelischen Hoheitsgebiet.

Für die Moslems ist Jerusalem (El Kuds = Die Heilige) der Ort, von dem aus Mohammed auf der Eselin Buraq für eine Nacht in den siebenten Himmel auffuhr. Dort steht die Al-Aqsa-Moschee, die größte Wallfahrtsstätte des Moslems nach Mekka und Medina. Die Moslems fordern die Rückkehr zu dem Status von vor 1967, als die Stadt geteilt war und das Heiligtum auf jordanischer Seite lag.

Für die Christen ist Jerusalem der Ort, in den Jesus unter dem Jubel der Bevölkerung zum Pessachfest einzog und an dem er später gekreuzigt wurde und auferstand. Eine einheitliche Stellungnahme „der" Christen zum Status Jerusalems gibt es nicht. Der Vatikan hat sich wiederholt für eine Internationalisierung Jerusalems ausgesprochen.

In allen Nahostkriegen war Jerusalem besonders hart umkämpft – immer wegen eines Platzes: Dort stand vor 3000 Jahren der Tempel König Salomons, von dem seit der Zerstörung Jerusalems durch die Römer nur noch die Westmauer (Klagemauer) erhalten ist. Auf den Trümmern dieses Tempels ließ ein Kalif später die Al-Aqsa-Moschee errichten, das drittgrößte islamische Heiligtum. Es steht also auf dem größten jüdischen Heiligtum. Erst seit 1967 dürfen die Juden an der Westmauer beten. Vorher war ihnen der Zutritt durch König Husseins Soldaten verwehrt worden, da die Mauer hart an der Grenze zum arabischen Teil Jerusalems liegt, wo die Grenze verlief.

Auftragsarbeit „Alles über... in 40 Zeilen" aus dem 1.
Lehrgang der Hamburger Journalistenschule (1979/80).
Autorin: Maria Voetlause

259

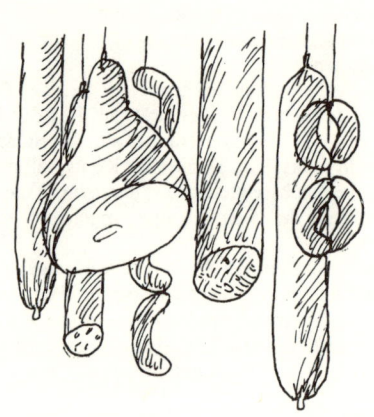

Zwischenspiel:
Lieber neu und falsch
als alt und richtig?

Verschwiegene Wahrheiten würden giftig, sagt Nietzsche. Das will die Presse nicht, und so publiziert sie alles. Zwar ist die Zahl der Publikationen groß, aber die Wahrheit ist eben auch dabei, und das ist die Hauptsache. (...) Wenn wir unser Geschäft ernsthaft betreiben als Politiker, dann wollen wir verwirklichen, was wir geplant haben. Das geht aber heute nicht mehr schnell, sondern dauert lange. Und nun glaubt der Journalist natürlich, wenn man länger sich mit der gleichen Sache beschäftigt hat, daß man irgendwie verkalkt, erstarrt sei, daß einem nichts Neues mehr einfiele. Das verstehe ich auch, denn es heißt ja auf Englisch „news" und „newspaper". Ich möchte zwar nicht sagen, daß die Presse nach dem Grundsatz verfährt: Lieber neu und falsch als alt und richtig. Aber das gleiche mehr als zehnmal abzudrucken, das ist einfach keinem Journalisten zumutbar, das sehe ich ganz klar. Darum können wir uns nicht immer einig sein. (...) Wir bemühen uns selbstverständlich, uns einzustellen auf die Presse und auf die Journalisten in Gestalt von Pressemitteilungen. Wir geben zum Teil mehr Informationen, als wir selber haben, und erzielen damit einen Wirkungsgrad, den man in der deutschen Energiewirtschaft bislang vergeblich zu erreichen suchte. Ich muß aber wirklich sagen, die Presse kommt uns entgegen. Früher mußte man wirklich etwas tun, um in die Zeitung zu kommen. Heute braucht man bloß noch etwas zu sagen, z. B. widersprechen oder zurückweisen. Wer morgens die Zeitung liest, der findet gleich eine Menge Sachen, denen er widersprechen oder die er auch zurückweisen kann. Schon kommt er am nächsten Tag in die Zeitung.

Oder wenn wirklich nichts zu finden ist, dann kann man betonen, z. B. die Bedeutung der Schulen oder die Bedeutung der Hochschulen. „Oberbürgermeister betont Bedeutung der

Schulen" ist eine Überschrift. Man kann alles sagen, was in eine Überschrift hineinpaßt. Was unten kommt, ist nicht mehr so wichtig. Man kann auch fürchten um eine Sache, z. B. um den Wald, da wird ja bundesweit gefürchtet um den Wald zur Zeit, da fürchtet langsam jeder um den Wald. Hinweisen kann man auch oder für möglich erklären oder nicht ausschließen. Nicht ausschließen ist ein bißchen lang, das ist gefährlich wegen der Überschrift. (...)

Die Verhältnisse sind dort am besten geordnet, wo die Journalisten alles schreiben können, was sie wollen, und wo die Politiker nicht alles machen, was Journalisten schreiben.

Oberbürgermeister Manfred Rommel, Ansprache vor dem Verein Südwestdeutscher Zeitungsverleger, Stuttgart, 29. 4. 1983

21. Ein paar gute
Nachrichten bringen

Junge Journalisten wollen nicht wahrhaben,
daß es etwas gibt, was *nicht* faul ist.
Ein amerikanischer Provinzredakteur[1]

Gibt es gute Nachrichten? Ob eine Nachricht „gut" zu heißen verdient, kommt auf den an, der sie hört. Von dem Dirigenten Otto Klemperer, seiner Imperatoren-Pose wegen scherzhaft „Klempereur" genannt, sagt die Anekdote, er habe im Dezember 1954 resümiert: „Wilhelm Furtwängler gestorben, Clemens Krauss gestorben – es war ein gutes Jahr." Über den Untergang von Pompeji schrieb Goethe 1787: „Es ist viel Unheil in der Welt geschehen, aber wenig, das den Nachkommen so viel Freude gemacht hätte."[2] Wahrscheinlich gehört der Untergang der „Titanic" in eine ähnliche Kategorie.

Wahlergebnisse sind immer gute Nachrichten – für die Anhänger der siegreichen Partei oder Koalition, also meist für mehr als die Hälfte aller Bürger. Eine vom Parlament beschlossene Steuersenkung für jedermann oder die Prognose „Pfingsten warm und trocken" werden sogar nahezu alle Leser mit Genugtuung erfüllen. Ja, es gibt die Behauptung, die durchschnittliche, typische TAGESSCHAU habe fast immer etwas Beruhigendes für die Masse der Betrachter – wie sonst sei das Mißverhältnis zwischen hoher Einschaltquote und raschem Vergessen zu erklären?

Ein solcher Befund muß doch wohl dahin interpretiert werden, daß man nicht fernsieht, um Neuigkeiten zu erfahren, sondern lediglich um sich zu vergewissern, daß nichts unmittelbar Bedrohliches – etwa eine Ölkrise oder ein kriegerischer Konflikt – auf uns zukommt. Dies entspricht nun genau der Funktion des Spähers in der archaischen Gesellschaft, der darüber zu wachen hatte, ob sich etwas Feindliches – Mensch

---

[1] Rosann Doran, BROOMFIELD ENTERPRISE (Col.), zit. nach: TIME, 12. 12. 1983 („that something is *not* crooked")
[2] Italienische Reise, 13. 3. 1787

oder Tier – dem Lagerplatz näherte. Eine ähnliche Späher-funktion nehmen wir wahr, wenn wir allabendlich auf den Bildschirm starren.[1]

Das kann nur heißen: Die unter Journalisten verbreitete Re-densart „Nachrichten sind immer schlechte Nachrichten" (und für den, der gute Nachrichten lesen wolle, seien die Inserate da) ist übertrieben.

Aber natürlich: „It's easy to cover the war but hard to cover the peace", sagte Robert Haiman, 1982 Präsident der Associa-ted Press Managing Editors Association[2], und der bayerische Landesbischof Johannes Hanselmann klagte 1983: Auch wer mit Erfolg immer wieder kleine Kinder vom Brunnenrand zu-rückgerissen habe – in die Presse komme er erst, wenn ein Kind in den Brunnen gefallen sei.[3]

Der „Sensation des Guten" mehr Raum zu geben, wie der-selbe Bischof forderte, ist vielleicht bedenkenswert, aber, wenn überhaupt, nur in Grenzen möglich. Nichts als Spott handelte sich Larry Speakes, der Pressesprecher des Weißen Hauses, ein, als er am 28. 1. 1983 die amerikanischen Journalisten er-mahnte, „über das zu berichten, was richtig ist an diesem unse-rem großen Land. Laßt uns auf die Helden blicken. ... Heute ist es so, daß 10,8 Prozent Arbeitslose eine große Nachricht sind, während die 89,2 Prozent der Amerikaner, die eine Ar-beit haben und den höchsten Lebensstandard der Welt genie-ßen, keine Nachricht sind."[4]

Die strikte Befolgung dieses Prinzips könnte nur eines von beiden ergeben: etwas besonders Trauriges wie das NEUE DEUTSCHLAND und seine Schwestern[5] – oder etwas eher Komi-sches. Wo die Presse frei ist, hat sie solche Versuche zum Scherz unternommen; so die SUNDAY TIMES am 12. 11. 1978 zum 30. Geburtstag von Prinz Charles mit Schlagzeilen wie diesen.

---

[1] Christian Doelker, Medienpädagogik als Qualifizierung des Medienteilnehmers, in: NEUE ZÜRCHER ZEITUNG, 10. 6. 1984

[2] „Es ist leicht, über den Krieg, aber schwer über den Frieden zu berichten" (APME News, Januar 1983)

[3] Vgl. Norbert Schneider, Das „Negative" im Fernsehen, in: DIE ZEIT, 25. 11. 1983

[4] AP/SÜDDEUTSCHE ZEITUNG, 31. 1. 1983. Vgl. „Das Streiflicht", 1. 2. 1983

[5] Aufmacher-Schlagzeilen von DDR-Zeitungen am 25. 4. 1984 – NEUES DEUTSCHLAND: „Ar-beitskollektive erfüllen ihre Wettbewerbsverpflichtungen". NEUE ZEIT: „Kulturvolles Leben im Wohngebiet". JUNGE WELT: „Richtiges Maß zur Erhöhung des Bautempos". BERLINER ZEITUNG: „Materialgewinn für zusätzliche Runderneuerte".

- 330 Jumbos sicher gelandet
- 12 200 glückliche Babys geboren
- Nicht ein Bankkrach
- Störungsfreie Gottesdienste auch im 798. Jahr der Kathedrale von Canterbury.

Und selbst diese Nachrichten füllten nur eine Spalte, an deren Schluß es hieß: „Wir bedauern die schlechten Nachrichten, die sich in andere Spalten dieser Zeitung eingeschlichen haben, vor allem die über die Streiks. Aber so ist das Leben, so ist die Nachricht."

Die FRANKFURTER RUNDSCHAU brachte in ihrer Silvester-Nummer 1983 eine Wirtschaftsseite mit *lauter guten Nachrichten* – „nicht ganz ernst zu nehmen, aber durchaus nicht ganz unernst gemeint", zum Beispiel so:

- Einigung im Streit um Arbeitszeitverkürzung / IG Metall und Arbeitgeber vereinbaren stufenweisen Einstieg in die 36-Stunden-Woche
- Reagan wechselt Finanzkurs / „USA für Weltwirtschaft verantwortlich" – Zinsen sinken.

Und doch: Es lohnt, darüber nachzudenken, ob das Monopol der abgestürzten unter den Flugzeugen, der gestörten unter den Gottesdiensten, der in den Brunnen gefallenen unter den Kindern wirklich unumschränkt herrschen soll und muß. Denn das Resultat ist Desinformation. Sie ist noch harmlos in Fällen wie diesen:

> Glaubt man den Klischees, ist der gute Ruf von Frankfurt auf ewig dahin: Flughafen (riesig und unübersichtlich), Westend (kaputt), Verkehr (chaotisch), Banken (reich und mächtig), Spekulanten (gierig), Studenten (faul und revolutionär), Polizei (schlagkräftig), Altstadt (verwelkt), Apfelwein (sauer), Bahnhofsviertel (sündig und teuer), Goethe (würde sich im Grab umdrehen).[1]

Schwer erträglich ist die Desinformation, die aus dem Monopol des Negativen folgt, wenn sie Konsequenzen hat wie diese: Vierzig Prozent aller schwedischen Kinder zwischen 6 und 10 glauben, „daß Menschen einzig durch Mord und Totschlag

---

[1] Joachim Neander, DIE WELT, 19. 1. 1979

sterben".[1] Tiefgaragen sind auch für viele Erwachsene der Ort, an dem der Mörder lauert. In den USA werden pro Stunde Fernsehen – Information plus Unterhaltung – 200mal so viele Menschen ermordet wie pro Stunde amerikanischer Wirklichkeit, mit der Folge, daß Vielfernseher mehr Angst, mehr Hunde, mehr Sicherheitsschlösser und mehr Pistolen haben als andere Bürger.[2]

Wir stehen also vor dem Problem: Einerseits sollten die Massenmedien keine Desinformation betreiben. Andererseits würden Krimis ohne Leichen stark an Attraktivität verlieren, und aus den 9999 nicht ermordeten Bewohnern einer Kleinstadt läßt sich ungleich schwerer eine Nachricht zimmern als aus dem einen, der ermordet worden ist; die bloße Tatsache des Nichtermordetwordenseins genügt jedenfalls für eine Nachricht nicht, und auch ein Nachsatz zur Mordmeldung von der Art „In derselben Zeit sind 9999 Bürger unserer Gemeinde nicht ermordet worden" wäre lächerlich.

Doch schon bei Flugzeugkatastrophen wären Kompromisse denkbar. Ob und wann zuletzt dieselbe Fluggesellschaft oder derselbe Flughafen schon einmal von einem Unglück betroffen worden sind, interessiert den Leser durchaus, und sollte die Aussage eines solchen erläuternden und einordnenden Schlußsatzes lauten „zum erstenmal seit dreizehn Jahren", so müßte man das „Gute" an dieser Nachricht, ja die relative Werbung für die Fluggesellschaft eigentlich in Kauf nehmen: Wenn es denn wirklich so wäre, trüge die Erwähnung dieses Faktums zu einer runderen, angemesseneren, informativeren Abbildung der Wirklichkeit bei.

Eine Mindestforderung aber, auf die alle Nachrichtenredakteure sich sollten einigen können, lautet: Wenn ein Unglück wie Orkan, Überschwemmung, Bürgerkrieg eine ganze Region betrifft, so ist die möglichst exakte Eingrenzung dieser Region Journalistenpflicht. Verstoßen wird dagegen täglich, und die Folgen sind oft grotesk.

Im Februar 1962 wähnten Zehntausende von Deutschen ihre Hamburger Verwandten oder Freunde bis zum Hals im Was-

---

[1] Vgl. DER SPIEGEL, 19/1983, S. 44

[2] George Gerbner, Universität von Pennsylvania; zit. nach: Wer viel fernsieht, ist ängstlicher, in: FRANKFURTER ALLGEMEINE, 10. 1. 1979. Vgl. Gerbner/Gross, The Scary World of TV's Heavy Viewer, in: PSYCHOLOGY TODAY, 4/1976

ser, Tausende von Hotelbuchungen wurden storniert oder des Stornierens nicht für wert befunden, weil das Hotel ohnehin als abgesoffen galt. Journalistische Routine im schlechtesten Sinn des Wortes zog die krasseste Form der Desinformation nach sich: die Fehlsteuerung menschlichen Verhaltens. Was war geschehen?

Die große Sturmflut vom 17. 2. 1962 – Hunderte von Toten, ohne Zweifel eine Katastrophe – überschwemmte in Hamburg etwa ein Siebtel der Stadtfläche, auf der aber nur ein Zwanzigstel der Bürger wohnte. Im größten Teil der Innenstadt und des Stadtareals war zu keiner Minute eine Überschwemmung zu sehen; 19 von 20 Bürgern teilte sich das Hochwasser, sofern sie es nicht suchen gingen, als zeitweiliger Stromausfall und Warnung vor dem Genuß nicht abgekochten Wassers mit.

Diese Einordnung wurde von der SÜDDEUTSCHEN ZEITUNG vom 20. Februar korrekt und anschaulich vorgenommen. („In Warenhäusern, in Kinos und Kaffeestuben drängten sich die Kunden und Müßiggänger") – am zweiten Tag der Berichterstattung, zum ersten- und zum letztenmal, und zwar im Überlauf des Aufmachers auf Seite 2, im fünfzehnten Absatz der Nachricht.

Alle anderen Informationen der SZ besagten das Gegenteil: teils von der Einstimmung und Wortwahl her („Sintflut", „Wasserwüste"), in einem Fall aber ausdrücklich:

Am 19. Februar, dem ersten Tag der Berichterstattung, hatte das Münchner Blatt auf Seite 3 behauptet, das Hochwasser bilde „inmitten der Stadt einen einzigen riesigen See". Das war erstens eine grobe Irreführung, denn die Formulierung erweckt den Eindruck, Hamburg habe sich im wesentlichen in einen See verwandelt, und zweitens beweisbar falsch, denn der See lag zwar innerhalb der Stadtgrenzen, aber eben *nicht* „inmitten" der Stadt, sondern in ihrem südlichen Siebtel, die City nur am Rand berührend.

Dazu kam auf Seite 1 der gewaltige Auftakt, den dpa sich ausgedacht und die SÜDDEUTSCHE ZEITUNG in ihren Aufmacher übernommen hatte:

Ein ganzes Volk von den Bergen bis zum Meer mußte helfen, um die unübersehbare Not zu lindern, die die Flutwelle in der

Nacht zum Samstag vor allem in Hamburg, im Emsland, im Gebiet zwischen Weser und Elbe und in Schleswig-Holstein angerichtet hatte.

Es waren 25 000 Soldaten, die da halfen. Das ganze Volk, soweit es sich nicht durch die Massenmedien desinformieren ließ, merkte davon so wenig wie die Olympiateilnehmer in Sarajevo von der Bombe, die da angeblich eingeschlagen war (S. 56); und 19 von 20 Hamburgern brauchten auch gar keine Hilfe.

Wäre es zuviel verlangt, sich bei sämtlichen flächendeckenden Unglücken in allen Teilen der Erde jene Art von Information zu wünschen, wie sie der SÜDDEUTSCHEN ZEITUNG am 20. 2. 1962 im fünfzehnten Absatz unterlief, aber vielleicht schon im dritten Absatz, und jedesmal? Kaum eine TAGESSCHAU ohne einen Kriegsschauplatz – und kaum je ein Korrespondentenbericht, der die Ausdehnung dieses Schauplatzes eingrenzte. Viele Länder, in denen Bürgerkriege toben, bieten Geschäftsleuten und Touristen in der Hauptstadt ein völlig ungestörtes Luxusleben. Ob es zweckmäßig oder geschmackvoll ist, davon Gebrauch zu machen, soll der Korrespondent oder ein Kommentator gern klarstellen – wenn er nur in einem Schlußsatz oder einem Nebensatz ebenso klargestellt hat, in welchen Teilen des Landes der Fremde von Krieg nichts spürt; und zwar in *jedem* Bericht. Oder soll die *Nachricht* wirklich das sein, wonach man sich *nicht richten* kann – vor lauter Katastrophenlust schlechter richten kann als nach einem drei Jahre alten Reiseführer?

Es ist eine Sensation eigener Art, wenn auf einem klassischen Feld der Katastrophen-Berichterstattung ausnahmsweise einmal die gewohnte Sensation auf den Kopf gestellt, die Proportion zurechtgerückt, das Monopol des Negativen zerbrochen wird – wie 1984 bei dem Angriff des SPIEGELS auf das „Gestrüpp von Halbwahrheiten" über den immer wiederkehrenden Hunger-Alarm aus Westafrika.

„Zwar gibt es die ausgedörrten Flächen mit betonharter schwärzlicher Bodenkruste", schrieb das Magazin. „Aber schon wenige Kilometer entfernt glitzern die Wasserflächen großer Reservoire ..." Wohl seien viele Afrikaner seit Generationen fehlernährt, doch die Jahrhundertkatastrophe, die auch deutsche Fernsehjournalisten in Westafrika entdeckt haben wollen, existiert *so* jedenfalls nicht ... Auch in jenen Gegenden, aus denen Fernsehberichte vom angeblichen Massenelend erzählen, kann der Besucher ganze Herden wunderschöner arabischer Vollblüter mit glänzendem Fell bewundern.[1]

Ob SPIEGEL oder STERN noch einen Schritt weiter gehen könnten? Sie geben sich ja ihre Themen selber in oft nur lockerer Anlehnung an die Tagesaktualität. Wäre es so weltfremd, sich zu wünschen, über die Jahre hin möchten sie ein Spektrum der Bundesrepublik, und, soweit es geht, der Erde liefern, also zum Beispiel auf die gründliche Vorstellung von Ausgeflippten und Verweigerern, von Spontis, Süchtigen und Asylanten eine Serie folgen lassen über einen bisher unentdeckten Erdteil wie den deutschen Facharbeiter?

Da sind wir bei einem Kernproblem aller Nachrichtengebung: Facharbeiter, die weder streiken noch demonstrieren, Stadtteile, die nicht unter Wasser stehen, alles, was normal, bewährt und harmlos ist – es findet in Presse und Funk nur mühsam seinen Platz. Das ist bekannt; doch was daraus politisch folgt, darüber gibt es noch kaum eine öffentliche Diskussion.

Wenn Journalisten auf das Neue anspringen und nicht auf das Alte, auf das Regelwidrige und nicht auf das Normale: so fällt in der Berichterstattung das Gute, zumal wenn es alt ist, gegen das Schlechte, zumal wenn es neu ist, durch; ja Journalisten haben die Tendenz, alle Wechselfälle des Lebens

auf Kontroverse und Konfrontation *zu trimmen* selbst dann, wenn von der Sache oder Situation her eher der Konsens, die Einigung, im Vordergrund stünde. Mit dem Dramatisierungsstachel im Rücken sind Fernseh- und Radioreporter stets auf der Suche nach Informationen und Stoffen, die sich für die dramaturgische Bearbeitung und Regie eignen. Und da „dramatische" Stoffe nicht unbeschränkt verfügbar sind, ist die Versuchung groß, Probleme auch dort zu suchen, wo keine zu finden sind, und Bagatellen zu „Fällen" aufzublasen.[2]

---

[1] Wolf Dieter Steinbauer, Der Hunger in Afrika (I), in: DER SPIEGEL, 29/1984, S. 82–90. Vgl. Günter Krabbe, Die „Jahrhundertkatastrophe" gibt es nicht, in: FRANKFURTER ALLGEMEINE, 24. 5. 1984; Gerd Meuer, Wie der Hunger gemacht wird – in den Medien, in: MEDIUM, 7 und 8/1984.
[2] Erich A. Kägi, Mit (immer mehr) Problemen leben, in: NEUE ZÜRCHER ZEITUNG, 28. 12.

Daraus folgt zweierlei, was uns stutzen lassen sollte. Zum einen jenes verzerrte Bild der Wirklichkeit, wie es hier mehrfach beschworen worden ist:

> Kraft ihrer Neuigkeitsnatur stellen Nachrichten eine höchst einseitige Auswahl aus einer möglichen Gesamtbeschreibung der Wirklichkeit dar, eine Auswahl von Veränderungsfällen. So entsteht ein künstliches, dynamisiertes Bild der Welt, das Bild einer Welt, die sich, wie es scheint, rastlos verändert, in der es stets und ausschließlich auf Veränderung ankommt. Da der Hauptbestand der Wirklichkeit keiner Veränderung unterliegt, kann dies kein stimmiges Portrait der „wirklichen Wirklichkeit" sein, nicht einmal ein ordentlich proportioniertes Konzentrat von Ausschnitten aus dieser Wirklichkeit.[1]

Aus der unbedingten Begünstigung des Neuen und Anomalen folgt aber zum andern: Von den Massenmedien geht eine ständige Einladung an alle im öffentlichen Leben Stehenden aus, sich mit Hilfe von Kritik, Reformplänen, Veränderungswünschen – also dem Versprechen des Neuen – gedruckt zu sehen. Ein Politiker, der die herrschenden Zustände lobt, kommt nun einmal schwerer in die Presse als einer, der ihre Änderung verlangt; und dies ganz unabhängig davon, ob es eine Veränderung zum Schlechteren wäre (was ja vorkommt). Da nun einer, der eine Reform gefordert hat (vielleicht nur, um damit auf sich aufmerksam zu machen), diese Reform auch betreiben muß, wenn er ernstgenommen werden will, begünstigen die Auswahlkriterien und Zunftregeln des Journalismus die Veränderung der Gesellschaft – von der willkommenen Dynamik bis zur Reformhuberei.

Die so vorangetriebenen Reformen wiederum erscheinen vielen Mediennutzern als durchaus einleuchtend, eben weil sie über alles Vorhandene aus den Massenmedien kaum das Gute, sondern fast nur das Schlechte, Kranke und Katastrophische zur Kenntnis bekommen haben. Wie also sollte eine so desolate Welt *nicht* der Veränderung bedürfen?

1982. Vgl.Winfried Schulz, Die Konstruktion von Realität in den Nachrichtenmedien, Freiburg 1976, S. 15; Hans Mathias Kepplinger, Realkultur und Medienkultur, Freiburg 1975, S. 36
Otto B. Roegele, Ungedruckte Wahrheiten, in: DIE POLITISCHE MEINUNG, 213 (März/April 1984)

So schließt sich der Kreis: Die Massenmedien selektieren aus der Realität das Negative, servieren Positives so negativ wie möglich, provozieren also Kritik, bieten den Kritikern ein Forum und leisten damit einen Beitrag zur Veränderung – des Negativen wie auch jenes Positiven, dem die Medienreife fehlt, weil es so bewährt und so langweilig ist.

Auch wenn Journalisten arglos und redlich nur nach ihren Zunftregeln arbeiten, verändern sie die Welt. Wer davor erschrickt, sollte sich, ob Hersteller oder Verbraucher von Nachrichten, die Arglosigkeit abgewöhnen.

22. Fair sein und vom Podest steigen

> Ich möchte ausgewogen sein. Das heißt aber
> nicht, daß ich nichts sage, sondern daß ich
> versuche, nach allen Richtungen zu schießen.
> Das ist die Ausgewogenheit.
>
> *Alfred Grosser*

Können Journalisten „objektiv" berichten? Die Frage ist beliebt, die Antwort kompliziert: Sie können es und sie können es nicht – abhängig nicht nur von ihrem Können und Wollen, sondern auch davon, wie man „Objektivität" definiert.

Im strengen Wortsinn haben kann man sie nicht – da sich ja schon „die Wirklichkeit" der objektiven Definition entzieht (Kap. 2). Franz Alt ist also nicht zu widerlegen, wenn er Objektivität im Journalismus als „Schimäre" und „alles vernebelnden Selbstbetrug" einstuft.[1] Es fragt sich nur: Was fruchtet eine Strenge des Begriffs, vor der die irdischen Verhältnisse versagen müssen?

Wer sich eine abstrakte Idealvorstellung von Objektivität ausdenkt und sie – folgerichtig – für zugleich wünschbar und unerreichbar erklärt, begibt sich in eine absurde Position; er konstruiert so eine Art Objektivitätsparadies, das auf Erden selbstverständlich nicht möglich ist.[2]

Möglich aber ist eine ganze Menge. Möglich ist es beispielsweise, über einen Parteitag oder eine Wahlrede so zu berichten, daß niemand entscheiden oder auch nur vermuten kann, ob der Reporter für oder gegen die Partei oder den Politiker eingenommen ist, über die er berichtet. Die Agenturen schaffen das täglich. Vielleicht sollte man diese Leistung besser als *Unparteilichkeit* oder *Überparteilichkeit* einstufen, aber jedenfalls ist sie nichts Geringes: die sprachlichen Mittel und die professionelle Disziplin, für die Anhänger und die Gegner der Partei un-

---

[1] Es gibt keine Objektivität oder: Nur Gott ist objektiv, in: Bentele/Ruoff (Hrsg.), Wie objektiv sind unsere Medien? Frankfurt 1982, S. 205, 207

[2] Robert Ruoff, Subjektivität – Voraussetzung für Objektivität, in: Journalismus zwischen Sein und Sollen, Rüschlikon 1983

ter den Lesern und Hörern gleichermaßen informativ und unanstößig zu sein.

Das ist eine Errungenschaft, von der der größte Teil der lesenden Menschheit nur träumen kann. Sie bleibt kostbar, auch wenn es kein Kunststück ist, ihre Grenzen aufzuzeigen: Zuverlässig gilt die demonstrative Unparteilichkeit der in der Bundesrepublik vertretenen Agenturen nur für Nachrichten über die im Bundestag vertretenen Parteien, und auch dies noch mit Abstrichen zu Lasten der Grünen, mindestens im Frühstadium ihrer parlamentarischen Existenz. Wo die Konfrontation zwischen parlamentarischer Demokratie und anderen politischen Kräften, zwischen Ost und West, zwischen Nord und Süd ins Spiel kommt oder eine fremde Kultur, da werden bei der Selektion und der Gewichtung der Informationen wie bei der Wortwahl („Terroristen" oder „Freiheitskämpfer"?) die Grenzen der Unparteilichkeit erkennbar.

Das läßt sich ertragen, wo immer Journalisten das redliche Bemühen haben, ihr Wissen und ihren Horizont zu erweitern und auch solchen geistigen oder geographischen Regionen gerecht zu werden, die ihnen nach Wohnort oder Denkgewohnheit schwerer zugänglich sein müssen. Für eine solche Gesinnung – durchaus vorhanden, meist aber noch der Steigerung bedürftig – bietet sich das Wort *Fairneß* an, das auch Franz Alt gelten läßt und ganz an die Stelle der „Objektivität" setzen möchte: „Fairneß zeigt an, daß es sich um ein Bemühen handelt, um einen Prozeß, nie um letzte Wahrheiten."[1] Dietrich Schwarzkopf, Programmkoordinator der ARD, schreibt, Fairneß orientiere sich am Recht des Bürgers auf *suggestionsfreie Information,* die „ausreichend vollständig" sei, um dem Bürger die eigene freie Urteilsbildung zu ermöglichen.[2]

Wo ein Journalist das geistige und handwerkliche Rüstzeug besitzt, einer solchen Zielvorstellung gemäß zu handeln – und beides ist gar nicht selten: Da können wir fürs erste zufrieden sein und die Diskussion um die „Objektivität an sich" gelassen führen. Sie wird zumeist unter drei Aspekten ausgetragen:

1. Objektiv sein heißt: sich *auf Fakten beschränken.* Dieser Sprachgebrauch hat indessen zwei Nachteile:

[1] Ebenda, S. 208
[2] Zehn Hindernisse für die gebotene Objektivität, in: Bentele/Ruoff, S. 201

● Er läßt offen, inwieweit (oder er unterstellt gar, daß) auch Lügen „Fakten" sind: Der Politiker hat zwar tatsächlich dieses oder jenes gesagt; ob er aber dabei die Wahrheit gesagt hat, ist offen. Für eine Überprüfung seiner Tatsachenbehauptungen wäre meist mehr Zeit und Aufwand nötig, als der Journalist investieren kann oder will, während die Ansichten und Absichten, die der Politiker bekundet, sich der Prüfung ihrem Wesen nach entziehen.

● Die Bedeutung „sich auf Fakten beschränken" läßt ferner offen, wie die nackte Tatsache abgegrenzt werden soll gegen ihre notwendige oder willkommene Erläuterung oder ihre historische Einbettung. Es ist ein Faktum, daß Bundesinnenminister Friedrich Zimmermann von der Anklage des Meineids einst unter nicht sehr ehrenvollen Umständen freigesprochen worden ist; wann und wie oft darf der Redakteur diesen Hinweis wiederholen, ohne sich den Vorwurf der Polemik zuzuziehen? Es ist ein Faktum, daß Bundestagspräsident Barzel 1979 – also wahrlich nicht als „Jugendsünde" – einen Roman publiziert hat, der den Passus enthält:

> Auch hinten rührte es sich. Er hielt die Hand hin. Leise wich
> der Druck; zuwenig Entspannung, dafür um so mehr Geruch
> – Gestank für die anderen.[1]

Hier ist offensichtlich: Das unstreitige Faktum, daß Barzel dies geschrieben hat, würde, anläßlich seiner Wahl zum Präsidenten des Deutschen Bundestags in Erinnerung gerufen, keine Nachricht, sondern eine Satire ergeben. „Fakten" sind also meistens zuwenig (wenn sie auf jede Erläuterung verzichten) und manchmal zuviel, da sie bei bestimmter Gruppierung den Effekt einer Meinungsäußerung haben können.

2. Objektiv sein heißt: *Tatsachen nicht unterdrücken, nicht verfälschen und nicht aus Gefälligkeit wiedergeben*[2]; sachlich sein, die Nachrichtenauswahl „an professionell objektivierbaren Kriterien" orientieren: Unparteilichkeit, Unbestechlichkeit, Unabhängigkeit von gesellschaftlichen Sonderinteressen.[3]

---

[1] Rainer Barzel, Das Formular, München 1979, S. 37
[2] Schwarzkopf, ebenda, S. 200
[3] Jörg Aufermann, Journalistische Objektivität und Programmausgewogenheit, in: Bentele/ Ruoff (Hrsg.), Wie objektiv sind unsere Medien? Frankfurt 1982, S. 92, 101–103

3. Objektivität heißt: *stimmige Gewichtung, ein Mindest-maß an „inhaltlicher Ausgewogenheit".* In größeren zeitlichen oder räumlichen Zusammenhängen ist sie erreichbar, den Rundfunkanstalten durchs Bundesverfassungsgericht sogar ausdrücklich vorgeschrieben; auch läßt sich die Behauptung wagen, daß der umfangreiche Nachrichtenteil der SÜDDEUT-SCHEN ZEITUNG im allgemeinen fair proportioniert ist (hier einmal davon abgesehen, daß auch er zuviel an gequältem Agenturdeutsch und dubiosen Nachrichtenfetzen enthält und zuwenig mißtrauische Distanz zu Medienereignissen und politischen Lügen). In der einzelnen Nachricht dagegen kann es Ausgewogenheit nicht geben. Oder was wäre die stimmige Gewichtung, die „innere Objektivität" einer Parlamentsdebatte, über die der Reporter 80 Zeilen schreiben soll?

Soll er den Platz einfach 40:40 aufteilen zwischen Regierung plus Regierungsparteien einerseits, Oppositionsparteien andererseits? Oder sollte er die Regierung eigens berücksichtigen? Oder braucht er überhaupt keinen Proporz zu wahren und kann seinen Text nach dem (von ihm subjektiv eingeschätzten) Gewicht der Reden verteilen? Der Sprecher einer Partei hat überhaupt nichts Neues gebracht; kann er ihn ganz weglassen oder muß er wenigstens anstandshalber ein paar Zeilen davon niederschreiben? Wie immer er sich auch entscheidet, die Wirklichkeit dieser Bundestagssitzung beschrieben haben wird er nicht.[1]

Wer einen Tag lang auf der Bundestagstribüne ausharrt und sich am Abend die Fernsehausschnitte daraus ansieht, mag sich fragen, „ob er auf derselben Veranstaltung war"[2].

Ist nun deswegen „Ausgewogenheit" eine falsche Zielvorstellung, ein leerer Wahn? Keine Journalistenpflicht hat ja in den letzten Jahren so viel Spott auf sich gezogen.

Natürlich, die „Erbsenzählerei" durch Redakteure, Rundfunkräte und Parteien – „Warum war die SPD im Januar 41

---

[1] Walther von La Roche, Einführung in den praktischen Journalismus, München 1982, S. 132
[2] Norbert Schneider, Das „Negative" im Fernsehen, in: DIE ZEIT, 25. 11. 1983

Sekunden mehr auf Sendung als die CDU?" – hat lächerliche
Züge. Doch läßt sie sich als Auswuchs eines Grundsatzes be-
greifen, der auch Meriten hat. Da es etlichen Rundfunkredak-
teuren wahrlich an politischem Engagement nicht mangelt –
könnten sie ohne die Verpflichtung zur Ausgewogenheit nicht
in die Versuchung kommen, die ihnen sympathische Partei zu
bevorzugen, und wünschen wir uns das?

Lächerlich wirkt oft genug die Sitte, zur Behauptung der einen Partei eine Stellungnahme der anderen einzuholen – als ob
die Wahrheit die Summe der Meinungen über die Wirklichkeit
wäre und aus zwei potentiellen Lügen erblühen könnte; nach
dem Muster: Ein Sprecher der SPD nennt den CDU-Politiker
X einen Trottel; ein Sprecher der CDU erwidert, nicht nur sei
X kein Trottel, sondern der SPD-Politiker Y sei ein Idiot.

Doch hat es wiederum Vorteile, statt *einer* Verunglimpfung
deren zwei zu senden, da sie einander relativieren, oder auf die
eine Lüge die andere zu setzen, mit der möglichen Folge, daß
der Hörer nun *keinem* mehr glaubt; welch ein Gewinn an
staatsbürgerlicher Bildung! Wer aus dem Scharmützel der Stellungnahmen die Lächerlichkeit tilgen will, sollte das Übel bei
der Wurzel packen, wie in Kap. 20 empfohlen: ziemlich oft weder die eine Partei noch die andere zitieren; eine Hürde errichten, die nicht von jedem politischen Geschwätz genommen
werden kann.

Es ließe sich sogar, der Mode zum Trotz, ein *Mehr* an Ausgewogenheit erwägen – in einer Bedeutung, in der das Wort zu
selten verwendet wird. Ist es nicht so, daß in der Mehrzahl aller
politischen und militärischen Konflikte auf Erden *beide* Seiten
ziemlich gute Gründe haben, die Israelis *und* die Palästinenser,
alle die verfeindeten Stämme, Parteien, Völker, Rassen und
Nationen? Daß also die Wirklichkeit komplexer, die Einteilung
nach „gut" und „böse", „falsch" und „richtig" diffiziler ist,
als es dem Wertungsbedürfnis vieler Korrespondenten und
Kommentatoren entspricht? Andreas Kohlschütter von der
ZEIT fordert einen hellwachen Blick „für die wahrheitsintensi-
ven Grauzonen des Lebens":

Ich definiere mich als parteilosen Liberalen. Jeder Anspruch
auf alleinseligmachenden Wahrheitsbesitz ist mir fremd. Ich

bin kein Ideologe, kein Kreuzritter, kein Linientreuer, kein Scheuklappenträger ... Ich will mir die Möglichkeit nicht verbauen, den israelischen Freiheitskampf gegen Engländer und Araber zu würdigen und in seiner Geschichtlichkeit zu verstehen. Mitsamt den Wurzeln blutigen israelischen Terrors von damals, begangen durch israelische Spitzenpolitiker von heute. Dieselbe Freiheit des Verstehens und Respektierens beanspruche ich auch für den palästinensischen Freiheitskampf und den PLO-Terror. Das lasse ich mir durch keine intolerante Israel-Lobby oder mit Mitgefühl geizende jüdische Propaganda ausreden. Nur die einen als Helden und Staatsmänner, nur die andern als Terroristen und Mörder einzustufen, wäre nicht nur unfair und unwirklich, sondern auch unmenschlich. Ein unverzeihlicher Verstoß gegen das Grundgebot von *Gleichgewichtung des Mitgefühls*, das mir als Kompaßnadel dient.[1]

Wo eine Zeitung Einfluß hat – viel in der Stadt ihres Erscheinens, ein bißchen vielleicht in der Landes- oder Bundeshauptstadt –, kommt sie, wenn sie wertet, um ein Fazit nicht herum: Die neue Umgehungsstraße kann nicht sowohl *gebaut* als auch *nicht gebaut* werden; man muß sich entscheiden.

Doch wo der Einfluß der Redaktion Null ist, wo niemand von ihr eine Anleitung zum Handeln verlangen kann wie auf einem der Konfliktherde in Mittelamerika: Welchen Gewinn bringt es da, Partei zu ergreifen? Wenn ein Korrespondent von dort die Standpunkte *beider* Seiten mit Wärme begründete – hätte er nicht genug getan, ja eigentlich mehr als heute, da er sich in den anderthalb Minuten eines typischen TAGESSCHAU-Aufsagers aufgerufen fühlt, einer der streitenden Parteien recht zu geben, obwohl nur selten auf Erden eine Seite so deutlich mehr Recht hat als die andere, daß ein Fernsehkorrespondent dies entscheiden und in neunzig Sekunden auch noch begründen könnte? Müssen sich die Auslandskorrespondenten des Fernsehens als „fast omnipotente Interpretatoren" aufspielen, „die immer für alles die richtigen Gründe wissen, auch wenn sie dafür nicht immer Begründungen angeben können"?[2]

---

[1] Der Reporter und die Wahrheit, in: DIE ZEIT, 20. 5. 1983

[2] Afrika in Schwarzweiß und Farbe (Untersuchung von hundert Magazinbeiträgen des deutschen Fernsehens von 1976 bis 1980 durch Studenten der Universität Mainz), in: Materialien Entwicklungspolitik des EVANGELISCHEN PRESSEDIENSTES; zit. nach: FRANKFURTER ALLGEMEINE, 23. 5. 1984

Wer aber das Sowohl-als-Auch nicht schätzte (obwohl es geradezu spannend sein kann, wie in dem zitierten Text über die Neutronenbombe), dem stünden immer noch zwei andere Wege offen:
1. Das Modell „Pro und Contra" in der ZEIT. In dieser Kolumne folgt, anders als bei Emil Obermann, auf das Pro und das Contra die „Conclusio" – die eingeschränkte, seufzende oder zähneknirschende Parteinahme für eine der beiden Positionen.
2. Das Modell, das Elisabeth Noelle-Neumann dem Fernsehen anrät, dem „getarnten Elefanten", wie sie es nennt:

> Wünschenswert wäre ein Fernsehen, das sich seiner Elefantennatur bewußt ist und sie deutlich in neuen, angemessenen Programmformen hervorhebt. Das könnte etwa heißen: Aktuelle Meinungsbeiträge werden zunehmend deutlich als Meinung von einem bestimmten Standpunkt her gekennzeichnet, die verschiedenen Ansichten werden profiliert gegeneinandergesetzt, so daß der Zuschauer den Meinungskampf erkennt, den Kampf auch um seine Meinung. Ob Pro und Kontra angemessen zu Wort kommen, wird bei dieser Art von Programmgestaltung leicht erkennbar. ... Meinungen und Gegenmeinungen vorzuzeigen, wäre guter Stil.[1]

Der Journalist, der so verführe, brauchte allerdings drei Tugenden, deren Kombination in der Branche selten ist: Reichtum an Kenntnissen, ein rundum lauerndes Mißtrauen und den Verzicht auf einen Teil seines Machtgefühls. Von der Notwendigkeit des Mißtrauens handeln mehrere Kapitel dieses Buches; die Kenntnisse sollten durch eine angemessene Auslese und Ausbildung gewährleistet sein.

Machtlust und Selbstgerechtigkeit

Aber der Hochmut, der Unfehlbarkeitsanspruch, die Lust an der Macht! Sie haben ihre Höhepunkte im Fernsehen, im SPIEGEL und im STERN, doch den breiten Unterbau dazu bildet jene mutmaßliche Mehrheit von Deutschlands 25 000 Journa-

---

[1] Elisabeth Noelle-Neumann, Öffentlichkeit als Bedrohung, Freiburg 1977, S. 126

listen, die den Bedürfnissen, den Wünschen, der Verständnis-
bereitschaft ihrer Leser und Hörer nur ein mäßiges Interesse
entgegenbringen.

Öffentlich-rechtliche Rundfunkanstalten, lokale Monopol-
zeitungen, auch lokal dominierende Zeitungen wie die RHEINI-
SCHE POST haben ja die Eigenschaft, daß sie mit journalistischen Mitteln nicht ruiniert werden können. Dieser Sachverhalt führt die dort tätigen Journalisten unausweichlich in die
Versuchung, sich wenig darum zu sorgen, ob und inwieweit sie
gehört, gelesen, verstanden werden oder gar zu faszinieren verstehen; es wäre ein Wunder, wenn nicht ein großer Teil der
Journalisten dieser Versuchung erliegen würde. „Ist es nicht
ein Armutszeugnis, daß der SFB von manchen Leuten als der
‚Sender mit den eingeschlafenen Füßen' bezeichnet wird?"
fragte Lothar Loewe.[1]

Und so wird, wer wollte es bestreiten, viel Gleichgültiges,
Lahmes und Abseitiges gesendet und gedruckt, allzu oft in
schwerverständlichem, töricht gedrechseltem oder lieblos hin-
gesudeltem Deutsch, das die geblähten Abstraktionen der Bürokratie und die Tarnformeln der Politiker ungefiltert übernimmt.[2]

Im Fernsehen sieht man dem Korrespondenten deutlich an,
daß er sich im Besitz der Wahrheit fühlt. Zwar hat er meist nur
dieselben Nachrichtenagenturen als Quelle wie tausend andere
Journalisten auch, aber:

> Der Mann vor dem Weißen Haus ... bringt sich als Augen-
> zeugen und die Baulichkeiten im Hintergrund als den ma-
> gisch-mythischen Ort ins Spiel, wo die Machtworte gefallen
> sind. Das suggeriert dem Zuschauer Intimität mit der Macht.[3]

Beim Zelebrieren der typischen deutschen Fernsehsendung entsteht „jene Personalunion von Operator und Orator, von Pro-
grammierer und Prediger, die den deutschen Fernsehjournalismus hinreißend unnahbar wirken läßt"[4] – nicht zuletzt in der

---

[1] Rede zum Amtsantritt als Intendant des SENDERS FREIES BERLIN, 1. 3. 1983
[2] Vgl. Wolf Schneider, Deutsch für Profis, STERN-Buch, Hamburg 1984 (6)
[3] FRANKFURTER RUNDSCHAU, 21. 9. 1983
[4] Mathias Schreiber, Disziplin und Aberwitz, in: FRANKFURTER ALLGEMEINE, 27. 1. 1983

TAGESSCHAU, wo der Sprecher die Nachrichten als unantastbare Funde präsentiert, „die ihm, sagen wir, Zeus auf den Schreibtisch gelegt hat"[1].

Auf die Pose der Macht zu verzichten, sollten alle Journalisten als eine zumutbare Forderung betrachten. Wie aber steht es mit ihrer Macht selbst – unabhängig davon, ob sie sich eitel spreizt oder gelassen darbietet, ob sie arglos oder listig betätigt wird? Die Macht der Journalisten ist mindestens von dreierlei Art:

1. Sie legen zu einem erheblichen Grad die Themen fest, für die die Öffentlichkeit sich interessiert, *they set the agenda* – unvermeidlich durch Selektion, nicht leicht vermeidbar wegen der Drehungen des Nachrichtenkarussells, jederzeit vermeidbar durch Unterlassung von Kampagnen. Sie können Öffentlichkeit herstellen, aber auch verweigern, sie können Themen abwürgen oder ihnen zur Karriere verhelfen.

2. Dadurch schaffen sie zu einem erheblichen Teil das Bewußtsein und das *Meinungsklima*, in dem politische Entwicklungen gedeihen oder verkümmern. Diese Sorge wird vor allem von Kritikern aus dem konservativen Lager vorgetragen: „In der Welt von heute ist der Einfluß der Meinungsbildner in den Schlüsselstellungen der Presse, des Hörfunks und des Fernsehens in mancher Hinsicht größer als die Macht der Parlamente", sagt Kardinal Joseph Höffner[2] – eine „trotz ihrer Popularität falsche These", wie die SÜDDEUTSCHE ZEITUNG ohne nähere Begründung kommentierte.

Falsch sicher nicht – und wenn übertrieben, dann immer noch geeignet, jenes Mißtrauen zu mobilisieren, das Journalisten nicht nur haben, sondern sich auch gefallen lassen sollten. Ja, da hat eine Machtverschiebung stattgefunden. Hans Mathias Kepplinger behauptet, der Einfluß der Massenmedien

> besteht nicht nur darin, daß sie vorangegangene Entscheidungen von Regierung, Parlament und Parteien mitteilen, kommentieren und kritisieren. Sie bereiten vielmehr alle wichtigen Entscheidungen der politischen Institutionen durch ihre Be-

---

[1] Reinhard Lettau im WDR, 1. 12. 1971
[2] Beitrag zum Welttag der sozialen Kommunikationsmittel; zit. nach: SÜDDEUTSCHE ZEITUNG, 25. 4. 1984

richterstattung vor und definieren dadurch den Rahmen, in dem Entscheidungen als akzeptierbar und konsensfähig gelten. Die Massenmedien regieren nicht, sie reagieren auch nicht nur, aber sie reagieren immer weniger und regieren immer mehr mit. ... Dadurch ist ein Teil der Macht von den politischen Institutionen auf die Massenmedien übergegangen, die nun indirekt mitbestimmen, was in der Gesellschaft politisch machbar ist.[1]

Eben dies rechnet sich die „Hamburger Kumpanei" aus SPIEGEL, STERN und ZEIT zur Ehre an: Sie hat von 1967 bis 1969 bewußt der sozialliberalen Koalition und ihrer Ostpolitik den Weg bereitet[2].

3. Journalisten beeinflussen Wahlentscheidungen. Daß sehr oft derjenige Kandidat gewählt wird, der die Presse überwiegend *gegen* sich hatte, widerlegt diese Aussage nicht und relativiert sie nur mäßig: Denn das Urteil: „Die Zeitung X hat sich gegen den Kandidaten Y ausgesprochen" pflegt nur die Kommentare und Leitartikel dieser Zeitung zu berücksichtigen. Meinungen werden aber in ungleich höherem Grade durch die Auswahl und Aufbereitung von Informationen gesteuert. Und da stellen sich, in nur lockerem Zusammenhang mit der Aussage der Kommentare, Fragen wie diese:

● Nimmt die Redaktion dem Kandidaten das Image ab, mit dessen Hilfe er die Wahl gewinnen will – oder steuert sie gegen, etwa indem sie seine Fehlleistungen sorgfältig registriert, seine Biographie durchleuchtet, seine Wahlversprechen auf ihre Realisierbarkeit oder ihre Relation zu früheren Äußerungen abklopft?

● Strickt die Redaktion gar an seinem Image mit wie zum Beispiel 1968 viele amerikanische Medien am Image eines „neuen, im Feuer geläuterten Richard Nixon", das ihm möglicherweise zu seinem knappen Sieg über Hubert Humphrey verhalf[3] – ehe er dann 1974 durch Recherche plus Kampagne gestürzt wurde? Der Kandidat wirbt mit seinen Vorzügen, der Journalist weist

---

[1] Kepplinger, Funktionswandel der Massenmedien, in: Kommunikationspolitik in Forschung und Anwendung (Festschrift für Franz Ronneberger), Düsseldorf 1983

[2] Vgl. Arnulf Baring, Machtwechsel, Stuttgart 1982, S. 190f., 219f.

[3] James David Barber, Kandidatenanalyse, in: PSYCHOLOGY TODAY, 12/1978. Dagegen die These von Patterson/McLure: „Television's image making power is a myth." (The Unseeing Eye. The Myth of Television Power in National Elections. New York 1976, S. 73)

auf seine Schwächen hin – das wäre eine schöne Arbeitsteilung; 1972 schien sie in Deutschland weithin außer Kraft gesetzt zugunsten Willy Brandts.

Michael O'Neill, ehemaliger Chefredakteur der New Yorker DAILY NEWS, sieht ein Paradox darin, „daß die Massenmedien einerseits Macht niederreißen, andererseits selbst Macht gewinnen auf Kosten der von ihnen geschwächten Institutionen", und er empfiehlt seinen Kollegen mehr Toleranz und weniger Arroganz[1]. Hier trifft er sich mit Peter Glotz, der im Selbstverständnis deutscher Journalisten „pseudodemokratische und elitäre Elemente" und einen Hang zur Selbstdarstellung, manchmal auch zur Missionierung sieht[2]. „Elite-Dünkel"[3], „eitle Gesellen und selbstgerechte Paschas"[4], die die fundamentale Wahrheit vergessen haben „daß es ihr Job ist, der Gemeinschaft einen Dienst zu erweisen, und nicht nach Glanz und Gloria zu streben wie so viele, die heute vom Journalismus angezogen werden".[5]

Herunter also von den Sockeln, Postamenten und Kathedern! Wir haben nicht für uns und nicht für die Kollegen zu schreiben, sondern für ein Millionenpublikum, das auf uns angewiesen ist. Wir sind für fast alles zuständig, für das wenigste ausgebildet und durch fast nichts legitimiert. Der Journalist, „der mit den ihm zur Verfügung stehenden Mitteln (Auswahl von Informationen, sprachliche Fähigkeiten, Prestige) zum Sturz einer Regierung beitragen könnte, kann sich bei seiner Entscheidung auf keine anderen Normen stützen als seine subjektiven politischen Werte, seine persönliche Überzeugung von dem, was wünschenswert ist"[6].

Da ist es nicht angemessen, das Image der Allwissenheit zu pflegen oder auch nur zu dulden; wir sollten es im Gegenteil mit einer gewissen Planmäßigkeit zerstören, das heißt uns vor Lesern und Hörern immer wieder als fehlbare Menschen zu er-

---

[1] Rede vor der American Society of Newspaper Editors; zit. nach: FRANKFURTER ALLGEMEINE, 8. 9. 1982

[2] Journalisten heute, Vortrag auf den Hamburger Medientagen 1981

[3] Felix Schmidt, Rede vor dem Fernsehausschuß des Rundfunkrats des SWF, 5. 12. 1980

[4] Hans Heigert, Herrschaft durch Information, in: SÜDDEUTSCHE ZEITUNG, 7. 2. 1979

[5] William A. Henry, Journalism Under Fire, in: TIME, 12. 12. 1983

[6] Wolfgang Donsbach, Journalisten-Ausbildung, München 1978. Vgl. Helmut Schelsky, Die Arbeit tun die anderen, München 1977, S. 447

kennen geben, die einen heiklen Apparat schlecht und recht bedienen. „Den Zweifel offenzuhalten an dem, was man tut,
scheint mir in unserem Beruf ein ethisches Gebot."[1]
Auch die Kontrolleure bedürfen der Kontrolle – falls sie sich
nicht hinlänglich selber kontrollieren, wozu dieses Buch einen
Beitrag leisten will. Zur Erinnerung: Der Kampf um den Platz
im Bewußtsein der Menschen wird mit Nachrichten geführt.

[1] Harry Pross, Vortrag vor Redakteuren der NÜRNBERGER NACHRICHTEN, 16. 2. 1981

Literaturverzeichnis

Anders, Günter: Die Welt als Phantom und Matrize. Philosophische Betrachtungen über Rundfunk und Fernsehen. In: Die Antiquiertheit des Menschen, München 1980, Band 1

Alt, Franz: Mehr Demagogie als Demoskopie, in: DER SPIEGEL, 23/1980

Es gibt keine Objektivität oder: Nur Gott ist objektiv, in: Bentele/Ruoff

Arens, Karlpeter: Manipulation. Kommunikationspsychologische Untersuchungen mit Beispielen aus den Zeitungen des Springer-Konzerns. Berlin 1971

Manipulation. Journalisten und Publikum in der bürgerlichen Warengesellschaft. Berlin 1981

Aufermann, Jörg: Rundfunkfreiheit und Programmausgewogenheit, in: Aufermann/Scharf

Journalistische Objektivität und Programmausgewogenheit, in: Bentele/Ruoff

Aufermann/Bohrmann u. a. (Hrsg.): Gesellschaftliche Kommunikation und Information, 2 Bände, Frankfurt 1973

Aufermann/Renckstorf (Hrsg.): Thema: Ausgewogenheit. Beiträge zur Klärung eines kommunikationspolitischen Konzepts. Berlin 1977

Aufermann/Scharf u. a. (Hrsg.): Fernsehen und Hörfunk für die Demokratie, Opladen 1979

Bagdikian, Ben H.: The Information Machines, New York 1972

Barber, James David: Race for the Presidency. The Media and the Nominating Process. Prentice-Hall 1979

Barsig, Franz: Die öffentlich-rechtliche Illusion. Medienpolitik im Wandel. Köln 1981

Bausch, Hans: Rundfunk in Deutschland. Rundfunkpolitik nach 1945. 5 Bände, München 1980

Bentele/Ruoff (Hrsg.): Wie objektiv sind unsere Medien? Frankfurt 1982

Denton/Frazier: The Agenda Setting Function of the Mass Media at three Levels of „Information Holding", in: COMMUNICATION RESEARCH, 3 (1976)

Berg/Kiefer (Hrsg.): Massenkommunikation. Eine Langzeitstudie zur Mediennutzung und Medienbewertung. Mainz 1978

Berger/Luckmann: Die gesellschaftliche Konstruktion der Wirklichkeit, Frankfurt 1970

Bergsdorf, Wolfgang: Die vierte Gewalt. Einführung in die politische Massenkommunikation. Mainz 1980

284

Berliner Autorenkollektiv Presse: Wie links können Journalisten sein? Reinbek 1972

Binder, Elisabeth: Die Entstehung unternehmerischer Public Relations in der Bundesrepublik, Münster 1983

Bismarck, Klaus v.: Die Nachricht und die Wirklichkeit, in: PUBLIZISTIK, 4/1970

Bohrmann/Hackforth u. a.: Informationsfreiheit. Free Flow of Information. München 1979

Bohrmann/Ubbens: Kommunikationsforschung. Auswahlbibliographie der deutschsprachigen Untersuchungen 1945 bis 1980. Konstanz 1984

Boventer, Hermann: Ethik des Journalismus. Zur Philosophie der Medienkultur. Konstanz 1984

Boyd-Barrett, Oliver: The international news agenies, London 1980

Brand/Schulze (Hrsg.): Medienkundliches Handbuch, Braunschweig 1982

Bräutigam, Volker: Die Tagesschauer. Ein Tagesschau-Redakteur berichtet. Reinbek 1982

Breed, Warren: Social Control in the Newsroom. Deutsch: Soziale Kontrolle in der Redaktion. In: Aufermann/Bohrmann

Broder, Henryk M.: Die Schere im Kopf, Köln 1976

Brucker, Herbert: Communication is Power. Unchanging values in a changing journalism. New York 1973

Bryson, Lyman (Hrsg.): The Communication of Ideas, New York 1948

Bucerius, Gerd: Der angeklagte Verleger. Notizen zur Freiheit der Presse. München 1974

Buchwald, Manfred: Die Nachrichtenexplosion, in: Franke

Cobb/Elder: The Politics of Agenda Building, in: THE JOURNAL OF POLITICS, 1971

Cockerell/Hennessy u. a.: Sources Close to the Prime Minister. Inside the hidden world of the news manipulators. London 1984

Commer/Witte (Hrsg.): Bonner Provokationen, München 1982

Crump, Spencer: Fundamentals in Journalism, New York 1974

Czajka, Dieter: Pressefreiheit und „öffentliche Aufgabe" der Presse, Stuttgart 1978

Dahl, Peter: Radio. Sozialgeschichte des Rundfunks für Sender und Empfänger. Reinbek 1983

Davison/Boylan u. a.: Mass Media: System and Effects. New York 1976

Decker, Horst (Hrsg.): Einführung in die Kommunikationswissenschaft, München 1976

De Fleur/Ball-Rokeach: Theories of Mass Communication, New York 1975

Döhn/Klöckner: Medienlexikon, Baden-Baden 1979

Donsbach, Wolfgang: Journalisten-Ausbildung, München 1978
Legitimationsprobleme des Journalismus. Gesellschaftliche Rolle der
Massenmedien und berufliche Einstellung von Journalisten. Freiburg
1982
Aus eigenem Recht. Legitimitätsbewußtsein und Legitimitätsgründe von
Journalisten. In: Kepplinger, Angepaßte Außenseiter
Dorsch, Petra E.: Die Zeitung, Medium des Alltags. München 1984
Dovifat, Emil: Zeitungslehre, Berlin 1931
(Hrsg.): Handbuch der Publizistik, 2 Bände, Berlin 1969
Dröge, Franz: Wissen ohne Bewußtsein. Materialien zur Medienana-
lyse der Bundesrepublik. Frankfurt 1972
Durth, K. Rüdiger: Der Lokalredakteur. Wege zur bürgernahen Kom-
munikation. Remagen 1975.
Die missionarische Stimme. Evangelische Presse in der Bundesrepublik.
Wiesbaden 1983
Engelmann/Horné u. a.: Anspruch auf Wahrheit. Wie werden wir
durch Presse, Funk und Fernsehen informiert? Göttingen 1981
Entman/Paletz: Eliten, Massenmedien und Meinungsklima, in:
MEDIA PERSPEKTIVEN, 9/1980
Enzensberger, Hans Magnus: Baukasten zu einer Theorie der Medien,
in: Kursbuch 20 (1970)
Politische Brosamen, Frankfurt 1982
Eurich/Würzberg: 30 Jahre Fernsehalltag. Wie das Fernsehen unser
Leben verändert hat. Reinbek 1983
Evans, Harold: Good Times, Bad Times. London 1983
Fabris, Hans Heinz: Das Selbstbildnis des Kommunikators bei Tages-
zeitungen, in: PUBLIZISTIK, 16 (1971)
Journalismus und bürgernahe Medienarbeit. Formen und Bedingungen
der Teilhabe an gesellschaftlicher Kommunikation. Salzburg 1979
Fischer, Heinz-Dietrich: Die großen Zeitungen, München 1966
(Hrsg.): Chefredakteure – Publizisten oder Administratoren? Konstanz
1980
Kritik in Massenmedien – objektive Kriterien oder subjektive Wertung?
Köln 1983
Fischer/Roegele (Hrsg.): Ausbildung für Kommunikationsberufe in
Europa. Praktiken und Perspektiven, Konstanz 1977
Franke, Lutz (Hrsg.): Die Medienzukunft, Frankfurt 1983
Friedrich, Hans (Hrsg.): Politische Medienkunde, 3 Bände, Tutzing
1973 – 1977
Frischknecht, Jürg: Werbung verhindert Information, in: Gurtner
Funke, Klaus-Detlef (Hrsg.): Pressefreiheit und Mitbestimmung,
Bonn 1977
Funkhouser, G. R.: The Issues of the Sixties. An Exploratory Study in
the Dynamics of Public Opinion. In: PUBLIC OPINION QUARTERLY, 37
(1973)

Galtung/Ruge: The Structure of Foreign News, in: Tunstall

Gans, Herbert: Deciding What's News, New York 1979

Gehlen, Arnold: Die Seele im technischen Zeitalter, Hamburg 1957

Geibel, Karl: Mediendschungel. Eine kritische Bestandsaufnahme. Gerlingen 1983

Geiger/Mai u. a.: Der öffentlich-rechtliche Rundfunk. Zwischen Staat, Parteien und Interessen. Zürich 1978

Gerbner/Gross: The Scary World of TV's Heavy Viewer, in: PSYCHOLOGY TODAY, 4/1976

Gieber, Walter: Eine Nachricht ist das, was Zeitungsleute aus ihr machen. Frankfurt 1976

Glotz/Langenbucher: Der mißachtete Leser, Köln 1969

Greene, Hugh Carlton: Entscheidung und Verantwortung. Perspektiven des Rundfunks. Hamburg 1970

Gross, Heinz W.: Die Deutsche Presse-Agentur. Historische Analyse ihrer Organisations- und Machtstruktur, externer Interessenverflechtung und der Position auf dem bundesdeutschen Nachrichtenmarkt. Frankfurt 1982

Grube/Koller u. a.: Berufsziel: Journalist, in: PUBLIZISTIK 19/20 (1974/75)

Gurtner, Max W. (Hrsg.): Journalismus zwischen Sein und Sollen, Rüschlikon 1983

Habermas, Jürgen: Strukturwandel der Öffentlichkeit, Darmstadt 1962

Theorie des kommunikativen Handelns, Frankfurt 1981

Moralbewußtsein und kommunikatives Handeln, Frankfurt 1983

Hackforth, Josef: Massenmedien und ihre Wirkungen, Göttingen 1976

Halberstam, David: The Powers That Be, New York 1979

Halloran/Elliot u. a.: Demonstrations and Communications. A Case Study (1970). Deutscher Auszug in: Aufermann/Bohrmann, Band 2

Hans-Bredow-Institut: Nachrichtensendungen im Fernsehen (Schlußbericht), Hamburg 1976

Heenen, Susann (Hrsg.): Traumtänzer und Bildschirmtäter. Journalisten und die Veränderungen im Bereich der Medien. Frankfurt 1984

Hemánus, Pertti: Objectivity in Mass Communication, in: THE DEMOCRATIC JOURNALIST, 10/1979

Hennig, Jörg: Rundfunkräte auf dem Prüfstand, Bonn 1981

Henry, William A.: Journalism Under Fire. A growing perception of arrogance threatens the American Press. In: TIME, 12. 12. 1983

Herchen, Hans-Alfred (Hrsg.): Aspekte der Medienforschung, Frankfurt 1983

Hestermann, Ottheinrich: Presse und Pressewesen. Arbeitstexte für den Unterricht. Stuttgart 1978

287

Hoffmann, Rüdiger: Rundfunkorganisation und Rundfunkfreiheit (Diss.), Berlin 1975

Höhne, Hansjoachim: Report über Nachrichtenagenturen, 2 Bände, Baden-Baden 1977

Hoffmann, Raoul (Hrsg.): Auf Live und Tod. Satiren für Rundfunkfreunde und Fernseher. München 1983

Hohenberg, John: The Professional Journalist, New York 1969

Hovland, Carl I.: Effects of the Mass Media of Communication, in: Gardner/Lindzey (Hrsg.), Handbook of Social Psychology, London 1954, Band 2

Hovland/Lumsdaine u. a.: Experiments on Mass Communication, Princeton 1949

Hulteng, John: What's News. The Media in American Society. San Francisco 1981

Hunziker, Peter: Das Publikum als Machtpartner im publizistischen Wettbewerb, Konstanz 1981

Gesellschaftliche Strukturbedingungen der öffentlichen Meinung, in: MEDIA PERSPEKTIVEN, 7/1981

Hyman/Sheatsley: Some Reasons why Information Campaigns Fail, in: PUBLIC OPINION QUARTERLY, 11 (1947)

Jervis, Robert: Perception and Misperception in International Politics, Princeton 1976

Jipp, Karl Ernst: Arena der Schlagzeilen, Kiel o. J.

Joch Robinson, Gertrude: 25 Jahre „Gate-Keeper"-Forschung. Eine kritische Rückschau und Bewertung. In: Aufermann/Bohrmann, Band 1

Kepplinger, Hans Mathias: Realkultur und Medienkultur. Literarische Karrieren in der Bundesrepublik. Freiburg 1975

Angepaßte Außenseiter. Was Journalisten denken und wie sie arbeiten. Freiburg 1978

Funktionswandel der Massenmedien, in: Kommunikationspolitik in Forschung und Anwendung (Festschrift für Franz Ronneberger), Düsseldorf 1983

Kiefer, Marie-Luise: Rundfunkjournalisten als Wahlhelfer? In: MEDIA PERSPEKTIVEN, 1/1977

Klages/Herbert: Wertorientierung und Staatsbezug. Untersuchungen zur politischen Kultur in der Bundesrepublik. Frankfurt 1983

Klapper, Joseph T.: The Effects of Mass Communication, New York 1960

Klein, Horstpeter: Die öffentliche Aufgabe der Presse, Konstanz 1973

Klenke, Klaus: Das journalistische Selbstverständnis in seinem soziologischen Bedeutungszusammenhang (Diss.), Bochum 1970

Koszyk/Pruys (Hrsg.): Wörterbuch zur Publizistik, München 1976

Koszyk/Schulze (Hrsg.): Die Zeitung als Persönlichkeit. Festschrift für Karl Bringmann. Konstanz 1982

288

Kreuzer/Prümm (Hrsg.): Fernsehsendungen und ihre Formen. Typologie, Geschichte und Kritik des Programms in der Bundesrepublik. Stuttgart 1979

Kromschröder, Gerhard: Ansichten von innen, Frankfurt 1982
Als ich ein Türke war, Frankfurt 1983

Kraus/Davis: The Effects of Mass Communication on Political Behavior, Pennsylvania State University Press, 1976

Kristen, Christian: Nachrichtenangebot und Nachrichtenverwertung, Düsseldorf 1972

Kübler, Friedrich (Hrsg.): Medienwirkung und Medienverantwortung, Baden-Baden 1975

Küchenhoff, Erich: Bild-Verfälschung, 2 Bände, Frankfurt 1972

Kunczik, Michael: Gewalt im Fernsehen, Köln 1975
Brutalität aus zweiter Hand, Köln 1978

Lang, Kurt: The Unique Perspective of Television and its Effect, in: AMERICAN SOCIOLOGICAL REVIEW, 18 (1953)

Langenbucher, Wolfgang: Zur Theorie der politischen Kommunikation, München 1974
(Hrsg.): Politik und Kommunikation. Über die öffentliche Meinungsbildung. München 1979
(Hrsg.): Lokalkommunikation. Analysen, Beispiele, Alternativen. München 1980
(Hrsg.): Journalismus & Journalismus. Plädoyers für Recherche und Zivilcourage, München 1980

Langenbucher/Mahle: Unterhaltung als Beruf? Herkunft, Vorbildung, Berufsweg und Selbstverständnis einer Berufsgruppe. Berlin 1974

La Roche, Walther von: Einführung in den praktischen Journalismus, München 1982
Massenmedien. Fakten – Formen – Funktionen in der Bundesrepublik Deutschland. Heidelberg 1983

La Roche/Buchholz (Hrsg.): Radio-Journalismus, München 1980

Lasswell, Harold D.: The Structure and Function of Communication in Society. In: Bryson

Lendvai, Paul: Der Medienkrieg. Wie kommunistische Regierungen mit Nachrichten Politik machen. Frankfurt 1980

Leonhardt, Rudolf Walter: Journalismus und Wahrheit, München 1980

Lewin, Kurt: Group Decision and Social Change, in: Newcombe/Hartley (Hrsg.), Reading in Social Psychology, New York 1947

Lilienthal, Volker: Helden der Aufklärung? Auskunft über Journalisten in der neueren Literatur. In: MEDIUM, 5/1984 bis 8/1984

Lippmann, Walter: Public Opinion, New York 1922; deutsch: Die öffentliche Meinung, München 1964

Longolius, Christian (Hrsg.): Fernsehen in Deutschland. Gesellschaftspolitische Aufgaben und Wirkungen eines Mediums. Mainz 1967

Luhmann, Niklas: Öffentliche Meinung, in: Langenbucher (1974) Veränderungen im System der gesellschaftlichen Kommunikation und die Massenmedien, in: Schatz (Heribert)

Lüscher, Kurt: Wie wirkt das Fernsehen? In: NEUE ZÜRCHER ZEITUNG, 7. 10., 21. 10., 29. 10. 1982

MacBride, Sean (Hrsg.): Many Voices, One World. Deutsch: Kommunikation und Gesellschaft – heute und morgen. Bericht der Internationalen Kommission zum Studium der Kommunikationsprobleme an die UNESCO. Bonn 1981

McCombs/Shaw: The Agenda-Setting Function of Mass Media, in: PUBLIC OPINION QUARTERLY, 36 (1972)

McLeod/Becker u. a.: Another Look at the Agenda Setting Function of the Press, in: COMMUNICATION REVIEW, 1 (1974)

Meissner, Michael: Pressekritik – Näherungsversuche an eine Fehlstelle, in: MEDIUM, 2/3/1983

Merill/Lowenstein: Media, Messages, and Men. New Perspectives in Communication. New York 1971

Meyn, Hermann: Massenmedien in der Bundesrepublik Deutschland, Berlin 1979

Meyer, Werner: Journalismus von heute (Loseblattsammlung), Percha 1983

Michael, Fritz: Spitze Federn – scharfe Scheren/oder: Wie man Journalist wird und Selbstzensur erlernt. Göttingen 1983

(Hrsg.): Die tägliche Mobilmachung oder: Die unfriedlichen Strukturen der Massenmedien. Göttingen 1984

Miller/Goldenberg u. a.: Type-Set Politics: Impacts of Newspapers on Public Confidence, in: AMERICAN POLITICAL SCIENCE REVIEW, 73 (1979)

Möller/Nöbel: Thesen zur Zukunft des Rundfunks, Bonn 1982

Naeher, Gerhard: Stirbt das gedruckte Wort? Ulm 1982

Neverla/Kanzleiter: Journalistinnen – Frauen in einem Männerberuf. Frankfurt 1984

Nimmo, Dan D.: Political Communication and Public Opinion in America, Santa Monica 1978

Noelle-Neumann, Elisabeth: Information und öffentliche Meinung, in: PUBLIZISTIK 11 (1966)

Kumulation, Konsonanz und Öffentlichkeitseffekt. Ein neuer Ansatz zur Analyse der Wirkung der Massenmedien: In: PUBLIZISTIK 18 (1973)

Umfragen zur inneren Pressefreiheit. Das Verhältnis Verlag-Redaktion. Konstanz 1977

Öffentlichkeit als Bedrohung, Freiburg 1979

Wirkung des Fernsehens, in: Dovifat, Band 2

Noelle-Neumann/Kepplinger: Journalistenmeinungen, Medieninhalte und Medienwirkungen, in: Steindl

Obermann, Emil: Sensation in der Röhre. Kritische Erwägungen über den Umgang mit dem Fernsehen. In: EVANGELISCHE KOMMENTARE 4/1983

Oberreuter, Heinrich: Übermacht der Medien – erstickt die demokratische Kommunikation? Zürich 1982

Paczensky, Gert v.: ... über Fernsehen. Munition gegen das öffentlich-rechtliche Komplott. Luzern 1980

Patterson, Thomas E.: The Mass Media Election. How Americans Choose Their President. New York 1980

Patterson/McLure: The Unseeing Eye. The Myth of Television Power in National Elections. New York 1976

Pawek, Karl: Vom Elend des Journalismus, in: MEDIUM, 2/3/1983

Projektteam Lokaljournalismus (Hrsg.): Handbuch für Lokaljournalisten, 3 Bände, München 1977–1979

Pross, Harry: Deutsche Presse seit 1945, München 1965
Die meisten Nachrichten sind falsch. Für eine neue Kommunikationspolitik. Stuttgart 1971
Politik und Publizistik in Deutschland seit 1945, München 1980

Prott, Jürgen: Bewußtsein von Journalisten. Standesdenken oder gewerkschaftliche Solidarisierung. Frankfurt 1976

Pürer, Heinz (Hrsg.): Praktischer Journalismus in Zeitung, Radio und Fernsehen, Salzburg 1984

Raddatz, Fritz J.: Thesen wider die Selbstzensur, in: Gurtner

Raddatz/Wiegenstein (Hrsg.): Interview mit der Presse, Reinbek 1964

Radunski, Peter: Wahlkämpfe. Moderne Wahlkampfführung als politische Kommunikation. München 1980

Rager, Günther: Publizistische Vielfalt im Lokalen, Tübingen 1982
Nachrichten im Fernsehen, in: PUBLIZISTIK, 22 (1977)

Rathert, Hans-Michael: Die Nachricht in der Tageszeitung, in: Straßner

Rau/Rüden (Hrsg.): Die neuen Medien – eine Gefahr für die Demokratie? Frankfurt 1984

Remde, Achim: Wenn jede Kritik strafbar ist. Afrika und sein Verhältnis zur eigenen und zur westlichen Presse. In: FRANKFURTER ALLGEMEINE, 3. 7. 1984

Renckstorf, Karsten: Nachrichtensendungen im Fernsehen, Berlin 1980

Ricker, Reinhart: Freiheit und Aufgabe der Presse, Freiburg 1983

Riese, Hans-Peter: Der Griff nach der vierten Gewalt. Zur Situation der Medien in der Bundesrepublik. Köln 1984

Righter, Rosemary: Erfundene Wahrheit, München 1981

Roegele, Otto B.: Medienpolitik – und wie man sie macht. Zürich 1973
Massenmedien und Regierbarkeit, in: Hennis/Matz u. a. (Hrsg.), Regierbarkeit, Stuttgart 1979, Band 2

Rohr, Robert: Auf Abruf bereit. Lokaljournalisten bei der Arbeit. In: Kepplinger, Angepaßte Außenseiter

Roloff, Eckart: Journalistische Textgattungen, München 1982

Rombach, Theo: Lokalzeitung und Partizipation am Gemeindeleben, Berlin 1983

Ronneberger, Franz: Kommunikationspolitik, 2 Bände, Mainz 1978, 1980

Roshco, Bernard: Newsmaking, Chicago 1975

Roth, Paul: Sow-Inform. Nachrichtenwesen und Informationspolitik der Sowjetunion. Düsseldorf 1980

Ruge, Peter: Praxis des Fernsehjournalismus. Ein Handbuch für Zuschauer, Kritiker und Publizisten. Freiburg 1975

Ruoff, Robert: Subjektivität - Voraussetzung für Objektivität, in: Gurtner

Sande, Ö.: The Perception of Foreign News, in: JOURNAL OF PEACE RESEARCH 8 (1971)

Saxer, Ulrich: Publizistik und Politik als interdependente Systeme, in: MEDIA PERSPEKTIVEN, 7/1981

Journalismus und Medien-Ethik. Möglichkeiten und Grenzen ethischer Selbstverpflichtung. In: MEDIA PERSPEKTIVEN, 1/1984

Schatz, Heribert (Hrsg.): Massenkommunikation und Politik, Frankfurt 1982

Schatz, Oskar: Die elektronische Revolution. Wie gefährlich sind die Massenmedien? Graz 1975

Schenk, Michael: Publikums- und Wirkungsforschung. Theoretische Ansätze und empirische Befunde der Massenkommunikationsforschung. Tübingen 1978

Schlesinger, Philip: Putting „Reality" Together: BBC News. London 1978

Schneider, Franz: Rituale im Defizit. Bemerkungen zur politischen Medienkommunikation. In: Maier/Schneider u. a., Politische Sprache, Köln 1978

Schneider, Wolf: Wörter machen Leute. Magie und Macht der Sprache. München 1976

Deutsch für Profis. Handbuch der Journalistensprache. STERN Buch, Hamburg 1984 (6)

Schönbach, Klaus: Trennung von Nachricht und Meinung. Empirische Untersuchung eines journalistischen Qualitätskriteriums. Freiburg 1977

Agenda-Setting im Europa-Wahlkampf 1979, in: MEDIA PERSPEKTIVEN, 7/1981

Das unterschätzte Medium. Politische Wirkungen von Presse und Fernsehen im Vergleich. München 1983

Schramm, Wilburg (Hrsg.): Grundfragen der Kommunikationsforschung, München 1964

Schulte-Willekes, Hans: Schlagzeile. Ein Zeitungsreporter berichtet. Reinbek 1977

Schultz, Hans-Jürgen (Hrsg.): Journalisten über Journalisten, München 1980

Schulz, Rüdiger: Das Entscheidungsverhalten von Chefredakteuren und Verlegern, in: Kepplinger, Angepaßte Außenseiter

Schulz, Winfried: Die Konstruktion von Realität in den Nachrichtenmedien. Eine Analyse der aktuellen Berichterstattung. Freiburg 1976

Schütz, Walter J.: Deutsche Tagespresse 1983, in: MEDIA PERSPEKTIVEN, 3/1983

Schwacke, Bettina: Kriminalitätsdarstellung in der Presse, Frankfurt 1983

Schwartzenberg, Roger-Gérard: Politik als Showgeschäft. Moderne Strategien im Kampf um die Macht. Düsseldorf 1980

Schwarzkopf, Dietrich: Zehn Hindernisse für die gebotene Objektivität, in: Bentele/Ruoff

Schweizerischer Evangelischer Kirchenbund/Römisch-Katholische Bischöfe der Schweiz (Hrsg.): Zur Entwicklung der Massenmedien. Thesen der Kirchen 1983. Bern 1983

Sears/Whitney: Political Persuasion, Morristown 1973

Setzen, Karl: Objektivität und Manipulation, Heidenheim 1971

Shaw/McCombs (Hrsg.): The Emergence of American Political Issues, St. Paul 1977

Silbermann, Alphons: Bildschirm und Wirklichkeit, Frankfurt 1966

Sloterdijk, Peter: Schule der Beliebigkeit – Informationszynismus, Presse (S. 559 – 575); Medienzynismus und Beliebigkeitstraining (S. 893 – 897); beide in: Kritik der zynischen Vernunft, Frankfurt 1983, Band 2

Spoo, Eckart (Hrsg.): Die Tabus der bundesdeutschen Presse, München 1971

Steffens, Manfred: Das Geschäft mit der Nachricht, Hamburg 1969

Steinbuch, Karl: Maßlos informiert, München 1976 Kommunikationstechnik, Heidelberg 1977

Steindl, G. (Hrsg.): Publizistik als Profession, Düsseldorf 1978 Stiftung für Kommunikationsforschung (Hrsg.): Menschen, Maschinen, Informationen. Umrisse einer freien und sozialen Informationsgesellschaft. Bonn 1979

Straßner, Erich (Hrsg.): Nachrichten. Entwicklungen – Analysen – Erfahrungen. München 1975

Studnitz, Cecilia v.: Kritik des Journalisten. Ein Berufsbild in Fiktion und Realität. München 1983

Tannenbaum, Percy H.: The Effect of Headlines on the Interpretation of News Stories, in: JOURNALISM QUARTERLY, 30 (1953)

Tenbruck, Friedrich H.: Die unbewältigten Sozialwissenschaften oder Die Abschaffung des Menschen. Graz 1983

Tern, Jürgen: Der kritische Zeitungsleser, München 1973
Thomas, Michael Wolf (Hrsg.): Die lokale Betäubung, oder: Der Bürger und seine Medien. Bonn 1981
Tobler, Jürg: Die Wortmischer. Presse zwischen Anmaßung und Anpassung. München 1982
Tucholsky, Kurt: Redakteure, in: WELTBÜHNE 22/1932 und 23/1932
Tunstall, Jeremy (Hrsg.): Media Sociology, London 1970
Wagner, Erich: Die Zeitung kann überhaupt nicht von gestern sein, Bonn o. J.
Wagner, Hans: Einführung in die Zeitungswissenschaft, München 1978
Wallraff, Günter: Der Aufmacher, Köln 1977
Zeugen der Anklage. Die „Bild"-Beschreibung wird fortgesetzt. Köln 1979
Walther, Willy: Journalistik und Philosophie, Mühlhausen 1968
Watzlawick, Paul: Wie wirklich ist die Wirklichkeit? München 1976
Weaver, David: Media Agenda-Setting in a Presidential Campaign: Issues, Images, Interest. New York 1981
Weiss, Hans-Jürgen: Die Thematisierungsfunktion der Tagespresse, in: MEDIA PERSPEKTIVEN, 9/1980
Wember, Bernward: Wie informiert das Fernsehen? München 1983
Wheeler, Michael: Lies, Damn Lies, and Statistics. New York 1976
White, D. M.: The „Gate Keeper". A Case Study in the Selection of News. In: JOURNALISM QUARTERLY, 27 (1950)
Widmer, Franz C.: Journalismus zwischen Selbstzensur und Anmaßung, in: Gurtner
Wiesand, Andreas: Journalisten-Bericht. Berufssituation – Mobilität – Publizistische „Vielfalt". Berlin 1977
Wildenmann/Kaltefleiter: Funktionen der Massenmedien, Frankfurt 1965
Wodraschke, Georg (Hrsg.): Medienpädagogik und Kommunikationslehre, München 1979
Wolfe, Tom: The New Journalism, London 1980
Zoll, Ralf (Hrsg.): Manipulation der Meinungsbildung. Zum Problem hergestellter Öffentlichkeit. Opladen 1971.

Namen- und Sachregister

Bei Zeitungen, Zeitschriften, Sendern
und Sendungen sind die Seitenzahlen
durch folgende Buchstaben gekennzeichnet:

P = als *positives* Beispiel angeführt
Z = *zustimmend* zitiert
N = als *negatives* Beispiel angeführt
Q = als *Quelle* zitiert
E = erwähnt

DIE ABENDZEITUNG (München)
N 162, 165 s. auch Boulevard-
Zeitungen

Abs, Hermann Josef 210

ADAC-MOTORWELT Q 25

Adam, Konrad 139, 141

Adenauer, Konrad 17, 96, 99f, 157,
162, 222f

ADN 98

Afghanistan 190

AGENCE FRANCE PRESS (AFP) 15, 98,
178, 191, 206

agenda-setting 16f, 46, 199–202, 280f
s. auch Kampagnen, Selektion

Agenturen s. Nachrichtenagenturen

Agitation 15 s. auch Meinungsmache

Aktionsjournalismus 56, 59f

Aktualitäts-Hascherei 160–162, 184,
261, 269f

Albanien 11, 190

Albers, Hans 225

Albrecht, Ernst 75, 170f

Allensbach (Institut für Demoskopie) 91, 105, 113

Alt, Franz 102, 272f

Altun, Kemal 168

AMERICAN BROADCASTING COR-
PORATION (ABC) E 57, 191

Analysen (der Mangel an) s. Fetzenjournalismus

Anbiederung (von Journalisten) 68,
74–78

Anders, Günther 238, 256f

Andrews, Cecil 237

Andropow, Juri 56, 63, 129f, 155

Anomalie (als Selektionskrite-
rium) 12, 159–174, 183–185,
218, 269–271

Anpassung s. Pressionen

Anschlußhandlungen 200, 210

Anzeigen s. Inserenten

Anzeigenboykott 87–89

Anzeigenkollektive 77f, 86

AP s. ASSOCIATED PRESS

Appel, Reinhard 102

Aragon, Louis 168

Arbeitslosen-Statistik 140

Archive 132

ARD s. Rundfunkanstalten u. die
einzelnen Sender

ARD-AKTUELL E 103

Arendt, Hannah 110

Arendt, Walter 118

Argwohn s. Mißtrauen

Armuts-Statistik 136f

Arroganz s. Hochmut

ASSOCIATED PRESS (AP) 57, 73, 178f,
191, 201, 203, 206, 229, 252, 264

Atomisierung der Information
s. Fetzenjournalismus

295

Die Autoren

BERND MATTHIES, geb. 1953 in Berlin, Abitur 1972, Studium der Volkswirtschaft und Soziologie an der FU. Anschließend Verwaltungsleiter einer Kirchengemeinde, freier Mitarbeiter beim TAGESSPIEGEL und verschiedenen kirchlichen Publikationen. 1982/83 Besuch des 3. Lehrgangs der Hamburger Journalistenschule, darin ein Jahr praktischer Arbeit bei der Lüneburger LANDESZEITUNG, beim TAGESSPIEGEL und bei dpa. Seit November 1983 Redakteur beim TAGESSPIEGEL.

WOLF SCHNEIDER, geb. 1925 in Erfurt, Abitur 1942 in Berlin, 1943–1945 Soldat. 1947–1950 bei der amerikanischen NEUEN ZEITUNG. 1950–1956 Korrespondent der ASSOCIATED PRESS in München. 1956–1966 bei der SÜDDEUTSCHEN ZEITUNG: Leiter der Nachrichtenredaktion, Kommentator, Korrespondent in Washington. 1966–1971 beim STERN: Chef vom Dienst, Verlagsleiter. 1972 Chefredakteur der Monatszeitschrift DIALOG. 1973/74 Chefredakteur der WELT. Seit ihrer Gründung 1979 Leiter der Hamburger Journalistenschule (seit 1984: Henri-Nannen-Schule). Fernsehmoderator, STERN-Autor, GEO-Autor. Veröffentlichungen u.a.: Zehn Sachbücher, darunter „Wörter machen Leute / Magie und Macht der Sprache" (Piper 1976), „Deutsch für Profis / Handbuch der Journalistensprache" (STERN-Buch, 7. Auflage 1986), „Deutsch für Kenner / Die neue Stilkunde" (STERN-Buch, 3. Auflage 1988).

MATTHIAS NASS, geb. 1952 in Bevensen (Niedersachsen), Abitur 1971 in Diepholz, Studium der Geschichte, Politischen Wissenschaft, Sinologie und Publizistik an den Universitäten Göttingen, Hawaii und Hamburg. M.A. 1978–1982 Geschäftsführer der Deutschen Gesellschaft für Asienkunde, Hamburg. 1982/83 Besuch des 3. Lehrgangs der Hamburger Journalistenschule, darin ein Jahr praktischer Arbeit bei der ZEIT, beim STERN, bei der HANNOVERSCHEN ALLGEMEINEN und bei CAPITAL. Seit Dezember 1983 Redakteur der ZEIT. Veröffentlichungen u.a.. Die US-amerikanische Politik zur Integration Westeuropas 1947–1950, Hamburg 1980.

310

CHRISTIAN NÜRNBERGER, geb. 1951 in Lauf-Schönberg bei Nürnberg, mittlere Reife 1967, Lehrabschluß als Physiklaborant. Vier Jahre Bundeswehr, Leutnant der Reserve. Über den zweiten Bildungsweg zum Studium der Philosophie, Theologie und Pädagogik. 1980/82 Besuch des 2. Lehrgangs der Hamburger Journalistenschule mit einem Jahr praktischer Arbeit bei der NEUEN RUHR ZEITUNG, bei BRIGITTE und der FRANKFURTER RUNDSCHAU. 1982/83 Redakteur der FRANKFURTER RUNDSCHAU. Seit Februar 1984 Redakteur bei CAPITAL.

MARTIN TSCHECHNE, geb. 1954 in Braunschweig, Abitur 1973 in Hannover, Studium der Psychologie an der Universität Trier, 1977/78 an der Emory University, Atlanta/USA, als Stipendiat der Rotary International Foundation. 1980 Diplom in Psychologie, 1980/81 Zivildienst. 1981/82 Wissenschaftlicher Mitarbeiter an der Universität Trier. 1982/83 Besuch des 3. Lehrgangs der Hamburger Journalistenschule, darin ein Jahr praktischer Arbeit bei der NEUEN RUHR ZEITUNG, beim STERN, beim NDR und bei ART. Seit April 1984 Redakteur beim NDR.

BERND ZIESEMER, geb. 1953 in Bückeburg, Abitur 1972 in Rinteln. Politik-Studium in Hamburg. Berufstätigkeit als Kaufmann und Kraftfahrer. 1980/82 Besuch des 2. Lehrgangs der Hamburger Journalistenschule, darin ein Jahr praktischer Arbeit beim KÖLNER STADT-ANZEIGER, beim STERN und im WDR. 1982/83 Politischer Redakteur beim DEUTSCHEN DEPESCHENDIENST (ddp) in Bonn. Seit Januar 1984 Korrespondent bei den VEREINIGTEN WIRTSCHAFTSDIENSTEN (VWD). Buchveröffentlichung: Das Scheitern der KPD und die Krise der Linken (Berlin 1980).